Gewidmet
dem Heimat-Ästheten Karl Schmid

W0387693

Impressum

Erschienen im

Maurus Verlag, Miesbach

Anschrift des Verlages:	Schwarzmannstr. 2, 80798 München Ahornweg 1, 83714 Miesbach E-mail: kontakt@maurusverlag.de www.maurusverlag.de
Herausgeber:	Alexander Langheiter M. A.
Autor:	Andreas Scherm, OStD a. D.
Konzept:	Carl Langheiter
Redaktion:	Irmtraud Scherm
Lektorat:	Irmtraud und Irene Scherm
Systematik:	Alexander Langheiter
Layout & Satz:	Franz Sonnenstatter
1. Auflage:	Erscheinungstermin Juni 2007

ISBN: 978-3-940324-00-9

Alle Rechte vorbehalten. Nachdruck und Vervielfältigung in jedweder Form, auch auszugsweise, nur mit Genehmigung des Verlages.

Andreas Scherm

Unterwegs im Gestern

Kulturhistorische Wanderungen im Oberland und Umland von München

unter Mitarbeit von
Carl Langheiter

Inhalt

Zum Geleit

Wandern hat mit „bewandert", mit „wandeln" und „Wandlung" zu tun. Es sei, wie der Wanderpoet Josef Hofmiller so trefflich formuliert, „eine Tätigkeit der Beine und ein Zustand der Seele" und eröffne die zauberhafte Möglichkeit, aus der alltäglichen Zeit in die Zeitlosigkeit hinüberzugleiten. Wenn demnach Wandern mit der Entfernung vom Alltag einen Spurwechsel nach innen samt daraus resultierender „Wandlung" der Gemütsverfassung mit sich bringt, dann kommt neben der körperlich-sportlichen Ausdauerleistung gerade der seelisch-geistigen Komponente einige Bedeutung zu. Schließlich hängen auch Sinnlichkeit, Besinnung und Sinn miteinander zusammen.

Das vorliegende Wanderbuch will daher versuchen, in Form jeweils themenorientierter Kompendien den Interessenten auf eine möglichst intensive Begegnung mit den Objekten der Landschaft, Geschichte, Kultur und Natur vorzubereiten. Während manch einschlägige Anleitung auf die Skizzierung von Wegverläufen, Sehenswürdigkeiten, Gastronomieangeboten und Stimmungsbildern abhebt, soll hier von Fall zu Fall ein geschlossenes Szenarium als eine Art „Wanderfeuilleton" dargeboten werden, das im Nachvollzug eigener Fährtensuche zum ambulanten Leitpfad lebendiger Geschichte wird. Dabei gilt ein vorrangiges Augenmerk den Boden- und Bau-, aber auch Natur- und Industriedenkmälern, archäologischen, mythologischen, religions- und kunsthistorischen sowie geologischen und volkskundlichen Aspekten, soweit sie für die Thematik ergiebig erscheinen. Auf Topographie und Streckenführung wird innerhalb des jeweiligen Kontextes (farblich hervorgehoben) eingegangen, zur raschen Information sind die Routenskizzen mit angefügten Kurzbeschreibungen bei den einzelnen Kapiteln gedacht. Um die individuelle Planung von Erholungspausen zu erleichtern, sind generell ortsbezogene Einkehrmöglichkeiten angegeben, auf die namentliche Nennung von Gasthäusern mit Öffnungszeiten wurde bewusst verzichtet. Selbstverständlich sind alle Touren nach eigenem Ermessen teilbar und grundsätzlich zu Fuß oder mit dem Fahrrad zu bewältigen. Nicht zuletzt zur besseren Orientierung wurde besonderer Wert auf photographische Illustration und bildliche Veranschaulichung gelegt, wofür in hochmotivierter und professioneller Weise Carl Langheiter ebenso wie für die kartographische Systematik, redaktionelle Gestaltung und verlagstechnische Abwicklung gesorgt hat.

Bliebe zu wünschen, dass dem Nutzer des über die Landkreise Miesbach, Rosenheim, Bad Tölz-Wolfratshausen, Fürstenfeldbruck und München gestreuten Angebots ähnlich wonnevolle Momente beschieden seien wie unserem eingangs zitierten Gewährsmann, der im Wandern die überströmende Fülle, Farbigkeit und Freiheit des Lebens empfand und schwärmte: „Das Glück singt vor uns her von Baum zu Baum wie ein Fink, und jeder Brunnen, aus dem wir trinken, enthält einen Schluck Lethe" - Ausdruck tiefgründiger Identität von Leben und Wandern sowie fröhlicher Alltags- und Zeitvergessenheit, darin sich die Pfade des „gestern" und „heute" wundersam verschlingen. Es scheint, als ob wir in Erinnerung an eine archaisch-mythische Kulturphase, als sich der Mensch noch eins wusste mit Natur und Umwelt, eintauchen in eine Sphäre magischer Urverbundenheit, die uns auch näher zu uns selber bringt. Wenn Wandern einen Sinn haben soll, dann den des Weges zu den eigenen Wurzeln. Interessanterweise ist „Sinn" ein altes Wort für „Weg". Indem wir uns zur Landschaft hinbegeben und uns in sie versenken, überwinden wir, wenigstens vorübergehend, unsere zivilisatorische Beengung und Entfremdung. Der tiefere Sinn des Wanderns läge demnach im Suchen und Finden umfassender Harmonie und Zufriedenheit.

Andreas Scherm

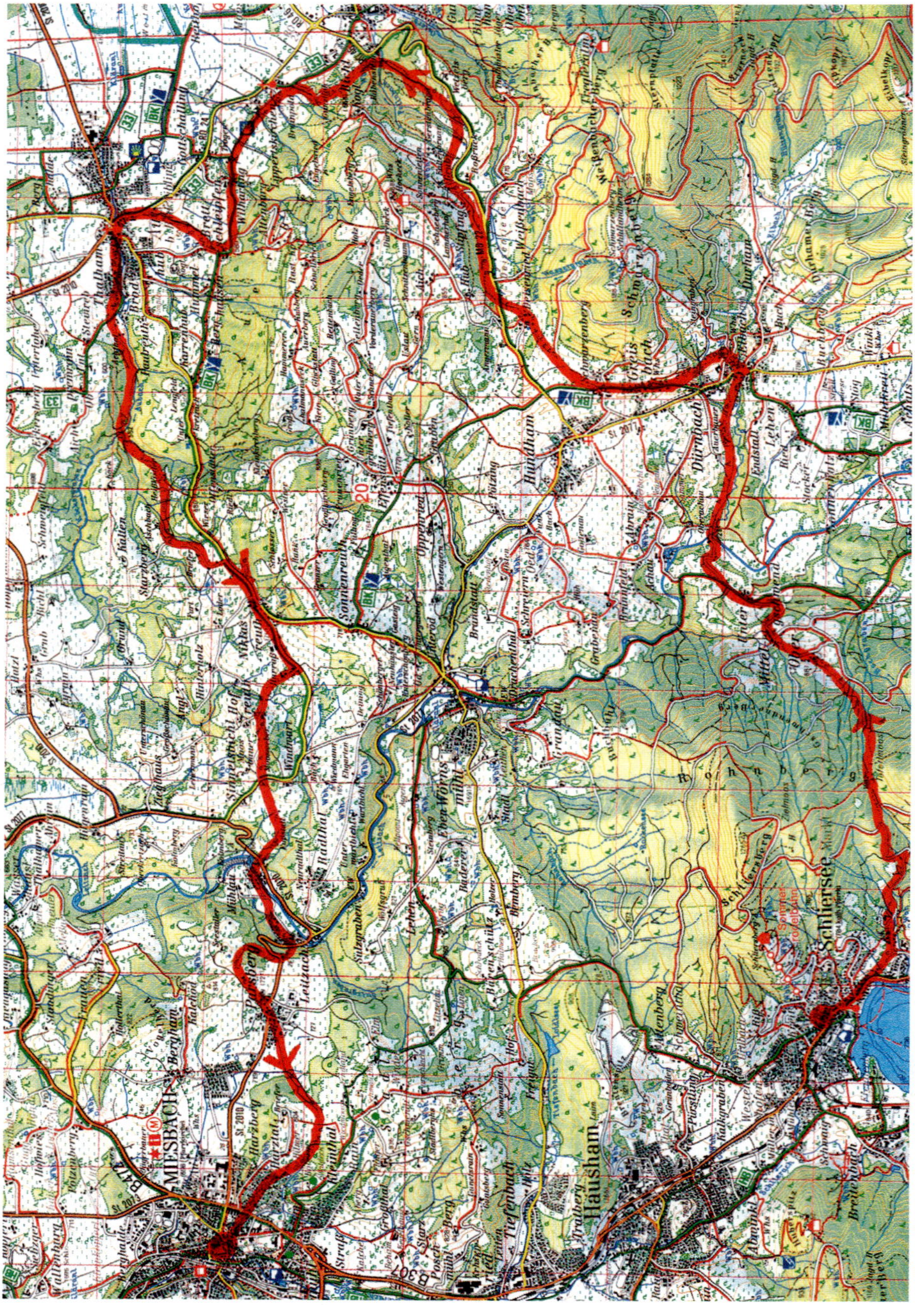
MIESBACH
Hausham
Schliersee
Dürnbach

Wanderung I

Falke oder Adler: Macht und Herrschaft eines Adelsclans

Auf den Spuren der Waldecker

Die **Herren von Waldeck** gehörten wohl zu den ältesten bairischen Adelsfamilien, die vom hohen, möglicherweise frühen Mittelalter bis in die Neuzeit die politische und kulturelle Entwicklung im Kerngebiet des Landkreises Miesbach prägten. Sie schufen im Laufe der Jahrhunderte ein eigenständiges territoriales Gebilde, das weitgehend landesfürstlicher Gewalt entzogen war. Fünf Linien eines Familienclans nannten sich nach ihren Burgsitzen in Parsberg, Miesbach (Wallenburg), (Alten-) Waldeck, Holenstein und Schliersee (Hohenwaldeck), deren Relikten wir auf unserer Wanderung nachspüren wollen, um vor Ort einen möglichst anschaulichen Eindruck der geschichtlichen Vorgänge und Zusammenhänge zu gewinnen.

Wer waren diese Waldecker, woher kamen sie? Waren schon die fünf Brüder, die um 770 am Schliersee ein „Sippenkloster" gründeten, Angehörige dieses Geschlechts? Stammte dieses von den mächtigen **Falkensteinern** ab, die im Mangfall- und Inntal, von Weyarn bis zum Chiemsee, begütert waren? Führen sich die

Hohenwaldeck, Burg und Wappen nach Apian, gezeichnet von Jos. Stallhofer

Falkensteiner ihrerseits auf die **Fagana** zurück, eines der großen Hochadelsgeschlechter (neben den Huosi, Drozza, Hahilinga, Anniona), die sich nach der bajuwarischen Landnahme, wohl mit Sitz um „Vagen" (Neuburg, Altenburg, Bergham) etablierten – nahegelegt u.a. durch die Gemeinsamkeit des „Falkenvogels" im Wappen?[1]

Mag auch vieles strittig bleiben, manches nie bewiesen, aber auch nicht widerlegt werden, dem mystischen Zauber frühzeitlicher Spurensuche wird dies eher förderlich als hinderlich sein.

Wanderung I

Verlauf:	Schliersee – Elbach – Hundham – Deisenried (3 Std.) Deisenried – Gerstenbrand – Rabenstein – Lippertskirchen – Brettschleipfen – Au (2 Std.) Au – Heißkistler – Niklasreuth (2 Std.) Niklasreuth – Mühlau – Seestaller – Parsberg – Miesbach (2 Std.) (zurück mit der BOB)
Gehzeit:	gesamt ca. 9-10 Stunden, Aufteilung in mehrere Abschnitte empfehlenswert
Einkehr:	In Elbach, Kirchstiegl, Lippertskirchen, Au, Niklasreuth, Miesbach
Wanderkarte:	UK L 12 Mangfallgebirge, © by LVG, Gen.-Nr. 0416/07

Aus dem Gründungsbericht von 779, der bereits auf den Bestand des **Klosters Schliersee** verweist, geht hervor, dass die Familie der fünf Brüder Adalung, Hiltupalt, Kerpalt, Antonius und Otakir über Grund und Boden in dieser Gegend verfügen musste, da das Kloster, wie es das „Eigenkirchenrecht" voraussetzte, auf dem gemeinsamen Erbbesitz basierte. Interessant in diesem Zusammenhang ist, dass das erstgenannte Sippenmitglied Adalung im Jahre 773 bei einer Besitzschenkung an die Freisinger Kirche hervortritt. Das scheint deshalb von Belang, weil der übertragene Hof Brennrain (Premrain) zur unmittelbaren Umgebung der **Burg Altenwaldeck** gehört, wodurch eine Verbindung zu den Waldeckern hergestellt wird. Auch Hiltupalt taucht 822 bei einem Bezeugungsvorgang urkundlich auf, und zwar zusammen mit Adalung. Die ältere Forschung (z. B. Brunhuber, Obernberg) siedelt denn auch die fünf Schlierseer Klostergründer auf dem Stammsitz Altenwaldeck an. Neuere Darstellungen (Morsak, Wittich) distanzieren sich davon und rücken die Sippe der fünf „Brüder", basierend u.a. auf der Namensforschung, in die Nähe der Huosi, die ihr Machtzentrum an der oberen Isar und Loisach hatten, wohl die Klöster Benediktbeuern und Tegernsee gründeten und als Verfechter der fränkischen Reichsinteressen der Agilolfinger Herzogsmacht Paroli boten, zumal an der Seite von **Bischof Arbeo von Freising** (765-783), dem Förderer und Konsekrator von Schliersee, zwar Südtiroler, der sich als klassischer

Grabplatte von Georg v. Waldeck (1380),
in der Sixtuskirche Schliersee

[1] Seit langem geht die Diskussion auch darum, ob das Waldecker Wappen überhaupt einen Falken zeigt und nicht vielmehr, wie manche meinen, zumindest im Schildfeld einen halben heraldischen Adler (der genausogut, weil stilisiert, einen Falken darstellen könnte!). Dass es sich auf dem Helm um einen auffliegenden Falken handelt, müsste auch deshalb einleuchten, weil beispielsweise auf dem Grabstein des 1380 verstorbenen Georg von Waldeck in der Schlierseer Pfarrkirche die kappenartige Erhöhung am Kopf des Wappenvogels, also die Haube eines Jagdfalken, zu erkennen ist. Auch sollte bei der Interpretation berücksichtigt werden, dass die Helmzier üblicherweise das Bild des Schildes als eine Art „Hilfskleinod" wiederholt hat, wobei vorzugsweise Vögel in anderer Flügelstellung erscheinen. Der Falke fungiert als Symbol der feudalistischen Jagdhoheit. Die gekreuzten Stäbe bezeichnen die hohe und niedere Gerichtsbarkeit als Ausdruck herrschaftlichen Handelns. Ein Adler würde auf ein Reichsamt hinweisen, wovon bei den Waldeckern nichts bekannt ist – es sei denn, es handelte sich um eine Wappenvererbung aus der Zeit der Faganen! Im übrigen bestätigt ein Wappenbuch dem Ulrich von Waldeck 1326, dass er ein Wappenschild wie „die Valkensteiner" führe: wohl nicht von ungefähr!

Philologe profilierte, aber den Huosiern angehörte und seine liebe Not mit Herzog Tassilo hatte. Beweise fehlen freilich auch für die Huosi-Theorie, deshalb sollte hier wie da jeglicher Absolutheitsanspruch vermieden werden .

Urkundlich greifbar werden die Waldecker sodann 1078/80 mit zwei Vertretern namens Waltmann als Zeugen einer Grenzbegehung des Freisinger Lehensgebietes unter Bischof Meginward. Sie erfolgte von Pienzenau aus und diente der Bestandsaufnahme der Besitzrechte im Freisinger Vogteibezirk, nachdem im 10./11. Jahrhundert offensichtlich einiges in Unordnung geraten war. Inzwischen war nämlich das Benediktinerkloster Schliersee, das schon wenige Jahrzehnte nach der Gründung zu einem bischöflichen Eigenkloster mutierte (817), vermutlich in den Hunnenstürmen des 10. Jahrhunderts untergegangen, möglicherweise war es schon vorher von Herzog Arnulf (907-937) ausgeplündert und dezimiert worden. Gleichwohl muss eine mönchische Tradition fortbestanden haben, da Bischof Otto im Jahre 1141 zu einer Neugründung schritt, diesmal in Form eines Kollegiatstifts, das in den Ortskern Schliersee verlegt wurde.

Mit der **Vogtei** im Dienste Freisings waren spätestens seit 1078, wahrscheinlich schon früher, die Waldecker belehnt, nachdem der Bischof den Klosterbesitz schon im 9. Jhd. als Freisinger Eigentum betrachten konnte. Durch die Vogtei, ursprünglich die stellvertretende Wahrnehmung der Gerichtsbarkeit und rechtlichen Administration, hatte sich über die Vermengung von Besitz und Herrschaft, Fiskalrecht, Erblichkeit der Lehen, Militärschutz und Landnahme allmählich eine Sonderstellung herausgebildet, die zu einer immer größeren Machtfülle und Unabhängigkeit der Amtsinhaber führte. Diese „Machtusurpation per Gewohnheitsrecht“ war dem gesamten Adel eigen, besonders gut verstanden sich hierauf offensichtlich die Waldecker. 1453 erscheint in einer Schlierseer Urkunde die Herrschaft der Waldecker als Reichslehen. Territorial war somit die Herrschaft Waldeck selbständig, d. h. der herzoglichen Landeshoheit entzogen. Nach dem Tod des letzten Waldeckers Wolfgang im Jahre 1483 wurde das Reichslehen (nach einigen Zwischenbesitzern) von Wolf v. Maxlrain erworben, dem Enkel Wolfgangs von Waldeck (Sohn seiner Tochter Margaretha), der 1559 die Bestätigung der Reichsunmittelbarkeit erlangte. Diese Bestätigung erfolgte im sog. „Salzburger Vertrag“, worin sich der bairische Herzog der Verfügung über das Waldecker Gebiet enthält, solange die **Maxlrainer** männliche Nachkommen haben. Zwischenzeitlich war nämlich Herzog Albrecht IV. schon nahe daran gewesen, die Herrschaft an sich zu ziehen, doch infolge des Landshuter Erbfolgekriegs daran gehindert worden (1504). Jetzt war der Heimfall der Herrschaft geregelt, der Übergang der nachmaligen „freien Reichsgrafschaft“ (seit 1637) an das inzwischen zum Kurfürstentum erhobene Bayern geschah schließlich 1734, als mit Joh. Jos. Max Veit der letzte Maxlrainer ohne männliche Nachkommen verstarb (er hatte noch um 1730 das Eisenschmelzwerk „Josephsthal“ gegründet).

Schloss Maxlrain, in der Nähe von Bad Aibling gelegen, tritt fortan als Sitz der jüngeren Linie hinter **Schloss Wallenburg** bei Miesbach als Verwaltungs- und Wohnsitz zurück, so dass auch unter den Maxlrainern eine kontinuierliche Weiterentwicklung des überkommenen Herrschaftsbezirkes stattfindet. Man könnte somit sagen, dass der durch die weibliche Linie der Waldecker ermöglichte Fortbestand des Machtbesitzes in Händen der Maxlrainer einen einheitlichen Prozess darstellt, der eine Epoche von sechs Jahrhunderten, wenn nicht gar, sofern die Klostergründer waldeckisch waren, eines Millenniums umschließt. Sie enthält unter Nutzung der Möglichkeiten des Eigenkirchenrechts und der Vogteigerichtsbarkeit den Aufstieg einer Adelsmacht von begrenzter lokaler Bedeutung zum erblichen kaiserlichen Privileg, das inmitten des Herzogtums Bayern ein territoriales Sonderdasein von beträchtlicher Dauer und Beständigkeit genießt. Allein dieser Umstand sollte genügen, unsere Neugierde zu wecken und eine Entdeckungsreise auch in abgelegene Winkel des „Waldecker Landes" anzuregen.

Schliersee selbst hatte einst **5 Waldecker Burgen**! Am bekanntesten ist die Burgruine **„Hohenwaldeck"** auf einem Felsvorsprung des Leitnerberges am Südende des Schliersees, 209 m über dem See (1270 Erwähnung der Burg in einem Güterverteilungsvertrag). Ende 14. Jhd. wird die Burg zugunsten eines Burgsitzes im Ort „auf der Burg am Weinberg" aufgegeben. 1480 sorgt wohl ein Bergsturz für die endgültige Unbewohnbarkeit. Wegen des an der SO-Ecke mit ausgeprägten Buckelquadern verkleideten quadratischen Turmunterbaus wird sogar – unter Bezugnahme auf das „Itinerarium Antonini" – römischer Ursprung vermutet, als Straßenwachtturm für einen Nebenstrang der Römerstraße Salzburg – Augsburg bzw. Regensburg (über Valley – Weyarn – Miesbach – Schliersee – Bayrischzell – Kufstein).

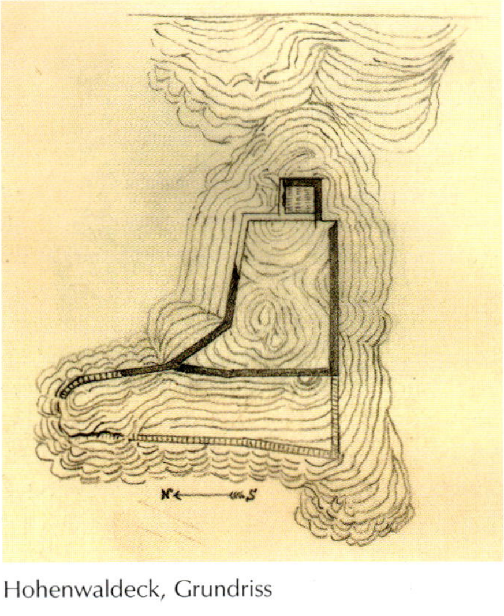

Hohenwaldeck, Grundriss

Die **„Hochburg"** (Burgstall 400 m nordöstlich der Pfarrkirche) war vermutlich Sitz der Herren von Waldeck nach dem Verlassen der Burg „Hohenwaldeck" bis 1487. Bei Wening ist über der St. Georgs-Kapelle auf dem Weinberg ein festes Gebäude erkennbar. Heute ist der Burgstall durch das Karl-Haider-Denkmal (1921) überbaut. Die vom Heimatverein angebrachte Hinweistafel zur Burg Roetenstein fußt auf unsicherer Annahme.

Auch auf dem **„Weinberg"** (Flurname „Burg") mit der St.-Georgs-Kapelle, auf Grund eines Gelübdes von Ritter Georg d.Ä. von Waldeck 1368/87 als Bau gestiftet, stand wohl schon ein Wehrbau, verbunden mit einem romanischen Vorgängerbau der

Georgsaltar in der Weinbergkapelle von Stephan Zwinck

Kapelle. Da die St. Georg-Verehrung meist in vorchristliche Zusammenhänge hineinführt, handelt es sich beim „Weinberg" ob seiner hervorstechenden Lage mit Sicherheit um einen uralten Kultplatz.

Interessant ist die Vermutung von Sixtus Lampl, wonach der St. Georg-Altar der **Gebrüder Asam** in Weltenburg auf die Inspiration des Weinbergs zurückzuführen sei, als die Familie Asam, von 1689 bis 1694 in Tegernsee ansässig, zum alljährlichen Bittgang nach Schliersee kam. Der Aufbau des Stephan-Zwinck-Altars mit seiner für die Entstehungszeit (1624) ungewöhnlich freiräumigen, lichtbetonten Silhouetten-Architektur legt das nahe. Der inmitten des Ortes steil aufragende Hügel, wo einst Reben gewachsen sein sollen (Weinranke am Altar; Winzerpatron St. Sixtus), übt mit seiner uralten Linde noch heute magische Faszination aus. Er wurde im 19. Jhd. zum Inbegriff romantischer Empfindungen und Beschreibungen, so beim Besuch König Maximilians II. 1858. Waldecker, die als Stifter und ritterliche Helden gegen die Türken hervortraten, fanden ihre letzte Ruhe unter dem Altar des Ritterheiligen St. Georg (einige Waldecker führten den Namen „Georg").

Der **„Waxenstein"**, 1326 genannt, von Apian als Ruine im NO (!) des Sees bezeichnet, liegt als markanter Hügel südlich des Breitenbachs. Die dortige Burg ist 1939 durch Steinbruch abgegangen, nur noch schwache Geländespuren sind erkennbar. Wahrscheinlich haben wir es hier mit der im Vertrag von 1366 erwähnten Burg „Roetenstein", die von Peter von Waldeck wiedererrichtet werden sollte, zu tun.

Ebenso wird 1366 die Burg **„Schliersscharn"** des Bruders Georg genannt, der Waldeck, die Vogtei und Güter am Schliersee erhielt. In den Urbaren der Herrschaft Waldeck sind beide Burgställe im 16. Jhd. aufgeführt. Schliersscharn ist als „Purgckstal zwischen des Sees und der Schlierach" vermutlich auf der Halbinsel Freudenberg anzusiedeln.

Georg, der Stifter der Georgs-Kapelle auf dem Weinberg, ist auch der Erbauer des am See gelegenen **„Hofhaus"**. Vermutlich war die Hochburg – zumindest im Winter – kaum bewohnbar gewesen. Für seine Familie errichtete er in der Katharinen-Seitenkapelle in der Sixtus-Kirche eine Grabstelle, wo sich auch sein rotmarmorner Grabstein (gest. 1380) findet. Hinter dem Hochaltar liegt der Grabstein des Wolfgang von Waldeck, mit dem 1483 das Geschlecht der Waldecker ausgestorben ist.

Die Gründungsgeschichte des Benediktiner-Klosters Schliersee spricht von der Errichtung einer „cellula" (= Kloster) mit „oratorium" (= Gebetshaus) bei den „westlichen Höfen", also Westenhofen, auf dem **Kirchbichl**, wie man vermutet (Moränenzug am nördlichen Ortseingang). Spuren hat man bis heute nicht entdeckt, zumal allenfalls das Oratorium ein Massivbau aus Stein gewesen sein dürfte. Da nach der Regula Magistri St. Benedicti klösterliche Siedlungen auf Anhöhen in der Nähe von Flussläufen angelegt werden sollten, käme wohl auch die heute überbaute Erhebung „Am Antritt" in Frage, die in sehr auffälliger Weise in einem Halbkreis von der Schlierach wie eine Wasserburg umflossen wird. Mit Klostergründungen gingen in der Frühzeit Kirchengründungen einher, hier der Laien- und Leutekirche **St. Martin in Westenhofen**, der mit Abstand ältesten Kirche von Schliersee aus dem 8. Jhd. Die alte Flurbezeichnung „Kirchbichl" könnte auf diese Kirche, muss nicht auf das Kloster bezogen sein. Wenn dieses Gebiet dem Einfluss des Agilolfingers durch einen fränkisch gesinnten Adel („Huosier") bestritten werden sollte, dann war das Patronat des Hl. Martin von Tours, des Schutzherrn der Merowinger und Karolinger, sicherlich Programm – was jedoch keineswegs gegen die Eigenständigkeit der Waldecker oder „Faganen"-Theorie spräche.

Die Neugründung von 1141 durch Bischof Otto von Freising als **Chorherrenstift** bedeutet ein Zusammenleben der Kanoniker in nicht-klösterlicher Gemeinschaft, die sich nur zu bestimmten Anlässen (Chorgebet, Gottesdienst) in der jetzt neu errichteten Stiftskirche St. Sixtus versammelte. 14 Pfründe unter einem Propst aus dem Freisinger Domkapitel waren auf einzelne Wohngebäude im Ort mit eigenem Haushalt und eigener Ökonomie verteilt. 1492-1498 erfolgte die Inkorporierung zusammen mit dem Kollegiatstift Ilmmünster durch Herzog Albrecht IV. in das Stift zu „Unserer lieben Frau" der Domkirche München, die gegen Ende des 15. Jhd.s fertiggestellt wurde, um auch dort ein stiftisches Leben zu ermöglichen. Durch diese Maßnahme wurde die 700jährige Geschichte des Klosters Schliersee beendet. Die Verwaltung der kapitlischen Güter besorgte fortan ein Unterpropst des Stiftes (auf dem Propsthof, jetzt „Bartlbauer" in Fischhausen), der sie an die ortsansässigen Bauern als Lehen vergab.

Unter der Ägide des Kapitels „Unserer lieben Frau" kam es zu einem deutlichen Wirtschaftsaufschwung, woraus u. a. weitreichende Aufträge für die Schlierseer Stuck-Maurer Familien der Gugler und der Zwerger, nicht zuletzt der Barockbau der Sixtuskirche, trotz schlimmer Zeit (Span. Erbfolgekrieg) in den Jahren 1712-17 errichtet, resultierten. Der sog. **„Miesbacher Stuck"** gilt als Vorläufer der Wessobrunner Schule, in deren zeitlichem Schnittpunkt interessanterweise Joh. Bapt. Zimmermann steht, der fast zehn Jahre (1706-1715) – nach Heirat mit der Wallenburger Kammerzofe Elisabeth Ostermayr – in Miesbach lebte und in den Diensten der Maxlrainer verbrachte sowie an der barocken Gestaltung der Sixtuskirche maßgeblichen Anteil hatte.

Nach der Säkularisation von 1803 und der Auflösung des Stiftskapitels ULFr. war auch der Niedergang Schliersees nicht aufzuhalten, erst mit der Neuentdeckung durch Münchner Künstler in der 2. Hälfte des 19. Jhd. und der Eröffnung der Eisenbahn 1869 kehrte wieder Leben ein. Bald nach 1900 brachte der Skisport ungeahnten Aufschwung, 1892 wurde das **Bauerntheater** gegründet. Der Markt Schliersee kann somit auf eine mehr als 1200jährige Entwicklung verweisen, deren historisch gewachsenes Profil auch im heutigen Ortsbild erkennbar bleibt.

Die **Sixtuskirche**, seit 1884 auch Pfarrkirche, reflektiert in ihrer Ausstattung die enge Verbindung zum Münchner Domkapitel (Jan Pollak, Erasmus Grasser, Joh. Bapt. Straub). Die benachbarte Nikolauskirche, ehem. Seelsorgekirche neben der Stiftskirche von 1142, besteht aus dem übrig gebliebenen Chor eines spätgot. Kirchenbaus (16. Jhd.), dessen Schiff als Steinbruch für den Hauptbau der Sixtus-Kirche herhalten musste. Die Stuckleisten des Gewölbegrats zeigen ein allererstes Beispiel des Schlierseer-Miesbacher Stucks (nächstgelegenes weiteres Beispiel: St. Leonhard in Fischhausen). Der spätgotische Flügelaltar um 1541 mit der Sitzfigur des Hl. Nikolaus und mit gemalten Tafeln aus der Nikolauslegende ist das einzige vollständig erhaltene Werk dieser Art im Landkreis und war in der mittelalterl. Kirche der Hauptaltar. Sixtus- und Nikolauskirche dürfen somit als entwicklungsgeschichtliche Modifikation der mit den Waldeckern so eng verbundenen Klostergeschichte Schliersees begriffen werden.

Die Schlierseer Linie der Waldecker hatte sich die entsprechenden Machtgrundlagen über die Vogteirechte geschaffen – im alten Richterhaus (jetzt **Rathaus**) übten in der Folgezeit die Vogteirichter des Stifts Gericht aus (1477 erbaut als damals einziges gemauertes Haus im Ort, aus dieser Zeit stammen noch die zwei gotischen Holzdecken). Mit Aufhebung des Stifts ab 1492 bis zum Ende der Reichsgrafschaft Hohenwaldeck 1734 diente es als Sitz des gräflichen Vogteirichters.

Oberleiten, Blick von Osten

Unsere Wanderung geht vom Rathaus zum Leitnergraben – **Oberleiten**, ein schon 1380 genannter Viehhof der Waldecker, von ihnen im 14. Jhd. zusammen mit Unterleiten dem Kanonikerstift Schliersee geschenkt, bleibt rechts oben liegen – weiter bergan zum Taferlmoos (Name von einer Martersäule, die ehemals hier stand), dann ostwärts hinab nach:

Obergschwendt, 887 Meter ü.NN, mit derzeit 311 ha Gesamtfläche (dazu 1/3 der 446 Tagwerk großen Tiefentalalm) der größte Bauernhof der Gemeinde Fischbachau, eine seit 1206 zum Altar von St. Martin Fischbachau und damit zum Kloster Scheyern gehörige Schwaige, aus der Rodung der 2. Rodungswelle im 11./12. Jhd. hervorgegangen, die im Unterschied zur 1. Rodungszeit im 9. Jhd. zusammen mit den Grundherren durchgeführt wurde und von der auch die Waldecker noch in Form der Landnahme profitierten. Orte auf -gschwendt (von Schwenden, swandjan, roden) – durch Entrindung im Frühjahr, der Saftzeit, wurden die Bäume rasch zum „Schwinden" gebracht –, -(k)reut(h), -brand gehören in diese Phase. Stark bewegte Steilwiesen und gewaltige Bergahorne geben ebenso wie die auf 3 Stufen in Rodungsinseln gelegenen Höfe Ober-, Mittel- und Untergschwendt einen sehr urtümlichen Eindruck wieder. Nach alten Aufzeichnungen sollen sich die Waldecker 907 die Klostergüter des einstigen Stiftes am Kirchbichl in Westenhofen nach Zerstörung durch die Hunnen „bis an den Luizenachfluß" angeeignet haben, woraus zu schließen wäre, dass vor 1000 Jahren Grund und Boden des heutigen Gschwendt im Besitz der Waldecker waren. Dort soll einst Salz gesotten worden sein, die Steine vom Abbruch der Salzhalle seien zum Bau der Maria-Schutz-Kirche in Fischbachau verwendet worden (1085-87). Unterhalb Gschwendt wurde Kalk zum Kirchenbau von Elbach gebrannt, die betreffende Stelle ist noch erkennbar.

Chuono de Ruote (Niklasreuth), ein Dienstmann der Kirche Regensburg, hat vermutlich den Osthang des Rhonberges durch seine Leute schwenden lassen. Leibrechtig nach Maxlrain gehörig, kam die ganze Rodung Gschwendt schließlich durch Tausch an die baierischen Herzöge, zehntpflichtig an den Kasten Aibling. Untergschwendt verblieb bei den Herzögen, Mittelgschwendt kam in die Hände der Waldecker und Pienzenauer, Obergschwendt 1311 an das Kloster Fürstenfeld (durch Schenkung des Wittelsbacher Herzogs). Obergschwendt wurde nach Brand 1840 neu gebaut (Chronodistichon an der Giebelfront), die Badstube (Brechlbad) wurde noch 1935 zur Flachsdarre genutzt, als Blockbau mit gemauerter Feuerstelle stammt sie aus dem 18. Jhd. Ein weiterer Brand, verursacht durch amerikanische Soldaten, führte 1957-1960 zu einem erneuten Wiederaufbau vor allem der Wirtschaftsgebäude.

Mittelgschwendt, wohl die Urschwaige, von der sich zuerst der Halmer (= Halbmaier) abtrennte, war ein von den Waldeckern herrührendes Lehen der Maxlrainer. Halmer (1789 mit Brechlbad) und Schwaiger (17. Jhd.), je 1/2 Hof, gehören zu den klassischen, original erhaltenen Bauernhäusern der Miesbacher Gegend. Nach der Sage soll sich einst, als der Schwaiger und der Halmer in Feindschaft lebten, eine große Mure vom Berg gelöst haben und erst hinter den Häusern zum Stillstand gekommen sein, als sich beide Nachbarn versöhnten.

Untergschwendt, Hof Heiß (Matheis) und Egerscht (Erhard) mit Holzhaus von 1635, ist schon 1270 genannt, wurde 1500 unter zwei Brüdern geteilt.

Wenige hundert Meter nördlich von Untergschwendt führt von der Straße rechts ein Feldweg hinab nach **Oberachau**, ehem. Bauernhaus und Mühle, neu erbaut 1870, mit historisierenden Einzelformen der Entstehungszeit.

Die Rodungssiedlung Gschwendt zeigt, dass das **Leitzachtal** (Bezeichnung wie Loisach, Isar, Amper usw. vielleicht keltischen Ursprungs) in historischer Zeit stark von den Wittelsbachern geprägt wurde, vor allem infolge der Kloster- und Hofmarksgründung Fischbachau um 1085/87 durch Gräfin **Haziga (Hedwig),** die in 1. Ehe mit Hermann von Kastl verheiratet war (dieser ließ um 1050 herrenloses Land im Gebirge in Besitz nehmen und insbesondere im oberen Leitzachtal roden, vgl. Au-Orte!). In 2. Ehe mit Graf Otto II. von Scheyern vermählt, wurde sie zur ältesten nachweisbaren Ahnfrau des bayer. Königshauses der **„Wittelsbacher“** (so genannt ab 1115 nach ihrer neuen Burg bei Aichach). Die Verlegung des Benediktinerklosters in der Zell (gegr. 1077) in das Gebiet der Pfarrei Elbach, die ebenfalls wie die Hofmark „Vispachisowa“ um 1078-1080 erstmals urkundlich erwähnt ist und wo schon im 8. Jhd. das Hochstift Freising den Hof „Ehlpach“ (lt. „Freisinger Tradition“) besaß, geschah im Wege eines Grundstückstausches mit Freising. Nach dem Tod Hazigas wurde das Kloster 1104/07 von **Fischbachau** auf den Petersberg bei Dachau, von dort 1116 an die aufgegebene Stammburg der Stifter nach Scheyern verlegt, wo es noch heute besteht. Diese unmittelbare Verbindung zu den Wittelsbachern, den ehemaligen Grafen von Scheyern, dokumentiert sich auch in **Wörnsmühl** (der Mühle des Werinher): als der von Kaiser Friedrich Barbarossa 1180 mit dem Herzogtum Bayern belehnte Wittelsbacher Herzog Otto I., der sich ob seiner Hilfeleistung an der Veroneser Klause nachdrücklich empfohlen hatte, schon 1183 starb, huldigten die Notablen des Landes seinem erst zehnjährigen Sohn Ludwig (dem Kelheimer) als Nachfolger auf einem Landtag in Wörnsmühl, wo man sich auch in der Folgezeit anlässlich von Jagdveranstaltungen mehrmals zu wichtigen Rechtsgeschäften zusammenfand. So führt also die Leitzach nicht nur an den geistig-kulturellen Ursprung zurück, sondern wird ihrerseits zur inspirativen Quelle eines Herrscherhauses, das von 1180 bis 1918 die Geschicke Bayerns bestimmen sollte. Hier tritt es gleich zu Beginn in Erscheinung, um sich schließlich 1734, nach dem Erlöschen der Waldecker-Maxlrainer, auch endlich deren so lange exemptes Herrschaftsgebiet einzugliedern.

Von Oberachau geht es in direkter östlicher Richtung nach **Elbach** und von dort,

St. Andreas mit Hl. Blutkirche in Elbach
(links hinten Pfarrhof)

auf der Jenbach-Straße am Gasthof „Sonnenkaiser" vorbei, links in den ausgeschilderten Fußweg nach Kirchstiegl – Greisbach – Schwarzenberg – Hundham – Deisenried. Belohnt werden wir nicht nur mit dem imposanten Anblick der barocken Pfarrkirche St. Andreas (1689 vom Hausstätter Johann Mayr d. Ä. über der abgebrannten gotischen Vorgängerkirche erbaut), flankiert von der Hl. Blutkirche, die als alte Wallfahrtskapelle (12./13. Jhd.) vom Schlierseer Jörg Zwerger 1669 neu gestaltet und mustergültig mit „Miesbacher" Stuck ausgeschmückt wurde, sondern auch mit der Faszination des uralten Elbacher Pfarrhofs samt Hauskapelle auf dem Dürnbachhang, dessen erster Bau eine Klause gewesen sein soll, von der schon die Gründung der Klöster Margarethenzell und Fischbachau ausging. Die Pfarrei war Mittelpunkt eines ausgedehnten Besitzes des Freisinger Bischofs schon im frühen Mittelalter und eines riesigen Pfarrsprengels, zu dem u. a. auch Au, Lippertskirchen, Feilnbach, Kutterling, Wiechs, Kleinholzhausen und Litzldorf gehörten (bis 1458). Damit befänden wir uns dann wieder in der Sphäre der Klostergründungen des 8. Jahrhunderts, zumal unter dem Einfluss jener Freisinger Kirche, die auch den Waldeckern zu Aufstieg und Macht verholfen hat. So wenigstens die gängige Version!

Eine höchst interessante alternative Theorie wird von der älteren Historiographie vertreten. Keinem geringeren als dem hoch angesehenen Verfasser der Historia Frisingensis, Carl Meichelbeck, fiel schon Anfang des 18. Jahrhunderts auf, dass die seit dem 11. Jahrhundert urkundlich belegte Herrschaft des Bistums Freising mit der späteren Herrschaft Waldeck identisch ist. Er vermutet (wie nach ihm auch Obernberg, Riezler, Fastlinger, Hundt und Brunhuber), dass die fünf waldeckischen Klostergründerbrüder vom Schliersee, die sich laut Urkunde vollständig der Herrschaft des Freisinger Bischofs unterstellten, ihren gesamten Landbesitz, also weit über die Ausstattung des Schlierseer Klosters hinaus, dem Bistum Freising übertrugen. Die spätere Herrschaft Waldeck widerspiegelte demnach den ursprünglichen Besitzstand der Waldecker schon im 8. Jahrhundert. Zu diesem habe auch der dann bischöfliche Hof Elbach gehört, er habe das Widum der Elbacher Kirche dargestellt, die folglich eine Eigenkirche der Schlierseer Stifter gewesen sei. Sie bewohnten als Stammsitz die Burg Altenwaldeck bei Niklasreuth, Fastlinger nennt sie Faganen, Hundt rechnet sie sogar deren unmittelbarem Familienverband zu. Dies würde den angestammten und umfassenden Landbesitz der Waldecker in unserer Gegend erklären.

Ihre Elbacher Eigenkirche sei im übrigen aus einer heidnischen Kultstätte hervorgegangen, wie es die auch ansonsten häufige Sage von den blutigen Spänen nahe legt, die weiße Tauben von Hundham, wo nach dem Willen der Missionare eine erste christliche Kirche erbaut werden sollte, nach Elbach als eigentlichem Bestimmungsort trugen. Gegen den Willen des Volkes, das an seinen ursprünglichen Kultstätten und Riten festhalten wollte, wäre eben der neue Glaube von den christlichen Bekehrern kaum durchzusetzen gewesen. Deren Erfolg gründete nicht zuletzt darin, dass sie dieser Ausgangslage im allgemeinen klug und behutsam Rechnung zu tragen pflegten. Die Pfarrei Elbach mit ihren Filialen wurde nach Übertragung an den Freisinger Bischof in der Folgezeit stets von diesem besetzt, erst ab 1390 erhielt **Kloster Scheyern**, mit etlichen Konventualen in Fischbachau ohnehin präsent, das Verleihungsrecht, im Tauschgeschäft mit der Pfarrei Eching am Ammersee samt allen entsprechenden Pfründen. Dass es hierzu eigens der Genehmigung des Papstes bedurfte, unterstreicht nur die Bedeutsamkeit des Vorgangs.

Nördlich gegenüber dem „Sonnenkaiser“ („Kaiser“ = Kasimir, am „Sonnenmoos“) sollten wir einen Blick auf den Steinbruch werfen, aus dem mit einem Rollwagen auf einer Rampe die Flyschsandsteine über den „Schneiderhauser“ und die Straße hinweg „ohne Höhenverlust“ zum Turmbau transportiert wurden, den in all seiner Pracht der Weyarner Klostermaurermeister Caspar Glasl 1722 vollendete.

Auf dem **Friedhof** um die beiden Kirchen stoßen wir auf die Gräber so markanter Persönlichkeiten wie des Heimatschriftstellers **Fritz Müller-Partenkirchen** oder des legendären Chronisten des oberen Leitzachtales **Josef Brunhuber** oder des „Poeta laureatus Bavaricus“ **Eduard Stemplinger** – letzterer eingebettet in den point de vue zu seinem immer noch standfesten Holzhäusl am Dürnbachhang, seinem gepriesenen „Tusculum“, wo er manch tiefsinnigen Diskurs mit seinem Lehramtskollegen, Dichter- und Wanderfreund **Josef Hofmiller** zelebrierte.

Links dahinter lugt der schopfwalmbedachte Pfarrhof hervor, dessen herrliche Lage ein anderer „Wanderpoet“, **August von Platen**, schon 100 Jahre zuvor zu preisen wusste. Der zu seiner Zeit berühmte Universalgelehrte und Lyriker („Tulpe des deutschen Dichtergartens“) verbrachte den Sommer 1817 (2. Juni - 11. Oktober) als Gast im Schlierseer Pfarrhof, wo er u. a. seine „Lebensregeln“ verfasste, die jene tiefe Ruhe und überzeugende Gewissheit zu atmen scheinen, wie er sie im „heilsamen Frieden“ dieser Landschaft zu spüren glaubte. Er hat diese Monate in dem Bewusstsein verlebt, dass sie zu den schönsten seines Lebens zählten, und von hier aus zahlreiche Wanderungen unternommen, so auch nach Elbach. „Die Aussicht (vom Pfarrhof) vollends ist so schön, als es die Phantasie sich wünschen kann, und der Pfarrer hat so viel Empfänglichkeit für diesen Vorteil ...“

Es war nicht von ungefähr Eduard Stemplinger, der 1935 in der Zeitungsbeilage „Die Propyläen“ mit einem Beitrag „Der Dichter Graf Platen im Leitzachtal“ aufwartete. Als Verfasser des Elbach-Liedes (1925) wollte Stemplinger selbst gerade in der Ewigkeit die gepriesenen Vorzüge nicht missen: „Grabts mi nur z'nachst beim Heiling Bluat, im Freithof drenten ein, so kann i doch bei meine Berg, in meiner Hoamat sein.“

Nehmen wir die melancholische Suggestion eines „in die Schönheit tödlich verliebten Tristan und Don Quijote zugleich“ (Thomas Mann über Platen) oder die zarte Empfindsamkeit der „Wanderbilder und Pilgerfahrten“ (Hofmiller), aber auch die mitunter burschikose, doch immer heitereinfühlsame Travestie des „Horaz in der Lederhos'n“ (Stemplinger) in unser geistiges Marschgepäck auf, um uns auf unserer weiteren Etappe in die rechte Stimmung des Gemüts bringen zu lassen.

Nach Passieren von **Kirchstiegl** (auf dem Kirchweg herein vom Auerberg musste der hohe Zaun der Gemeinweide des Schwarzenbergs auf einer Stiege überwunden werden) und **Greisbach** (= Grägelsbach, Kregel = munter), einer Streusiedlung zwischen Hundham und Dürnbach mit sehenswerten alten Höfen, sowie Schwarzenberg am Westhang der gleichnamigen Erhebung nähern wir uns **Hundham** mit seinen nach Osten ausgerichteten Giebelfronten der alten Anwesen, die Wetterrückseiten verbrettert, als „Hunthaim" 1224 zuerst erwähnt, überwiegend dem Herzog und somit dem Aiblinger Kasten, nicht also den Waldeckern, grundhörig. Die Wirtstaverne fungierte ehemals als Sitz des Zehntgerichts. Die Dorfkapelle St. Leonhard (seit 1604) ist mit Wandgemälden des Joh. Baptist Pöheim geschmückt. Die Wurzeln des Ortes („Heim des Hunto" = Zehentgraf, Vorsteher einer germanischen Hundertschaft) gehen auf die bajuwarische Besiedlung des Leitzachtales im 6. Jhd. zurück.

Wir lassen Hundham links liegen und wandern zum Bauernweiler **Deisenried** („Rodung des Tiso": erste Rodungszeit 9.Jhd.), mit seinen vier Höfen „Beim Jedl" (Jedl = Ulrich), „Beim Kaspar", „Beim Maurer", „Beim Jodl" (= Stierhalter) im 15.Jhd. durch Teilung unter vier Brüdern aus einem einzigen Gut entstanden. Die Hofkapelle des Jedlhofes wurde als Lourdeskapelle 1899 erbaut.

Von der Kapelle wenden wir uns einen Hohlweg nordöstlich abwärts zur Fahrstraße Richtung Feilnbach, gehen auf dieser ca. 800 Meter entlang, bis links ein Feldweg abzweigt und zu den Höfen **„Stipfing"** („Sippe des Stupfo") und **„Kaltenbrunn"** („an der kalten Quelle") schräg nach oben führt, beide schon im 11. Jhd als Besitz des hl. Sixtus nach Schliers und damit zur Waldecker Vogtei grundhörig (ebenso wie die jenseits der Feilnbacher Straße liegenden Höfe „Rossruck" und „Wetzelsberg").

Von Kaltenbrunn aus orientieren wir uns wieder abwärts zum Fahrweg nach Gerstenbrand/Hochkogl, der hier von der Kreisstraße abzweigt, folgen dieser Richtung Feilnbach – linker Hand bleiben Gerstenbrandgraben sowie die folgende (zu Kaltenbrunn gehörige) Landzunge liegen – und biegen nach etwa 300 m ab Abzweigung Hochkogl links in einen von der Kreisstraße zu einer weiteren Landzunge hinabführenden Feldweg ein, auf dem wir an einer Scheune vorbei und in den anschließenden Wald hinein wandern. Auf dem sich absenkenden Höhenrücken hat unser Gewährsmann Brunhuber die Waldecker **Burg Holenstein** lokalisiert, erkennbar an den Resten einer Befestigungsanlage mit Wällen und Gräben, in offensichtlicher Beziehung zum Zweihöfe-Weiler **Gerstenbrand** (= „Brandrodung des Gerzo", entstanden durch Teilung eines Urhofes im 15. Jhd., mit barocker Hofkapelle von 1780, der Leonhardskirche Lippertskirchen und somit wiederum den Waldeckern unterstellt).

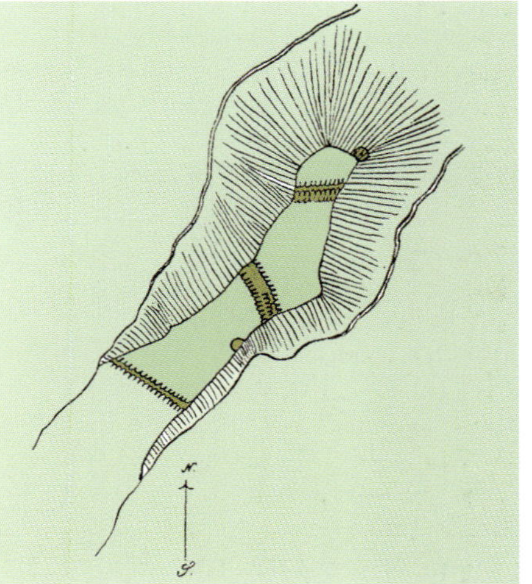

Burg Holenstein (Zeichnung von Brunhuber)

Wie schon angemerkt, nannten sich die einzelnen Zweige der Waldecker nach ihren Sitzen Parsberg, Holenstein, Miesbach, (Alten-)Waldeck und Schliersee-Hohenwaldeck. Holenstein wurde, wie die Literatur zeigt, lange und vergeblich an verschiedenen Orten gesucht. Brunhuber bezieht sich auf **Meichelbecks „Historia**

Frisingensis" Tom. I. Urk.1375, wo vom Kauf einer Hube „in villa Wihse, sub castro Hollnstein" die Rede ist. Wihse ist nichts anderes als das Dorf Wiechs (röm. Vicus) bei Feilnbach, nur eine halbe Stunde unterhalb des Burgstalls. In mehreren Urkunden begegnen die Holnsteiner vom Beginn des 12. bis zum Ende des 15. Jahrhunderts. Danach sind sie Bauern geworden und finden sich als Namen in der Aiblinger Gegend.

Zwischen Gerstenbrandgraben und dem Wetzelbergergraben hat sich die Flurbezeichnung „Alte Bürg" bzw. „Gschlößl" erhalten: drei Wälle im Abstand von mehreren hundert Metern mit zwei Stellen für Auslug bzw. Wohnturm kennzeichnen das Areal. Die Burg ist wohl spätestens seit dem 14. Jhd. verödet und verfallen.

Ein schmaler Pfad führt abwärts über die Landkreisgrenze bis Rabenstein bei Feilnbach, wo wir erst in einen Fahrweg Richtung Hochkogl, dann nach 150 Metern

Burg Holenstein, Wallanlage

rechts abbiegen und über Gunzelloh nach Lippertskirchen (ausgeschildert), dann über Wilharting und Brettschleipfen nach Au wandern.

Hochkogl, dessen Besuch sich wegen der phantastischen Aussicht lohnen würde (auch von dort gelangt man auf einem Fahrweg nach Wilharting und Brettschleipfen-Au), ist bekannt wegen Haus Nr. 2

Burg Holenstein, Vorfeld der Anlage

„Beim Veicht" (= Vitus) bez. 1709, das in den 30er Jahren von dem Schriftsteller Jo Hanns Rösler („Röslerhaus") als Landhaus ausgestaltet wurde. Der Weiler mit drei Anwesen ist aus einer freieigenen Hube entstanden, die vor 1469 geteilt wurde. „Beim Pai" (= Paul), mit Balusterbalkon und Balkenköpfen in spätbarocker Manier verziert, war als Lehen seit 1539 den Maxlrainern unterstellt, später u. a. auch im Besitz der **Dinzenhofer**. Dieser Name, bezogen auf das berühmte Baumeister-Geschlecht, ist in der Feilnbacher Gegend heimisch, der Englhof als Stammsitz der Familie („Dienstenhof" = Diensthof des Klosters Tegernsee) liegt gut sichtbar unmittelbar unter uns in Bichl.

Auch ohne Aufstieg zum Kogl genießen wir auf unserem Weg nach Gunzelloh und Lippertskirchen einen freien Blick ins **Aiblinger Moos**, dessen industrieller Torfabbau im Zusammenhang des Salinenbetriebs Rosenheim unübersehbare Spuren hinterlassen hat. Diese ausgedehnte Moorlandschaft ist aus dem flachen Becken des nacheiszeitlichen Rosenheimer Sees entstanden, der bis an den Auerberg reichte. 1850 wurde der **Kohlebergbau** begonnen, der den ganzen Auerberg in einer Tiefe von 800 m untergrub und über den Leitzachquerschlag 13,5 km von einem Lösungsstollen in Au bis Hausham reichte. Oberhalb vom Kogl beim „Englsberg" wurde ein Versuchsstollen gegraben, der heute noch zu sehen ist. Die Entstehung der Braunkohle erfolgte im Oligozän (dem mittleren Abschnitt des Tertiärs vor ca. 30 Millionen Jahren) aus dem Moorlager eines versunkenen Meeresarms.

Lippertskirchen, früher Diepertskirchen, entstand als Eigenkirche eines Diepert aus dem Geschlecht der Waldecker mit Stammsitz Holenstein, der um 1003/1013 eine Besitzübergabe bezeugt (Traditionen des Klosters Tegernsee). Weiterhin tauchen

Lippertskirchen mit Wendelstein

die Namen der Waldecker Eymo und Einwich von Dieprechteskirchen auf (1102 in den Freisinger Traditionen), 1130 u. a. Waltmann (von Holenstein), der 1141 Bischof Otto I. von Freising zum Reichstag nach Regensburg begleitete. Gerold von Waldeck ist 1220-1230 selbst Bischof von Freising – Wilhelm von Diepertskirchen 1440-1483 Abt in Benediktbeuern – Friedrich von Diepertskirchen 1347-1374 herzogl. Pfleger und Richter zu Aibling (sein Grabstein von 1391 mit Wappen befindet sich im südl. Eingang der Kirche).

Ein Rest des ehem. Edelsitzes ist noch sichtbar im hochgelegenen altertümlichen Gebäude südlich der Kirche. Nach dem Aussterben der Waldecker wohnten dort verschiedene „Schlossherren", zuletzt **Franz von Vogt** (gest. 1816, Grabstein im Friedhof), Begründer der ausgedehnten Obstbaumkultur in der Feilnbacher Gegend.

Die barockisierte Kirche von Lippertskirchen mit Marienwallfahrt mittelalterlichen Ursprungs ist sehr sehenswert, u. a.

Lippertskirchen, Grabplatte von Friedrich von Diepertskirchen (1391)

mit Wessobrunner Stuck (Franz Doll) und Rokoko-Skulpturen von Joseph Götsch, Fresken von Joseph Hauber, ursprünglich wie Au und Litzldorf zum Pfarrsprengel Elbach als ehemaligem freisingisch-bischöflichen Hof gehörig.

Wir wandern nun auf dem beschilderten Weg Nr. 11 nach Wilharting, vorbei an prächtigen Höfen (u. a. Troger) mit Weitblick ins Aiblinger Moor, vorne rechts der Irschenberg, Urstätte christlich-römischer Besiedlung. An der Weggabelung wählen wir Nr. 16 sanft bergan nach **Brettschleipfen**, von dort geht es rechts hinab nach Au.

Die Kirche St. Martin von **Au** wurde um 1000 unter dem Patronat der Waldecker am Übergang der Römerstraße (= Verbindung vom Inntal über Brannenburg, Feilnbach, Lippertskirchen und Au nach Aibling) am Aubach errichtet, ab 1390 gehörte sie zum Kloster Scheyern (vgl. Scheyerer Kreuz auf der Turmspitze), 1458 wurde sie selbständige Pfarrei unter

Lippertskirchen, ehem. Edelsitz der Waldecker

Einbeziehung u. a. der Kirchen von Lippertskirchen, Wiechs und Litzldorf. Der ursprünglich romanische, dann gotische Kirchenbau erfuhr 1719-1723 einen barocken Umbau nach Plänen von Wolfgang Dienzenhofer aus Aibling (entfernt verwandt mit den berühmten Baumeistern) durch die Hausstätter Abraham und Philipp Millauer (auch Erbauer der Taxa-Kapelle).

Nördlich vom Dorf, wo sich beiderseits der Dettendorfer Straße merkwürdige Hügel aufschichten, begegnet man den Relikten des ehemaligen Kohlebergwerks, durch den Flurnamen **„Berghalde"** markant bezeichnet. Zugewachsene Muthungsstellen, gemauerte Bachbettteile, vom Wasser geflutete Stollengräben und Kohlespuren in den Böschungen des Auer Baches halten ebenso wie das ehem. Verwaltungsgebäude, heute mit dem Charme einer Jugendstilvilla aufwartend, nicht von ungefähr auch von Wilhelm Leibl 1892 als Mietobjekt beworben, die Erinnerung an die ca. 40 Jahre (1850-90) des Miesbacher Bergbaubetriebs wach.

Das Mundloch des großen Stollens befand sich im Achtal, wohin wir in westlicher Richtung am Bach entlang (beschildert Nr. 17) wandern bis zu der Stelle, wo der Köcker- (kek mhd. = Quelle) und Eibengraben ein spitzes Dreieck bilden und in den Aubach münden. Am höchsten Punkt des Kegels (rechts oder links gelangt man durch den z.T. 15 m tiefen Burggraben hinauf) finden sich noch Mauerfundamente und eine Turmstelle vom Stammsitz der Waldecker. Als 1301 Herzog Rudolf einen Familienstreit der Waldecker entscheidet, werden die Burgen Wallenburg, Hohenwaldeck und **Altenwaldeck** deutlich voneinander abgehoben. Nach dem Tod des letzten Waldeckers erhielt 1497 Ehrentraut, Tochter des Wolfgang zu Wallenburg, die Burg und brachte sie als Heiratsgut in die Ehe mit Hieronymus von Seiboltsdorf ein, seither auch „Seiboltsburg" genannt. Die Seiboltsdorfer bewohnten sie nicht, hatten ihren Mittelpunkt vielmehr in Valley, die Burg zerfiel, schon Mitte 16. Jhd. ist sie Ruine: „Arx vetusta et partim collapsa", wie Apian vermerkt. 1608 Verkauf von Altenwaldeck als Abbruch an den Wirt Lang von Au, die Steine finden beim Kirchenbau Verwendung. Oberhalb der Burgstelle erstreckt sich nach Südwesten eine freie Wiesenfläche (wie bei Holenstein), die mit Wall und Halsgraben gegen das leicht ansteigende Gelände gesichert ist.

Altenwaldeck, überwachsene Grundmauern

Kematen, Ansicht von Süden

Über diese Wiesenfläche, vielleicht einmal Turnierplatz, geht es weiter aufwärts zum Einödhof **„Heißkistler"** (Heiß = Mattheis/Matthias, Kistlerhandwerk), bez. 1633 (mit nachbarocker Haustür als Qualitätsnachweis des Besitzers!). Er gehörte wohl wie der südwestlich oberhalb gelegene „Wieser“, 1513 zuerst erwähnt, bis 1803 zum Münchner Frauenstift, ursprünglich also zu den Waldeckern, die ihre Klosterstiftung Schliersee an die Frauenkirche abgaben. Vom Heißkistler blicken wir hinüber nach **Kematen** und zum Hof Premrain, der nur wenige hundert Meter Luftlinie von Altenwaldeck entfernt liegt.

Bei der Wassergewinnungsanlage nehmen wir den Feldweg nach rechts, bei Aschbach das Sträßchen nach links zum „Briefer“ (besorgte die Briefe des Grundherrn) mit eindrucksvollem Bauernhaus in Blockbauweise aus dem 16./17. Jhd., nunmehr die Kirche von **Niklasreuth** schon im Blick, das wir zuletzt über die von Au heraufführende Fahrverbindung erreichen.

Niklasreuth am Nordhang des Auerbergs, zur Gemeinde Irschenberg gehörend, stammt aus der Zeit der zweiten Rodungsperiode im 11./12. Jhd. (vgl. Chuono von Ruote als Rodungsunternehmer am Auerberg und Rhonberg, z.B. Gschwendt) und besteht zumeist aus verstreuten, nach Osten ausgerichteten Einödhöfen mit charakteristischer Grünlandbewirtschaftung. Die Pfarrkirche **St. Nikolaus**, ursprünglich ein spätromanischer Bau, präsentiert sich heute als barocke Anlage von 1694/97 (Rokokoausstattung von 1729) des Hausstätter Baumeisters Johann Mayr d.Ä. Lediglich Pfarrhof, Maierhof, Wirt, Mesner, Kramer schließen sich zu einem Ortskern zusammen.

Auf der Kreisstraße begeben wir uns zum Ortsausgang Richtung Miesbach, nehmen die Abzweigung rechts nach **Harraß**, dann links über Hofreuth, Moosbauer und Moosweber (links südlich der Straßenkreuzung), wo wir die Kreisstraße und anschließend westwärts ein Wiesenstück queren, uns geradeaus an einen schmalen Bachlauf halten und über einen Graben hinweg auf einen Wiesenweg, dann Feldweg treffen, der uns rechts hinab nach Fußstall und – in Sicht-

Niklasreuth, Westansicht

Hofreuth, Hl. Familie

kontakt mit dem Miesbacher Harzberg-sender – nach Mühlau/Leitzach führt.

Das Bauernhaus **„Beim Harrasser“** (Haar mhd. = Flachs, roeze = rösten, also Flachsdarre) ist bereits 1224 im herzoglichen Urbar genannt als an Kloster Fürstenfeld gestiftet, auch im Kartenwerk des Apian verzeichnet. Wohl in der Rodungszeit entstanden, stammt der Wohnteil aus dem 17. Jhd.

Das Anwesen Hofreuth **„Beim Vorderhofreuther“**, ein Holzblockbau um 1782, verputzt 1786 und mit Lüftlmalereien von Joh. Bapt. Pöheim geschmückt, weist neben dem Jodlbauernhof in Hagnberg eine der historisch bedeutsamsten Freskendarstellungen der Miesbacher Gegend auf. Es gehörte mit dem „Hinterhofreuther“ und „Schuster“ als Dotation der Waldecker zur Kirche von Agatharied.

Hofreuth, Hl. Katharina (Detail)

In **Mühlau** überqueren wir auf der Brücke die Leitzach, begeben uns zwischen dieser u

bergan a

straße nach Miesbach, wo schräg gegenüber links, dann steil nach rechts ein

den Berghang hinaufführt.

Hofreuth,

Dorf Parsberg, rechts oben Burgberg

Wo dieser wiederum auf die Kreisstraße trifft und links den Blick nach **Parsberg** freigibt, streben wir direkt gegenüber auf einem dort einmündenden Feldweg weiterhin bergan, wobei wir uns an den rechten Rand des Hangabbruchs halten und einen dort verlaufenden, gut erkennbaren Fußpfad in wenigen Minuten hinauf zur alten Burgstelle nehmen. Diese liegt auf dem obersten Waldrücken der Anhöhe (800 m) südlich vom „Seestaller", durch ein Plateau, unter dem auch Steinansammlungen erkennbar sind, deutlich hervorgehoben gegenüber der Umgebung, die ihrerseits als quadratkilometergroßes Areal nach allen Himmelsrichtungen durch Gräben, Böschungen oder steil abfallende Hänge bestens abgesichert ist. Der unmittelbar westlich angrenzende „Bergbauer", Eigentümer des Burggeländes, gibt an, bei Baumfällarbeiten mehrmals auf Steinfundamente gestoßen zu sein. Es kann also keine Rede davon sein, dass die Parsberger Burgstelle nicht mehr feststellbar sei. Der durch einen tiefen Graben nach Parsberg hinabführende „Burgweg", den wir schließlich einschlagen, markiert lediglich die südwestliche Außengrenze des Gesamtareals. Es muss sich demnach um eine bedeutsame Anlage gehandelt haben.

Parsberg als Sitz der gleichnamigen Waldecker Linie ist ein altes kirchliches Zentrum, zu dessen Pfarrei bis 1584 Miesbach gehörte. 1113 erscheint Waltmann von Pastberg als Ministeriale des Freisinger Bischofs, an dessen Hof er tätig ist, im Zusammenhang des Streits um den „Zehent von Pienzenau", 1145 überträgt er Bischof Otto von Freising den Hof Ramsenthal (Im NO von Wallenburg gelegen mit Hofkapelle „Zum gegeißelten Heiland", 1799 auf Grund eines Gelübdes erbaut und Ziel einer im 19. Jhd. blühenden Bauernwallfahrt), Zeuge ist „Rudolph de Muespach" (nach Heimbucher erste urkundl. Erwähnung Miesbachs), in anderen Urkunden auch „Rudolph von Pastberg" oder „Rudolph von Holenstein" genannt: wieder ein Hinweis auf die Verzweigung innerhalb ein und desselben Adelsgeschlechtes!

Die Kirche **St. Laurentius** (Patronat wohl älter als St. Martin in Schliersee, also vor 779!) wurde über romanisch-gotischer Grundlage im Barock umgebaut, 1957/58 wurde unter Abnahme der nazarenischen Dirnberger-Freskierung die barocke Ausmalung wieder freigelegt. Die Kirche bildet zusammen mit dem Zehetmaierhof von 1756 ein geschlossenes Ensemble.

Von Parsberg wandern wir beim Sportplatz rechts über den „Wiesenweg" zum Harztal, vorbei am Brunnenhaus von 1889 („Schröck-Kapelle") nach Miesbach. Hier schließt sich der Kreis: der genannte Rudolph de Muespach gründete die **Burg Miesbach**, die noch bis in das vorletzte Jahrhundert hinein im Gelände des Landratsamtes an der Stelle der heutigen Kfz-Zulassungsstelle Spuren aufgewiesen haben soll. Der Sohn Rudolphs (Rudolph II.) nennt sich dann schon nicht mehr nach Miesbach, sondern erstmals nach Waldeck. Das ehemalige Pflegschloss von 1611 an der Stelle des Vermessungsamtes ist nicht der ursprüngliche Burgplatz!

Das nahe **Schloss Wallenburg** ist als Burgstelle ebenfalls sehr alt, wie Wallspuren und Fundamente ringsum zeigen. Nach zweimaligem Brand im 15. und 17. Jhd. erfuhr es eine barocke Ausgestaltung unter Mitwirkung von Joh. Bapt. Zimmermann (Rittersaal). 1270 erstmals urkundlich erwähnt, spielt es als Stammsitz der Waldecker keine Rolle. Bei der Teilung des Erbes waren Otto von Waldeck, Kämmerer des Hochstifts Freising, die Herrschaft Waldeck und die Vogtei Schliersee zugefallen, seinem Bruder Eisenreich Wallenburg; die Burg Miesbach gehörte damals schon dem Bischof von Freising (wohl als Schenkung der Waldecker). Bald darauf widerrechtlich in herzoglicher Hand, wurde sie 1294 nach dem Willen Hzg. Ludwigs des Strengen dem Bischof zurückerstattet, allerdings von Ottos Sohn Arnold von Waldeck, Freisingischer Kämmerer und zugleich herzoglicher Dienstmann, Besitzer von Wallenburg, in einem Streit zerstört. Sie wurde nie wieder aufgebaut, obwohl 1312 Arnolds Gattin und deren Sohn Friedrich als Entschädigung dafür Schloss Wallenburg dem Stift Freising angeboten hatten. Nach der Zerstörung der Burg beanspruchten die Freisinger Bischöfe keine Hoheitsrechte mehr, Miesbach wurde zum Markt an der wichtigen Salzstraße von Rosenheim nach Tölz.

Die Herren von Waldeck lebten also auf ihren verschiedenen Burgen, verwalteten aber ihren Besitz gemeinsam. Infolge von Streitigkeiten und Erbauseinandersetzungen mussten sie sich immer wieder Schiedssprüchen unterwerfen. Ihre Sitze bestanden rund dreieinhalb Jahrhunderte, bis 1483 Wolfgang von Waldeck auf Wallenburg als letzter männlicher Vertreter des Geschlechts starb und sein Erbe den drei Töchtern Ehrentraut, Margaretha und Apollonia hinterließ. Margarethas Gemahl, Veit von Maxlrain, tritt schließlich mit seinem Sohn Wolf in das Erbe ein und sorgt für eine Fortsetzung der Familiengeschichte unter anderem Namen für weitere zweieinhalb Jahrhunderte.

Auf der Bahnfahrt zurück nach Schliersee passieren wir **Agatharied**. Die dortige Kirche, so die Legende, zeugt von einem Gelübde des Georg von Waldeck in türkischer Gefangenschaft, nach glücklicher Rückkehr zu Ehren seines und seiner Gattin Namen, sowie der Lieben Frau Patronat die Kirchen Georgenried, Agatharied und Frauenried zu stiften (Beginn 15. Jhd.). Auf der Höhe, östlich ca. 500 m gegenüber der Kirche, oberhalb des Zentralkrankenhauses, finden sich Reste der mittelalterlichen Waldecker Burg **Poding**: ein ca. 30 m langes Kernwerk mit ca. 3 m tiefen Abschnittsgräben.

Würden wir von Parsberg den Weg östlich des Stadlbergs über Elm, Litzelau, Bärenschütz, Bemberg und Attenberg nach Schliersee nehmen, dann würde der räumliche Zusammenhang des Waldecker Herrschaftsgebietes noch augenscheinlicher als dies ohnehin schon auf einer Fußwanderung der Fall ist. Eine Signalverbindung der Burgen Parsberg, Miesbach, Poding und Schliersee erscheint gut vorstellbar, letzterer beider vermittelt durch einen Wachtturm beim Weiler „Hof", dessen Existenz anhand eines rätselhaften Steinhaufens am oberen Ende des von der Wörnsmühler Straße heraufführenden Fahrweges angenommen werden könnte.

Beim Eintreffen am Schlierseer Moränenhügel, auf dem oder in dessen Nähe einst das erste Kloster gestanden haben soll, wandern die Gedanken unwillkürlich zurück zu den fünf adeligen Klosterstiftern. Waren sie wirklich schon Waldecker, würde dies dem Geschlecht einen Rang unter den bedeutendsten Adelsgeschlechtern der Frühzeit zuweisen. Vieles spricht dafür, eigentlich nichts dagegen.

Die Ergebnisse der **Namensforschung** vermögen nicht zu überzeugen. Wenn Namen wie Antonius in den romanischen Bereich verweisen oder Otakir auf die Ottokare und damit Huosierverwandtschaft, so ist das, bei allem frühmittelalterlichen Herkunfts- und Ahnenbewusstsein, allenfalls ein Argument für die Internationalität und Prominenz der aristokratischen Abstammung und Versippung. Man denke nur an die Analogieproblematik heutiger Personen-Nomenklatur!

Alles, was für die westlich benachbarten Huosier ins Feld geführt wird, gilt mindestens ebenso für die östlich angrenzenden Fagana, nach Ausweisung der Lex Bajuvariorum beides mächtige Adelclans der Landnahmezeit unter westfränkischer Ägide. Von der Affinität der Wappensymbolik ganz zu schweigen!

Auch die sehr frühen Erwähnungen der Waldecker, ob urkundlich belegt 773 und 822, oder legendenhaft berichtet, etwa im Zusammenhang von Gschwendt 907, der Freisinger Vogtei nach 817 oder der Errichtung von ersten Kirchen in Elbach, Lippertskirchen, Au, Kematen und Parsberg im 8. bis 10. Jahrhundert im Rahmen des Eigenkirchenrechts, sind nicht einfach vom Tisch zu wischen. Derlei Zusammenhänge weisen eben doch schon in die Klostergründungszeit des 8. Jahrhunderts zurück, zumal in Schliersee mit einem adeligen Sippenkloster auf dem angestammten gemeinsamen Erbbesitz. Ob mit den Tegernseer Klostergründern derselben Epoche (Ottokar, Adalbert) verwandt oder nicht, letztlich charakterisiert auch das nur die privilegierte Stellung eines vielfältig verzahnten adeligen Familienverbandes.

Mag die Herkunfts- und Zugehörigkeitsfrage noch Generationen beschäftigen, den Wanderer durch die Jahrhunderte wird das kaum berühren, im Gegenteil, es erhöht den Reiz eigener Impression und Recherche. Genius Loci und Vergänglichkeit sprechen ihn unmittelbar an, er spürt den Zauber sagenumwobener Vorzeit, begreift darin Endlichkeit und Transformation als einzige Konstanten selbst erlebter Geschichte.

MIESBACH
Hausham
Schlier
see
Wallenburg
Bergham
Parsberg
Harzberg
Harztal
Leitzach
Kleinthal
Straß
Großthal
Posch
mühl
Berg
Agatha
ried
Tieferbach
Möst
Hastrain
Tratberg
Freudenreich
Gschwendt
Rettenbeck
Moos
Abmühl
Schwaig
Breitenbach
Rainer Berg
Gindelalmschneid
Krainsberg
Kalkgraben
Pürstling
Altenberg
Schweinthal
Westerhöfen
Birkner
Plutzer
Griesser
Wach
lehen
Schweinthal
Lichtenau
Loch
Wall
Müller
Stadler
Baumer
Thalhammer
Anger
Unter
höger
Voglsang
Ratzenlehen
Oberhöger
Schönberg
Gieshof
Grub
Lehen
Reit
Giglberg
Hausruck
Bodenrain
Vorder
Eck
Hinter
Antenloh
Schuß
Oed
Auerhof
Hohenlehen
Thalmühl
Halmer
Haselsteig
Oberlinner
Schopfgraben
Reimsberger
Krauthof
Unter
linner
Klafflehen
Walch
Hof
Eberl
Hohenstein
Thalham
Trost
Steiner
Hufnagl
Hairen
Sakra
Weidenau
Kirchweg
Ableitner
Allhofe
Adam
Aigner
Hochhaus
Köpferl
Stelzger
Potzenberg
Ramsenthal
Hofwies
Riedler
Ponlehen
Ponleiten
Wienbauer
Hofer
Berger
Heimberg
Riedgasteig
Standinger
Frauenried
Hollerthal
Kalchöd
Elm
Grimm
Stadlberghs
Gunetsrain
Sonnenstatt
Freigut
Brentenspitz
Brenten
Grünbaden
Drilbach
Riß
Huberspitz
Jagd-H
Schußkogel
Kot-A
Neureut
Ostiner Berg
Bergmacht-H
Postner-H
Kreuzberg-A
NSEE
Wallenburger Kogel
B 472
B 307
St. 2010
St. 2076
E4
90
10

Wanderung II

Verlauf:	Radwanderung ab Schliersee – über Hausham – Miesbach – Großpienzenau – Neukirchen – Weyarn – Fentbach – Sonderdilching – Kleinhöhenkirchen – Grub – Hohendilching – Valley – nach Mitterdarching, zurück mit der BOB
Streckenlänge:	ca. 40 km
Dauer:	5 - 6 Stunden, incl. Besichtigungen
Einkehr:	Schliersee, Hausham, Miesbach, Neukirchen, Weyarn, Hohendilching, Valley, Unterdarching
Wanderkarte:	UK L 12 Mangfallgebirge, © by LVG, Gen.-Nr. 0416/07

Wanderung II

Terra mota – bewegte Landschaft

Von Pienzenauern und Falkensteinern, Waldeckern und Wittelsbachern, Kelten und Römern

Die Gegend um Miesbach gibt Zeugnis von alter Siedlung und Kultur, bewahrt Spuren aus keltisch-römischer Zeit ebenso wie des Mittelalters, bietet aber auch beeindruckende Beispiele früher Technikgeschichte. Überwucherte Burgställe, imposante Wallanlagen, einst mächtige Edelsitze und Bischofshöfe, noch heute glanzvolle Klöster und Kirchen, aber auch Relikte des Kohlebergbaus, pionierhafter Wasser-, Holz- und Energiebewirtschaftung markieren unseren Weg. Unser vorrangiges Interesse gehört den **Bodendenkmälern** und deren archäologisch-historischer Betrachtungsweise, Bau- und Industriedenkmäler werden, soweit sie für das Verständnis der jeweiligen Entwicklungszusammenhänge von Bedeutung sind, in das Szenarium einbezogen. Die Wahl der Route entlang Schlierach und Mangfall bis zum Übergang des voralpinen Moränengürtels in die Münchner Schotterebene an der nördlichen Landkreisgrenze entspricht der einzigartigen Häufung und Vielfältigkeit von Kultur- und Geschichtsobjekten auf engstem Raum. Gerade am Zenit des Mangfallbogens lassen sich Besonderheit und gegenseitige Bedingtheit von Natur- und Siedlungslandschaft in beispielhafter Weise erschließen. Terra mota, das ist seit alters auch vom Menschen veränderte, abgegrabene oder geschichtete, unterhöhlte oder überhöhte Erdstruktur.

Unser Weg beginnt beim Bahnübergang an der Breitenbachstraße in Schliersee-Westenhofen, gegenüber der altehrwürdigen Martinskirche und in Sichtweite des Kirchbichls, wo einst das erste Schlierseer Kloster gestanden haben soll, und führt entlang der Bahnlinie über den „Mühlweg" und „Triftweg", der beim „Müller in der Mühl" auf die Schlierachstraße stößt. Die **Schlierach**, als unscheinbares Flüsschen dem Schliersee entspringend, mäanderte einst ohne festes Flussbett durch die ganze Talsohle und füllte diese in Regenzeiten, zur Schneeschmelze oder bei Hochwasser aus.

Abtei Westenhofen auf dem Kirchbichl, nach einem Kupferstich im Nationalmuseum München, gezeichnet von J. Stallhofer

Ignaz Joseph von Obernberg vermutet in seiner Miesbacher Chronik (1831) auf Grund der von ihm an den Talrändern gefundenen Versteinerungen ein ursprüngliches See- bzw. Meeresbecken, dessen Wasser irgendwann zum Durchbruch gekommen seien. Die ab Hausham, insbesondere ab Agatharied in Richtung Miesbach sichtbaren Geländeterrassen und amphitheaterartig gestaffelten Hangbuchten lassen erkennen, dass der Fluss sich im Laufe der Jahrtausende mehrere, verschieden hohe Stromtäler geschaffen hat. Noch in historischer Zeit, so heißt es, habe die Schlierach ihren Lauf sogar über den oberen Marktplatz von Miesbach vorbei am Schlossberg genommen. Es scheint gut vorstellbar, dass solchermaßen in Schliersee u. a. Kirchbichl, Antritt, Freudenberg, Waxenstein wie Inseln aus der Flut ragten, weshalb die Errichtung von Klöstern, Burgen und Höfen auf diesen Anhöhen nicht nur einem defensorischen Bedürfnis diente.

Das ca. 770 gegründete **Kloster von Schliersee** (Schliers, Slyrs) vermutet man auf dem „Kirchbichl", obwohl dort nie irgendwelche Überreste entdeckt wurden. Wenn es sich auf dem Kirchbichl befand, dann sicher nicht in exponierter, weithin sichtbarer Lage, sondern eher im Bereich heutiger Wohnbebauung. Wenn nicht, käme dann nicht auch der wesentlich geschütztere „Antritt" in Frage, um den die Schlierach einen auffälligen, wasserburgartigen Halbkreis zieht? Bemerkenswert immerhin, dass die beiden mittelalterlichen „Antrittgütl", Ober- und Unterantritt , zum Allodialbesitz der Waldecker, der vermutlichen Klosterstifter, gehörten. „Antritt" bedeutet „Anstieg", nach der Regel des hl. Benedikt sollten Klöster auf Anhöhen in der Nähe von Flussläufen angelegt werden. Das würde dann ja gut passen. Die alte Flurbezeichnung „Kirchbichl" kann sich auch auf „St. Martin" als der schon im 8. Jhd. errichteten benachbarten Seelsorgekirche beziehen, zudem besaß die Schlierseer Kirche bis zur Jahrhundertmitte dort noch Grundstücke.

Es spricht auch überhaupt nichts dagegen, dass die als Klostergründer genannten 5 Brüder (Adalunc, Hiltupalt, Gerpalt, Antoni, Ottakir) **Waldecker** waren, da aus der Gründungsurkunde hervorgeht, dass es sich um ein Eigenkloster einer hier begüterten Adelssippe handeln musste. Immerhin werden einige der Gründernamen auch in anderen Urkunden und Aufzeichnungen der Zeit und Gegend genannt, vor allem in Beziehung zu Altenwaldeck bei Niklasreuth, wahrscheinlich Stammburg des Geschlechts. In Schliersee lassen sich nicht weniger als fünf Burgstellen der Waldecker im Hoch- und Spätmittelalter nachweisen, ein Indiz für die Schaffung eines Machtschwerpunktes am Eingang zum Hochgebirge mit Kontrollmöglichkeit des Gebiets bis in die Valepp. Ursprünglich Vögte im Dienste des Freisinger Bischofs (wohl schon seit dem 9./10. Jhd.), waren sie im Wege der faktischen Vermengung von Amt, Besitz, Jurisdiktion, Fiskalrecht, Erblichkeit der Lehen, Militärschutz und Landnahme allmählich zu einer dynastischen Sonderstellung gelangt, die den eigentlichen Zweck der Vogtei, die stellvertretende Wahrnehmung der weltlichen Administration im Auftrag der Kirche, zudeckte. Ihre Hausmacht bauten die Waldecker wohl im 10. Jahrhundert, in den Zeiten der Ungarneinfälle, als auch das Schlierseer Kloster erlosch, weiter aus. Sie dokumentierte sich über fünf Linien eines einheitlichen Familienverbandes (Altenwaldeck, Parsberg, Miesbach, Holenstein, Hohenwaldeck) schließlich in Form eines eigenständigen Territoriums, das landesfürstlicher Hoheit entzogen war und 1453 sogar das Reichsprivileg erlangte. Nach dem Aussterben der Waldecker im Mannesstamm (1483) kam das Reichslehen über die weibliche Verwandtschaft an die Maxlrainer (1516), bei denen es als „freie Reichsgrafschaft Hohenwaldeck" bis 1734 verblieb, ehe es nach dem Tod des letzten männlichen Potentaten an das Herzogtum Bayern fiel.

Es erscheint weder zwingend geboten noch sinnvoll, die Klostergründer vom Schliersee den Huosiern[1] zuzuordnen,

[1] Die Huosier gehörten nach der „Lex Baiuvariorum" neben den Drozza, Fagana, Hahilinga, Anniona zu den fünf großen Hochadelsgeschlechtern nach der bajuwarischen Landnahme, nur dem Amtsherzog aus dem fränkischen Geschlecht der Agilolfinger untergeordnet. Der Machtschwerpunkt der Huosi lag an der oberen Isar und Loisach (Gründung der Klöster Benediktbeuern und Tegernsee), der Fagana im Osten an Mangfall und Inn (um „Vagen": Oberaltenburg, Neuburg, Bergham).

zumal auf dem dünnen Eis der Namensforschung, auch wenn der Konsekrator Bischof Arbeo von Freising ein Huosier war. Die Umstände sprächen da schon eher dafür, die Ableitung der Waldecker von den benachbarten Falkensteinern, die sich ihrerseits auf die Fagana im Mangfallgau zurückführten, nicht zuletzt wegen des gemeinsamen Falkenvogels im Wappen, zu favorisieren.

Am Ende des 18. Jahrhunderts entstand die Idee, die Schlierach flößbar und triftbar zu machen. Auslöser war die Planung zum Bau der Saline in Rosenheim, als die Holzvorräte im Berchtesgadener Land und um Traunstein nicht mehr ausreichten. Das in großer Menge benötigte Brennholz sollte jetzt auf Schlierach und Mangfall nach Rosenheim gebracht werden, kurzzeitig war sogar daran gedacht, die Soleleitungen bis ins Oberland zu führen. Als „spiritus rector" bewies sich Ignaz Joseph von Obernberg, aus dessen Feder zahlreiche historische Forschungsschriften und die älteste Miesbacher Chronik stammen, seit 1785 Vogteirichter und Brauamtsverwalter in Miesbach; er ließ am Waxenstein Schleusen erbauen, den Breitenbach durch einen Kanal mit der Schlierach verbinden (der Graben ist im Gelände noch gut erkennbar), das Flussbett regulieren, die Ufer befestigen, Brücken erhöhen und sog. Abschusstennen errichten, um die Sägbäume zu den einzelnen Schneidmühlen zu schaffen. Innerhalb eines einzigen Jahres (1798/99) waren diese Arbeiten umgesetzt, allerdings beschränkte sich die **Flößung und Triftung** auf der Schlierach mittels des Schleusenwassers vom Waxenstein zunächst auf den Zielort Miesbach, wo das Bräuhaus große Mengen an Klafterholz benötigte. Auf der Mangfall nach Rosenheim gab es nur den einen oder anderen Probelauf, die dortige Soleleitung wurde erst 1808-1810 fertiggestellt. Die Saline konnte dann rascher und problemloser über die Leitzach und Mangfall (Tegernsee) mit Brennholz versorgt werden, zumal die Schlierachtrift bereits in den ersten Jahren des 19. Jahrhunderts zum Erliegen kam, als der französische Revolutionskrieg sich zum zweiten Mal nach Bayern wälzte und insbesondere das Miesbacher Land mit Durchmärschen und Standquartieren enorm belastete. Auch wenn das mit so viel Elan begonnene Unternehmen damit Episode blieb, darf es dennoch als bemerkenswerte technische Pioniertat gelten.

Müller in der Mühl, seit 1254

Zahlreiche **Holzmühlen** säumen noch heute den Schlierachweg. „Müller in der Mühl" an der Einmündung von „Mühlweg" und „Triftweg" war ein schon 1254 beurkundetes Besitztum, wegen seiner Zugehörigkeit zur Kirche St. Georg auf dem

Weinberg auch „Georgenmühle“[2] genannt. Wenige Schritte schlierachabwärts begegnet als nächstes rechter Hand der „Köckmüller“ (seit 1501 bezeugt), links gegenüber der „Sagmüller“, am Holzlager zwischen Straße und Schlierach unschwer zu erkennen, auch am Charakteristikum eines Mühlkanals, der heute den hauseigenen Stromgenerator betreibt.

Diese Mühlen gehörten zusammen mit einigen anderen in nächster Umgebung und zahlreichen Bauernhöfen über die Waldecker als leibrechtige Güter zum Chorstift Schliersee und reichen oft sehr weit zurück. Die meisten waren ursprünglich Getreidemühlen, wobei Roggen- und Weizenmehl kaum eine Rolle spielten, das Brot wurde aus Habermehl gebacken, Gerste ansonsten zu Speisen verwendet. Wenn man bedenkt, dass im ausgehenden Mittelalter allein im Haushamer Bereich entlang der Schlierach sechs Mühlen „auf Rufweite“ lagen, kann man sich vorstellen, wie bescheiden es den Müllern ergangen sein mag.

Bei unserer Weiterfahrt passieren wir die bäuerlichen Weiler Abwinkl und Hub, sodann die Gemeindegrenze von Hausham, dessen Ortskern rechts liegen bleibt. Die bisher zu beobachtenden alten Steinblockverbauungen der Schlierach weichen ab Höhe des Gasthofes „Glück Auf“, ehedem Ferienheim der Industriegewerkschaft Bergbau (1949/59), einem vor kurzem geschaffenen Renaturierungsidyll, ein wenig seltsam anmutend angesichts der Entwicklungsgeschichte des Flusses! Die mehr als hundertjährige Periode des **Kohlebergbaus** (1857-1966) prägte in der Neuzeit nachhaltig das Erscheinungsbild von Hausham, dessen bäuerlich gewachsene Struktur noch am ehesten entlang unserer Route im Westen sichtbar bleibt, während das Bergwerk im Osten (Brenten, Tiefental) große Halden schüttete und die landwirtschaftliche Siedlungsform einschnürte. Die geologische Vergangenheit der auch als „Molassetrog“ bezeichneten Haushamer Mulde weist eine große Vielfalt auf und führt mit der Entstehung der Kohle im Tertiär in erdgeschichtliche Entwicklungsprozesse hinein, die sich vor 40-28 Millionen Jahren im Zusammenhang von Alpenfaltung, Meeresüberflutung und Sedimentbildung vollzogen haben. Die schon erwähnten zahlreichen Versteinerungen von Muscheln und Schnecken belegen diesen Vorgang in anschaulicher Weise.

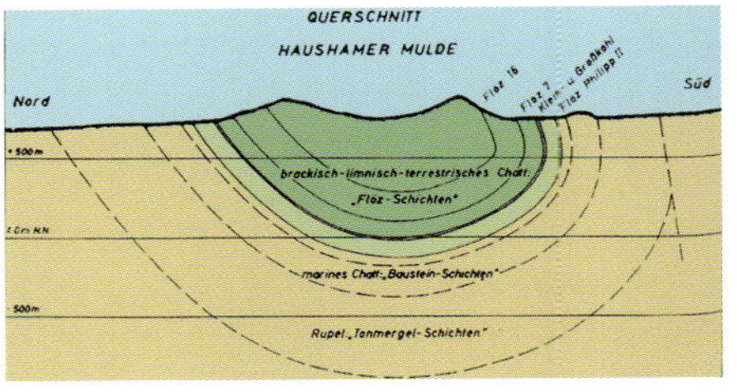

Haushamer Mulde (nach Veicht, Haushamer Chronik)

An der Braunkapelle vorbei, benannt nach dem benachbarten Bauernhof „zum Braun“, blicken wir rechter Hand hinauf zur **„Haushamer Alm“,** die inmitten des Ortes auch heute noch als Viehweide genutzt wird und auf Grund ihrer unruhigen, bewegten Oberflächenstruktur mit Gräben und Geländestufen (eingeebneten Wällen?) es nicht ausgeschlossen erscheinen lässt, dass sich die frühesten Siedler bei Feindesgefahr oder drohender Überflutung hierher zurückgezogen haben. Vereinzelte Funde

[2] Auf dem Weinberg ist auf einer frühen Ansicht ein Wehrbau zu erkennen, der mit der Waldeckischen Georgskirche in Verbindung steht, dahinter auf eigenem Hügel die „Hochburg“, die nach Verlassen von „Hohenwaldeck“ Ende des 14. Jhd. bezogen wurde, als die beiden weiteren Burgen „Schliersscharn“ (Freudenberg) und „Roetenstein“ (Waxenstein) schon in Ruinen lagen.

der Umgebung (Schliersee, Miesbach) weisen immerhin nach, dass im oberen Schlierachtal bereits in der jüngeren Steinzeit (3. Jhts. v. Chr.) Menschen gelebt haben.

Bevor wir die Tegernseer Straße queren, lenkt ein Mühlkanal unser Augenmerk auf ein altes Anwesen jenseits der Schlierach, die ehemalige **„Wolfsmühle“** (heute Holzhandlung Greinwald), über einen schmalen Flusssteg erreichbar. Wir folgen der Beschilderung des Radweges nach Holzkirchen auf dem „Agatharieder Weg“ weiter in Richtung Norden und stoßen kurz nach der Grund- und Hauptschule auf den **„Müller zu Kasten“,** Sägewerk an der Schlierach. „Kasten“ (seit 1458) erinnert an die Abgabepflicht der Bauern, die ihre Grundgilt in Form von Naturalien an das Kastenamt („Getreidekasten“) zu reichen hatten. Auch Wolfsmühle und Kasten gehörten zum ehemaligen Chorherrenstift Schliersee. Am Friedhof vorbei, den Kirchturm von Agatharied schon im Blick, tangieren wir rechts des Weges wiederum einen Stichkanal, der diesmal zur ehemaligen Schneidmühle des **„Aigner“** führt (über Schliersee zum Domstift „Unserer lieben Frau von München“ gekommen – ab 1906 Bräuhaus mit Wirtschaft, dann auch Zementwerk). Auf der linken Seite zeichnen sich besonders markant die Schlierachterrassen ab, auf denen stattliche Bauernhöfe thronen, jenseits des Flusses zur Rechten nutzen Bahn und Bundesstraße die unterschiedlich hohen Niveaus als Führungsdämme für ungehinderten Verkehrsfluss an beengter Stelle. Auch die Kirche von Agatharied ist auf einer Schlierachterrasse erbaut, in Sichtkontakt zum östlich gegenüberliegenden Hochuferplateau des Kreiskrankenhauses. Auf der Anhöhe darüber finden sich Reste der ehemaligen Waldecker **Burg „Poding“** mit 30 Meter langem Kernwerk und 3-4 Meter tiefen Abschnittsgräben, wahrscheinlich ein Ungarn-Refugium.

Agatharied mit Burg Poding, im Nationalmuseum München, gezeichnet v. J. Stallhofer

Unser Gewährsmann Obernberg hat darauf verwiesen, dass bereits im 9. Jahrhundert sehr unruhige Zeiten anbrachen, in denen das Faustrecht dominierte und die **Erbauung fester Burgen** zum Schutz von Herrschaft, Besitz und Leben notwendig wurde, vollends im 10. Jahrhundert, als eine noch größere Gefahr durch die Ungarn erwuchs, die sich nicht auf die Belagerung fester Plätze und ummauerter Städte einließen, sondern mit ihrer beweglichen Reiterei und Fernkampftaktik auf Raub, Plünderung und rasche Beute ausgingen. Da selbst das Kloster Schliersee nicht verschont blieb, ist anzunehmen, dass die Waldecker **Burg Miesbach** in der Folgezeit auf Betreiben der Freisinger Kirche zum Schutz ihrer in der Gegend befindlichen Güter, etwa der Bischofshöfe in Pienzenau und Elbach, angelegt wurde. Bei einer Grenzbegehung unter Bischof Meginward, die 1078 zur Bestandssicherung der in den Kriegswirren entfremdeten und verlorenen Güter erfolgte, tauchen nicht von ungefähr Namen von Waldeckern auf.

Auf Waldecker geht auch der Bau der spätgotischen **Kirche von Agatharied** zurück:

Blick zur Kirche Agatharied

In türkischer Gefangenschaft gelobte Georg der Jüngere von Waldeck 1444 im Falle seiner glücklichen Heimkehr drei Kirchen, neben Agatharied noch Frauenried und Georgenried, zu errichten. Vermutlich wählte er die Namenspatrone seiner Kinder. Dass die Patronin seiner Frau eine Rolle gespielt habe, ist eine schöne Legende, doch hieß seine Gemahlin Margreth von Fraunberg (siehe S. 249 und S. 430 Chronik Miesbach von A. Langheiter). Die drei Ried-Kirchen fußen auf älteren Vorgängerbauten, wurden also wohl nicht ganz neu und keineswegs zur selben Zeit errichtet (Georgenried nachweislich erst 1528!). Sie zeugen alle von hohem künstlerischen Rang. Agatharied bezaubert durch eine empfindsame, zarte Atmosphäre, zudem durch eine geglückte Symbiose barocker und gotischer Stilelemente (z.B. „Miesbacher Stuck" im gotischen Chor, Einbeziehung des spätgotischen Flügelaltars in den barocken Hochaltar).

Nach Verlassen des Kirchhügels queren wir die Schlierach, gelangen sodann am Mühlkanal nach **„Poschmühl"**, ehemalige Sag- und Mahlmühle, und zwischen Betriebsgebäuden sowie zugehörigem Bauernanwesen in den Schlierachgrund, dort entlang von Hochufer (rechts) und Hangterrassen (links) mit breit hingelagerten Höfen (Vorder- und Hinterauer) geradewegs an den südlichen Stadtrand von Miesbach zur **„Haidmühle"**. Das ehemalige Mühlgebäude, schon 1078 als Schlierseer Besitz bezeugt, wird heute als Holzlager und Werkstatt einer Kistenmacherei genutzt, das Bauernhaus von 1616 dient Wohnzwecken im Rahmen der Sozialfürsorge, der Mühlkanal ist seit 1970 zugeschüttet.

Durch das westliche Stadtgebiet von Miesbach lassen wir uns von den Hinweisen des Radwegs leiten und erreichen über

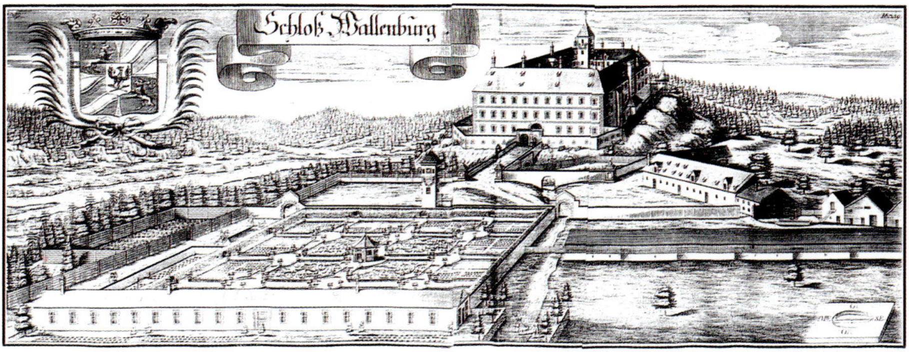

Wallenburg um 1700, (Stich von Wening)

Haidmühlstraße, Rathausstraße, Bahnhof, Wallenburgerstraße, Schützenstraße und Thalhamerstraße beim Klärwerk wieder die Schlierach. Unmittelbar nach dem Klärwerk zweigt rechts ein etwa 150 m langer Waldweg hangaufwärts zum **Schloss Wallenburg** ab. Diesen Abstecher sollten wir uns genehmigen, um einen kurzen Blick auf die historische Szenerie von Miesbach zu werfen. Immerhin ist Wallenburg, auf kanzelartigem Vorsprung über dem Schlierachtal gelegen, als Burgstelle sehr alt, wie Wallspuren, Erdhügel, Grabeneinschnitte und Mauerreste verraten. 1270 erstmals urkundlich erwähnt, spielte es wohl schon lange davor als Fluchtburg oder Wehrbau eine Rolle. Obgleich waldeckisch, fungierte es nie als Stammsitz der Familie, vielmehr als Wohn- und Verwaltungssitz, auch Repräsentationssitz zumal der Maxlrainer, unter denen es – nach zweimaligem Brand im 15. und 17. Jahrhundert – schließlich seine barocke Ausgestaltung durch Joh. Baptist Zimmermann erhielt, der von 1706-1715 in Miesbach-Wallenburg lebte und eine Kammerzofe der Reichsgräfin ehelichte. Damals prächtige Vierflügelanlage und stattliche Residenz, fiel der Besitz 1734 an Kurbayern, diente aber fortan zur Absicherung des hohen Schuldenstandes, den die letzten Maxlrainer hinterlassen hatten. So kam es, nach Übergang des Schlosses aus kurfürstlichem in privaten Besitz, unter rasch wechselnden Eigentümern zu verschiedenen Abbruch- und Sanierungsmaßnahmen, die letztlich zum heutigen nüchternen Erscheinungsbild führten.

Die urkundliche Ersterwähnung von 1270 geschah im Zuge einer Erbteilung, bei der auch die Rede von der **Burg Miesbach** war, die damals dem Bischof von Freising gehörte (wohl als Schenkung der Waldecker).

Älteste Ansicht von Miesbach, Apian um 1560

Bald darauf widerrechtlich in herzoglicher Hand, wurde sie, nachdem sie dem Bischof wieder zurückerstattet war (1295/96), von Arnold von Waldeck, Besitzer von Wallenburg, zerstört.[3] 1312 boten Arnolds Witwe und deren Sohn Friedrich als Entschädigung

Haidmühle, alte Ansicht

dafür Wallenburg dem Hochstift Freising zu Lehen an. Doch Freising scheint darauf verzichtet zu haben, die Burg Miesbach wurde nicht mehr aufgebaut.

[3] Der Hauptgrund ist darin zu sehen, dass Arnold sich von der Freisinger Abhängigkeit lossagte und freie Grafenrechte für Miesbach und Hohenwaldeck beanspruchte: ein Akt der Rebellion, der Episode blieb und dessen es gar nicht bedurft hätte, war doch die „Machtusurpation per Gewohnheitsrecht" viel unauffälliger und erfolgreicher.

Miesbach, Hochwasser von 1770, Votivbild, (links oben ein Burgturm)

Die alte Burgstelle von Miesbach befand sich unmittelbar über dem Stadtplatz „Oberer Markt", dem ältesten Siedlungskern des Ortes, und südlich des späteren Pflegschlosses der Maxlrainer von 1611 (Vermessungsamt) etwa im Terrain der heutigen Kfz-Zulassungsstelle. Obernberg berichtet, dass ihm nach seinem Amtsantritt in Miesbach wiederholt versichert worden sei, es wären noch im 18. Jahrhundert Fundamente von Grundmauern im Hangbereich zutage getreten. Ursprünglich soll hier auch eine Weinniederlassung bestanden haben, möglicherweise für Erträgnisse eines Weingutes bei Bozen-Gries, das den Waldeckern gehörte. Man denkt auch unwillkürlich an das „Vinaria-Wiare" (Weyarn) der Römer bzw. Neuburg-Falkensteiner. Max Heimbucher (Geschichte Miesbachs 1883) sieht den Nachkommen des Waldeckers Waltmann von Pastberg (Parsberg), 1113 noch vor Miesbach (1145) erstmals erwähnt, nämlich „Rudolph de Muespach" als Erbauer der Miesbacher Burg, die dieser in der Nähe seiner väterlichen Burg Pastberg gegründet und als Herrensitz ausgestattet habe. Die Burg Miesbach dürfte demnach kaum länger als anderthalb Jahrhunderte Bestand gehabt haben.

Die älteste **Kirche von Miesbach** befand sich vermutlich als Kapelle innerhalb des Burgbezirks. Auf dem sog. Rosenbühel, dem heutigen Platz der Stadtpfarrkirche „Mariae Himmelfahrt", wurden Reste von Grundmauern einer kleinen romanischen Kirche und eines spätgotischen Nachfolgebaus gefunden, der beim großen Ortsbrand von 1527 zugrunde ging. Vom Maxlrainer Grafen neu aufgebaut, wurde sie ab 1693 blühende Marienwallfahrt, zum Hauptwerk der „Miesbacher (eigtl. Schlierseer) Stuckatorenschule".[4] In ihr war auch die **maxlrainische Gruft** angelegt, wo von 1561 bis 1734 fast alle Angehörigen der Familie bestattet wurden. Seit dem neuerlichen Stadtbrand von 1783, bei der die Kirche wie auch der halbe Ort vernichtet wurde, ist sie nicht mehr zugänglich. Die in aller Eile wiederaufgebaute Kirche wirkt heute so, als wollte sie in ihrem fast rigiden Purismus das Vanitas-Motiv zum Kunstprinzip stilisieren – eine Art Vorgriff des 18. Jahrhunderts auf die moderne Sachlichkeit.

Als im Jahr 1849 das kgl. Bergamt am linken Ufer der Schlierach nach Kohle suchen ließ, war dies der Beginn des **Miesbacher Bergwerks**. Im Bereich des jetzigen Eisstadions wurde der 32 m tiefe Knorrschacht angelegt, dort stand auch die Dynamomaschine, mit der 1882 den Ingenieuren Oskar von Miller und Marcel Deprez die erste elektrische Kraftübertragung auf größere Distanz (57 km) von Miesbach nach München zur dortigen Industrieausstellung im Glaspalast gelungen war. Mit Miesbacher Kohle wurde Strom erzeugt, der über einen Motor einen Wasserfall in Kreislauf hielt. Eine technische Meisterleistung, die damals für weltweites Aufsehen sorgte! 1891 wurde eine weitere Schachtanlage mit 148 m Tiefe bei der

[4] Deren zeitliche Ablösung durch den Wessobrunner Stuck wird im Miesbacher Raum interessanterweise durch den in seinen Anfangsjahren hier wirkenden Wessobrunner Joh. Bapt. Zimmermann vollzogen.

Bergwerksort Miesbach, um 1880, Gemälde von Gumberger

Frauenschul-Siedlung errichtet. Nachdem zur Jahrhundertwende der Miesbacher Kohlebergbau seinen Höhepunkt überschritten hatte, wurde der Betrieb mehr und mehr nach Hausham verlagert und 1911 ganz aufgegeben.

Die **Miesbacher Kohlenmulde**, wesentlich kleiner als die Haushamer, brachte wie diese eigentlich die relativ junge Braunkohle hervor. Da ursprünglich ein hohes Deckgebirge über ihr lagerte und ihr durch enormen Druck beträchtliche Härte verlieh, hieß sie auch „oberbayerische Steinkohle" oder „Schwarzkohle". Ein Gerichtsurteil von 1908 untersagte diese Bezeichnung, von da an nannte man sie allgemein „oberbayerische Pechkohle". Sie entwickelte sich aus absterbenden Bäumen und Riesengewächsen von tropischen Sumpfwäldern, die unter Sauerstoffabschluss einen Inkohlungsprozess durchmachten – Parallelentwicklung zur späteren, unter anderen Klimabedingungen erfolgten Moor- und Torfbildung. Da sich der Vorgang von Überflutung und Ablagerung mehrmals wiederholte, entstanden in den Kohlenmulden mehrere Flöze übereinander, allerdings von unterschiedlicher Mächtigkeit, im Durchschnitt 50-70 cm (darunter lohnte sich ein Abbau kaum). Insgesamt bildete das Alpenvorland im Tertiär vom Genfer See bis Siebenbürgen eine einzige große Mulde, die vom Osten her durch einen Meeresarm der großen Tethys überflutet wurde. Im Zusammenhang der Orogenese (Verformung der Erdoberfläche bei der Gebirgsbildung) kam es zu einem lebhaften Wechsel von Einbruch und Abfluss des Wassers, wobei die Sedimentschichten noch teilweise von der Faltenbewegung miterfasst wurden. 28 Flöze in der Haushamer und 15 in der Miesbacher Mulde lassen auf ca. 40 Meereseinbrüche schließen. Obernberg lag also mit seinen geologischen Vermutungen vor 200 Jahren gar nicht so schief, und Versteinerungen insbesondere von Muschelbänken und Tympanotonus (Turmschnecken)-Schichten hat man beim Kohleabbau zur Genüge gefunden.

Eisstadion und Frauenschulberg werden auf unserer Route in Sichtweite passiert, die Siedlung **„Berghalde“** unmittelbar tangiert. Diese entstand auf dem Abraumareal der Bergwerksanlagen von 1890/95 als Wohnbauprogramm für ehemalige Bergleute. Bei der Weiterfahrt streifen wir in einem großen Halbbogen zwei **Kiesgruben**, die am Rande eines Urstromtales (der Ur-Leitzach, die durch den Inntalgletscher hierher abgedrängt war) am Ende der letzten Eiszeit mit Gesteinsschutt, in den unteren Lagen zu Nagelfluh verfestigt, verfüllt wurden, und erreichen nach wenigen Minuten einen **Aquädukt**, der Wasser von Mangfall und Schlierach über das Schlierachtal zu einem 2,3 km langen „Triebwasserstollen“ in den Seehamer See befördert, um die Turbinen des Pumpspeicher-Kraftwerks „Leitzach“ der Stadt München in Vagen, durch eine Dükerleitung über das Leitzachtal mit dem Seehamer See verbunden, zu betreiben. Durch den Zulauf aus Mangfall und Schlierach, auch aus der Leitzach, wird der Seespiegel erhöht und als Wasserspeicher der Durchgangskapazität angepasst. Der hierdurch erzeugte Strom vermag ca. 10 Prozent des Münchener Spitzenbedarfs zu decken. Die Planungen begannen bereits um die Jahrhundertwende, der Bau des Kraftwerks 1911 (mit Erweiterungen und Verbesserungen bis 1981), die Errichtung des Aquädukts und Stollens im Schlierachtal 1928. Einer damaligen Pressemitteilung ist zu entnehmen, dass es ein ähnlich dimensioniertes Projekt bis dato in Deutschland nicht gebe.

Nach knapp einem Kilometer zweigt der Radweg scharf links über die Bahnlinie zum Wasserwerk Thalham ab, wo die Hangquellen aus dem Schutzgebiet Taubenberg für die Münchner Trinkwasserversorgung gefasst werden. (Wo bliebe München nur ohne das Wasser aus dem Oberland?) Diesen Radweg verlassen wir jetzt und biegen nach rechts-geradeaus ginge es zum Ort Thalham – in einen Waldweg ein, dem wir bergan, im oberen Teil durch einen Hohlweg, bis zum Rand eines waldbestandenen Plateaus folgen. Dort wenden wir uns nach links und halten uns weglos etwa 150 Meter entlang der Hangkante in gerader Richtung nordwärts, bis wir auf eine verwachsene Fahrspur von links treffen, die uns schon nach kurzer Strecke an Gräben und Wälle heranbringt. Diese zeigen an, dass wir uns an der ehemaligen **Burg der Pienzenauer** befinden, 650 m südwestlich von Großpienzenau, nach NO durch den sog. Ortgraben abgeteilt. Zwei flachere äußere Wall-Graben-Systeme grenzen den inneren Bereich der einst auf exponiertem Sporn gelegenen Hauptburg ein, die ihrerseits durch einen hohen Wall und fünf Meter tiefen Halsgraben geschützt war. Am

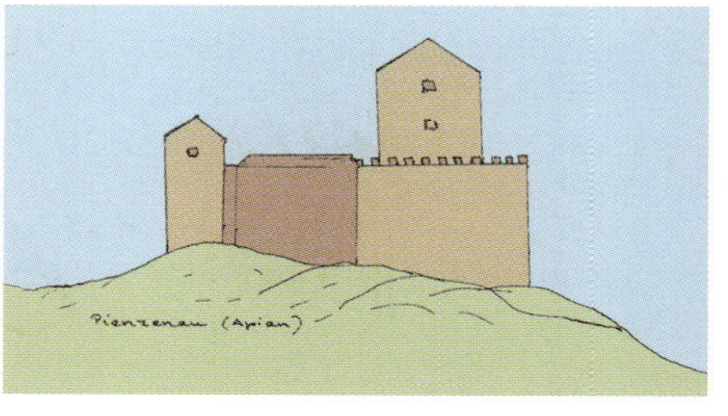

Burg Pienzenau, nach Apian, um 1560

höchsten Punkt der Kuppe stand der Bergfried, hinter dem das Gelände in eine halbkreisförmige Talschlucht mit nahezu senkrechten Nagelfluhwänden abfällt, wo es ehedem auch einen Wasserfall des jetzt versiegten „Schwindsbach“ gab. Ein Teil des Burggeländes ist bei einer Felssprengung in einem nahen Tuffsteinbruch abgestürzt. Neben dem Bergfried befand sich ein Wohngebäude mit Kemenate, vielleicht auch eine Kapelle. Wir wissen, dass 1085

Gräfin Haziga, die älteste bekannte Ahnfrau der Wittelsbacher, hier die Gründungsurkunde für das Kloster Fischbachau ausfertigte. Angeblich hat sie sich Burg Pienzenau sogar zum Witwensitz in ihren letzten Lebensjahren erkoren.

Spärliche Nachrichten aus dieser frühen Zeit berichten von **Pienzenauern** (etwa einem Ratols 1046) als Ministerialen der mächtigen Grafen von Neuburg-Falkenstein, für die sie Hofdienste, Ritterdienste, Kriegsdienste leisteten. Wie schon erwähnt, hatte sich seit dem 8./9. Jahrhundert die Herrschaft der Freisinger Bischöfe im hiesigen Raum ausgebildet, sie nannte sich „advocatio ad Pienzenowa", Vogteibezirk Pienzenau, woraus schließlich die Grafschaft Waldeck hervorging. Bei den Grenzbegehungen 1078-1080 unter Bischof Meginward waren neben Waldeckern vermutlich auch Pienzenauer als Ministeriale des Hochstifts dabei. Ursprünglich wohl dem freien Bauernstand angehörig, zeichneten sie sich durch Leistung und Verantwortung aus, wurden von Bischof, Graf, Herzog im Bereich des Militär- und Steuerwesens, der Justiz und Verwaltung in Ämter berufen, die ihnen zu Macht und Ansehen verhalfen. Otto von

Katharina von Waldeck
Gemahlin Ottos v. Pienzenau, † 1374

Ritter Otto von Pienzenau, † 1371

Pienzenau (1290-1371), „der fromme Ritter", war beispielsweise Kämmerer des Klosters Tegernsee, Richter in Schwaben, Viztum (vice domus = Stellvertreter) des Klosters Indersdorf, Pfleger und Landrichter in Kitzbühel und Kufstein, nahm sogar Einfluss auf die Durchsetzung des bairischen Landfriedens. Sein Sohn „Otto der Viztum" trat in die Dienste Ludwig des Brandenburgers und ist u. a. als Stellvertreter des Herzogs in Oberbayern beurkundet (vergleichbar etwa dem Aufgabenbereich eines heutigen Regierungspräsidenten), auch als herzoglicher Pfleger von Landsberg und Mering. Er war in erster Ehe mit Katharina von Waldeck verheiratet, beide wurden sie in der ehemaligen „Pienzenauer Kapelle" zu Ebersberg bestattet, wo sich Otto durch mehrere Stiftungen um das dortige Kloster verdient gemacht hatte.[5] Pienzenauer führten die Titel Marschall, Kämmerer, Truchsess, waren Pröpste (Beyharting, Berchtesgaden), Äbte (Rott a. Inn), Domherren (Augsburg, Freising, Passau, Regensburg), besaßen zahlreiche Schlösser und Hofmarken mit ausgedehnten Ländereien, waren über ganz Bayern hinweg tätig, auch in Salzburg und Tirol.

Als sich 1431 die Enkel Otto des Viztums entschlossen, ihr Erbe zu teilen, entstanden hieraus die Linien Pienzenau-Zinneberg (bei Glonn), P.-Katzbach (Rott a. Inn), P.-Kemnat (Schwaben-Augsburg), P.-Widenholzen (Ebersberg) und P.-Hamarsberg (auch Hadamarsberg, heute Hartmannsberg am Langbürgenersee, urspr. falkensteinisch, nach 1272 wittelsbachisch, 1394 von Otto von Pienzenau erworben im Tausch mit dem Herzog gegen Schloss Reichersbeuern, bis 1766 im Besitz der Pienzenauer verblieben). Die Hamarsberger sind noch heute im Gefolge Herzogs Georg des Reichen bei der Aufführung der Landshuter Hochzeit repräsentiert, aus ihren Reihen stammte auch Hans von Pienzenau, wegen seines gewaltsamen Endes als Burghauptmann zu Kufstein im Kampf gegen Kaiser Maximilian zu tragischem Ruhm gelangt. Das Geschlecht der Pienzenauer erlosch im Mannesstamm 1800. Ihre Stammburg Pienzenau, die schon im 15. Jahrhundert allmählich verfiel, kam samt zugehörigem Land 1543 durch Heirat (wie schon vorher der Ort mit 7 Höfen durch Kauf) an die Herrschaft Waldeck. Die Pienzenauer waren von da an von Herkunftsort und Burg völlig abgekoppelt. Dies erklärt auch, warum wir bei unserer Recherche nur noch auf vermoderte, fast unkenntliche, wenn auch nicht stumme Spuren stoßen. In den Kirchen von Kleinpienzenau und Gotzing (beide 1496 geweiht) legen die dort verbauten Mauersteine der Burg Pienzenau weiterhin beredtes Zeugnis von der einst machtvollen Vergangenheit ab.

Auf dem Feldweg radeln wir nun Richtung NO zum schon sichtbaren Ort **Großpienzenau**. Auf der Brücke über die B 472 nehmen wir im Gesamtprospekt des Bauerndorfes etwa in dessen Mitte einen erhöht gelegenen, mit der Front nach Süden gerichteten Landhaus-Blockbau wahr, in dem ab 1863 der Dichter Viktor von Scheffel mehrere Sommer verbrachte und seine feuchtfröhliche Gaudeamus-Liedersammlung zusammenstellte. Wir überqueren die Dorfstraße geradewegs nach Norden und stoßen auf ansteigendem Weg, wo dieser nach rechts umbiegt, auf einen baumbestandenen Hügel, von Ringgrabenresten umsäumt, innerhalb

[5] Die Grabkapelle der Pienzenauer wurde in der Säkularisation abgebrochen, die Gebeine Ottos und Katharinas mit der Deckplatte der Gruft sind später in die Herz-Jesu-Kapelle der Klosterkirche von Ebersberg übertragen worden. Einige der älteren Pienzenauer, z.B. Ludwig v. P. mit Gattin, Christian v. P. (2. Hälfte 14. Jhd.) hatten in der Weyarner Klosterkirche ihre Grabstätten.

eines Weidegeländes. Diese ehedem kegelförmige **Motte mit Turm**, (von terra mota = aufgeschütteter Erdhügel in abgestumpfter Kegelform, meist mit Wohnturm), vielleicht ein Wachtposten, wird allgemein als frühmittelalterliche Anlage eingestuft und der Hauptburg Pienzenau zugeordnet, ist aber, wie einzelne Fundstücke beweisen, wohl sehr viel früher entstanden – was ihre spätere Funktion keineswegs ausschließt!

Turmhügel in Großpienzenau

Wir streben nun der Landstraße nach Großseeham zu und fahren auf dieser nach **Neukirchen**. Die dortige Kirche erinnert mit ihrem Patronat „St.Dionysius" an den Karolinger Hausheiligen „St. Denis" und damit an die Frühzeit der Christianisierung und Frankonisierung des Bayernlandes. Mit ihrer kunstvollen Ausgestaltung gibt sie einen Vorgeschmack auf das Juwel der Weyarner Klosterkirche. Neukirchen war mit 7 Filialkirchen (u. a. Kleinpienzenau, Gotzing, Reichersdorf) 1373 dem Kloster Weyarn inkorporiert worden, weshalb diese Kirchen allesamt von nahezu denselben Künstlern in Weyarner Diensten niveauvoll und elegant ausgeschmückt wurden, wie hier vom Zimmermannschüler Joh. Martin Pichler (Stuck) und vom Aiblinger Maler Joh. Georg Gaill (Fresken).

Wir setzen unseren Weg bei der Kreuzung in nördlicher Richtung über Reinthal und **Wattersdorf** fort, vorbei an ansehnlichen Bauernhöfen und am ehemaligen Schlossplatz, an der ost-westlichen Durchfahrtsstraße inmitten von Wattersdorf gelegen, wo nur noch ein hervorstehender Stein vom einstigen Standort des Herrensitzes der Familie Barth kündet[6], zum Dorf **Weyarn**, das uns mit seinem lindenbestandenen „Aussichtsberg" begrüßt – schwer vorstellbar, dass dieser Platz aus dem numinösen Denken und Empfinden der Vorzeit ausgespart geblieben wäre!

Stift Weyarn, Stich v. Mich. Wening (1701)

Bei einer Annäherung von Osten entgeht dem Betrachter zunächst die exponierte Lage von Kloster und Kirche über dem Mangfalltal, sie erschließt sich nur von Westen her, von wo ursprünglich sogar die Zufahrt heraufführte, bei freiem Blick (mangels Baumbewuchs) noch zu Beginn des 20. Jahrhunderts. Man könnte sich von da her gut vorstellen, dass beim Ortsnamen Weyarn, sofern man die Deutung der ursprünglichen Schreibweise „wiare" von lat. „vinaria" (= Weinkeller) nicht übernehmen will, möglicherweise ein keltisches „gwareg" („gw" gesprochen wie „wj") = Bogen, Krümmung, bezogen auf den Verlauf der Mangfall, Pate

[6] Der fürstliche Rentmeister und Hofoberrichter Bernhard Barth, aus einer Münchener Patrizierfamilie stammend, übte im Auftrag des Herzogs 1607/08 eine Aufsichts- und Kontrollfunktion über das Kloster Weyarn aus. Sein 1610 erbautes Schloss mit 4 Ecktürmen wurde 1933 abgebrochen.

gestanden hat, zumal in keltischer Umgebung (Fentbach). Doch schon in der Gründungsurkunde von 1133 heißt der Ort „Vinaria", außerdem verfügte die Stifterfamilie der Neuburg-Falkensteiner über reichlich Besitz u. a. um Brixen und an der Etsch, so dass die tatsächlich verbürgten Weinkeller („cella vinaria") unter der ehemaligen Weyarner Burg durchaus den Charakter einer Weinniederlassung gehabt haben könnten – wenn nicht schon unter den Römern ein Weinumschlagsplatz an verkehrsgünstiger Stelle bestanden hat, führte doch nur 2,5 km nördlich des Mangfallbogens die **Römerstraße** Augsburg – Salzburg vorbei, die sich bei Helfendorf – Isinisca mit der von Regensburg kommenden N-S-Route kreuzte, welche sich ihrerseits über Valley am linken Mangfallufer ins Miesbacher Gebiet fortgesetzt haben könnte. Weitere Deutungen des Ortsnamens bietet die Weyarner Chronik, Bd. I, von Jan Marbach (2003, S. 11-14) an.

Nach aktuellem Kenntnisstand war **Graf Siboto II.** von Weyarn-Neuburg der Gründer und Stifter des Klosters, ein Enkel von **Patto I.** von „Tulihhingen" (Hohen- bzw. Sonderdilching), der als erster der Herren der **„Mangfall Grafschaft"** (um 1000) überliefert ist. In der Weyarner Chronik wird eine Untersuchung zitiert, wonach die Herren der „Mangfall Grafschaft" auf die Hachinger Grafen, nahe Verwandte der Grafen von Dießen und Andechs, zurückgehen, somit vom bairischen Uradelsgeschlecht der „Hahilinga" abstammen könnten. Die Frage der Abstammung von den „Fagana" wird hingegen gar nicht angesprochen, immerhin eine gängige Version, insofern die „Grafen von Weyarn und Neuburg", durch Heirat von Patto mit einer Andechserin samt Zugewinn der Burg Falkenstein nunmehr **„Falkensteiner"**, sich selbst und ihr Wappen mit dem doppelten Falken von den Fagana herleiten. Diese hatten ihr Herrschaftszentrum im Mangfall- und Inngebiet um „Vagen" („Fagen" gesprochen), vielleicht auf Ober-Altenburg, wo man im Areal des dortigen Schlosses (Meditationseinrichtung der Evang. Diakonie) zahlreiche Geländespuren einer ehemals umfangreichen Burganlage feststellen kann.

Die **„Neuburg"** („nuinburch"), der 6 km mangfallabwärts über Vagen – Mittenkirchen erbaute Hauptsitz der Grafen von „Weyarn-Neuburg" stellte dann eben die „neue Burg" gegenüber der „alten Burg" der Fagana dar. Ansonsten verfügten die „Falkensteiner" über ausgedehnten Besitz im Inntal, im Chiemgau (Hartmannsberg), Pinzgau, Pongau und in Niederösterreich. Vermutlich hatte Patto I. seinen Sitz am Mangfallknie, das wir noch aufsuchen werden.

Siboto II. (Sigeboto), verheiratet mit Gräfin Adelheid von Sulzbach[7], hat offensichtlich seinen Jagdsitz auf der **Burg Wiare** besonders bevorzugt, da er in vielen Urkunden „comes de wiare" zeichnete. Die Burg mit einem Bergfried befand sich bei der **Jakobskapelle**, die ihr als Hauskapelle angebaut war, auf dem Terrain des sog. Seminargartens hart am Hang, wo dieser zur Südseite in einen grabenartigen Taleinschnitt abfällt, heute zu beiden Seiten mehr und mehr bebaut. Während die Mariahilf-Wallfahrtskapelle erst 1642, zum Dank für die Verschonung vor den Schweden, in einer Linie mit der Jakobskapelle errichtet wurde, ist diese als ehemalige Burgkapelle nicht nur ein halbes Jahrtausend älter, sondern widerspiegelt darüber hinaus auch noch den Status eines heidnischen Kultplatzes, wie aus den Aufzeichnungen von Propst Valentin Steyrer

[7] Schwester Graf Berengars von Sulzbach, damit Tante der nachmaligen deutschen Königin Gertrud (Gattin Konrads III.) und der nachmaligen Gemahlin des byzantinischen Kaisers (Manuel I.) Bertha-„Eirene".

(1626-1659) zu erschließen: „Sonsten ist diese Kirche von heidnischen Völkern erbaut und drinnen die Abgötter vor Zeiten verehrt worden, wie denn noch zwei runde Pfeiler, darauf die Abgötter gestanden, wie ich in den Orden gekommen bin, vorhanden gewesen und bald hernach durch meinen Herrn Antecessor selig hinweggebrochen worden".

Als Siboto innerhalb kurzer Zeit Sohn und Enkel als Erben verliert, verunglückt auch noch seine Gemahlin tödlich auf der Jagd, sie wird neben ihrem Kind in der Jakobskapelle bestattet (1343 werden ihre und Sibotos Gebeine in die Klosterkirche überführt). Siboto gründete daraufhin an Stelle seines Burgsitzes 1133 ein **Kloster der Augustiner Chorherren**, das er mit Gütern ausstattete und an den Salzburger Erzbischof Konrad I. übertrug, mit dem ihn eine Gesinnungsgenossenschaft aus der gemeinsamen Kampfzeit des Investiturstreits verband. Kurz davor war Siboto II. schon Vogt des von Salzburg neu gegründeten Klosters der Augustiner Chorherren auf Herrenchiemsee geworden.

Nach dem Tod Sibotos II. (1136) war sein Enkel Siboto IV. einziger Erbe des jetzt wieder vereinten Besitzes der Linien Neuburg-Weyarn und Falkenstein, die seit Patto II. getrennt verliefen. Mit der Ermordung von dessen Enkel Siboto VI. nahm 1272 das Geschlecht der Grafen von Neuburg und Falkenstein sein Ende.

Das **Kloster Weyarn** gelangte, nach mehreren herben Rückschlägen durch Brand- und Einsturzkatastrophen, insbesondere im Spätmittelalter zu Wohlstand und Blüte. Die stattliche Klosteranlage (vgl. Wening 1701), Mitte des 18. Jahrhunderts vollendet, wurde durch die Säkularisation 1803 so grausam dezimiert, dass das ursprüngliche Konzept mit seinem Ineinandergreifen von Wirtschaftshof, Prälatur, Klostergarten und Seminar kaum mehr erkennbar ist. Die Augustiner-**Stiftskirche**, nach dem Brand von 1677 als Wandpfeilerhalle vom Graubündener Baumeister Lorenzo Sciasca 1687-93 neu errichtet, erfuhr ihre vielbewunderte barocke Ausstattung durch die Freskierung und Stuckierung von Joh. Bapt. Zimmermann erst 1729 in Vorbereitung der 600-Jahr-Feier (1733), die berühmten Bildwerke des Ignaz Günther entstanden überhaupt erst 1763-65. So sind wir Heutigen, was das Kircheninnere – im Gegensatz zum Klosterkomplex – betrifft, in der glücklichen Lage, den Stimmungsgehalt des barocken Gesamtkunstwerks, obwohl die Architektur noch klassisch-konservativen Gliederungsprinzipien verpflichtet ist, so recht zu genießen und damit die kosmische Transzendenz der Farben und Formen, das eigentliche Geheimnis des Barock, sinnenhaft nachzuvollziehen.

Solchermaßen beseelt, greifen wir nun in den nördlichen Bereich der ehemaligen Klosterhofmark aus, nach **Standkirchen** und Fentbach, verlassen Weyarn in Richtung Autobahn, die wir auf eigenem Radweg neben der B 472 unterqueren. Wir kommen damit in jenen Teil des **Mangfalldreiecks**, der durch ein System von Plateau-, Abschnitts- und Höhenbefestigungen den Eindruck erweckt, als wollte sich das gesamte Moränenland gegen die offene Münchener Schotterebene abriegeln, die über so gut wie keine markanten Defileen vergleichbar der Abbruchkante des Mangfalltals oder der eiszeitlichen Schmelzwasserrinne des Teufelsgrabens verfügt (vom Hachinger Bach mit Gleißental abgesehen), abriegeln auch gegen das Rosenheimer Becken in einer Art Rückzugsgebiet, dessen zungenförmiger Rand in einem Bogen von Schlierach und Mangfall sich hinüberwölbt bis zum Inn, damit anschließt an die Hangzonen von Irschenberg, Auerberg, Sulzberg, Madron,

Samerberg, Kranzhorn, Wildbarren und Luegstein. Diese topographischen Voraussetzungen, die stets einhergingen mit verkehrsgeographischen, politischen und militärischen Entwicklungen, boten zu den verschiedensten Zeiten Möglichkeit und Notwendigkeit für die Schaffung von Wehranlagen, die sich in einzigartiger Häufung an unserem Weg aneinanderreihen: Von Schliersee, Poding, Miesbach, Wallenburg, Pienzenau über Weyarn, Fentbach, Sonder- und Hohendilching, Valley, Kleinhöhenkirchen, Grub bis nach Altenburg, Westerham, Sterneck, Neuburg, Berbling (Stiegelburg), Au (Altenwaldeck), Feilnbach (Holenstein), Brannenburg, Flintsbach (Falkenstein), Neubeuern (Althaus), Nussdorf (Ramsau, Klammenstein), Windshausen (Katzenstein), Kirnstein, Audorf. Die größte Fortifikationsdichte wird dabei an der Mangfallschleife erreicht.

Weyarner Lindl (von Norden)

Gleich nach der Autobahnunterführung fallen linker Hand ausgeprägte Geländezüge auf, die in sanften Schwingungen zum Kulthügel des **„Weyarner Lindl"** oberhalb der Höfesiedlung Standkirchen (urspr. Steinkirchen) hinleiten. Vom dortigen Panoramaposten wirkt der bewegte Höhenrücken von der Autobahn bis Fentbach mit seinen wellenartigen Profilen, grabenartigen Einschnitten und terrassenförmigen Hochflächen so, als sei das gesamte Gebiet in ein umfassendes Befestigungs- und Sicherungssystem einbezogen gewesen. Auch der fast

„Terra mota"

geometrische Aufbau des Lindenhügels selbst erweckt den Eindruck eines konstruktiv-planerischen Eingriffs. Dort stand ehedem eine uralte Linde, die auch der Status des Naturdenkmals, vielleicht einst der kosmogonischen Verehrung, der Gerichts- und Orakelheiligkeit nicht vor dem Los alles Irdischen bewahren konnte. Auf der Kuppe wächst nun eine junge Linde nach, gleich bei ihr liegt ein flacher, ovaler Stein mit zahlreichen kreisrunden, wohl gebohrten Vertiefungen, der herbeigeschafft scheint und einmal als Opfer- und Altarstein gedient haben könnte. Er erinnert an südalpine Schalensteine (mit meist größeren aus-

Lochstein am Lindlplatz

geschabten Rundungen), möglicherweise reflektiert er wie manche von diesen in der Anordnung der Bohrungen bestimmte astronomische Konstellationen. Vielleicht gab er Steinkirchen sogar den Namen. Ein vielschichtiger und bedeutsamer Platz, der seine Beachtung offensichtlich auch in christlicher Zeit gefunden hat! Im übrigen wurden in der Nachbarschaft beim Taubenbergerhof in einem Hügel von 30 m Durchmesser Tuffstein-Plattengräber und Körperbestattungen entdeckt, zwar ohne Beigaben, aber mit zahlreichen in der Erde verstreuten Gefäßscherben.

Fentbach, keltisches Oppidum

Man könnte nun zu Fuß (weglos) zu den von hier aus sichtbaren mächtigen Wällen der **Fentbach-Schanze** wandern, wir wählen jedoch den Radweg im Tal, fahren von der Höhe hinab zum Ort Fentbach und biegen in der Senke vor dem letzten Bauernhof links in das für Motorfahrzeuge gesperrte Sträßchen ein, das sich nach rechts den Hang hinaufwindet. Dort, wo dieses hohlwegartig in eine Mulde eintaucht, hat man ein Zangentor vermutet, das einst zur „Fentbach-Schanze" führte. In diesem Bereich nimmt man links und rechts mehrere quer streifende Geländerippen wahr, die in fast rechtwinklige Terrassenböschungen einmünden. Sie markieren den Verlauf von Vorwällen, die unter Berücksichtigung der Topographie natürliche Bodenerhebungen einbezogen haben, aber

Fentbach, Kernbereich des Oppidums

durch mittelalterlichen Ackerbau eine stark profilverändernde Deformation erfahren durch mittelalterlichen Ackerbau eine stark profilverändernde Deformation erfahrenhaben. Auf dem Plateau angelangt, stehen wir vor dem imposanten 8-9 m hohen Hauptwall, der sich vom Steilabbruch des Mangfalltals im Westen fast 500 m lang Richtung Osten zieht, wo er in den Moosbach abfällt. Er sichert die nicht von Natur aus geschützte Südseite ab, indem er eine trapezförmige Fläche von etwa 400 m Tiefe einschließt. Die **Fundsituation** beschränkt sich auf keltische Gefäßscherben, meist aus Graphitton, Eisengeräte (Fleischhaken, Schlüssel), Silexstücke und einen Mühlstein. Aus dem Wall selbst kamen roter brandiger Lehm mit Kohlestücken und durch Hitze verkalkte Steine zum Vorschein, was auf Feindeinwirkung schließen lässt. Vor dem Wall lag ein Graben, der noch im 19. Jahrhundert mit 4 m Breite und 2 m Tiefe sichtbar war. Neuere Ausgrabungen erbrachten neben spätkeltischen Funden mit zeitgleichen Münzen auch Ringbarren mit Tonscherben als bronzezeitliche Siedlungsnachweise. Durch eine geophysikalische Prospektion hat sich ergeben, dass fast der gesamte Innen- wie Außenbereich mit Pfostenstellungen und Gruben übersät ist.

Man hat also von einem ausgedehnten Siedlungsareal auf weitläufigem Terrain auszugehen, das unter Nutzung der natürlichen Gegebenheiten entsprechend abgesichert war und in dessen inneren Kern man sich bei Kriegsgefahr mit Weib und Kind, Vieh und Hausrat wie in eine Volksburg zurückziehen konnte. Insofern dürfte es sich um ein **„Oppidum"** gehandelt haben, wie man die meist auf geschützten Höhenzügen angesiedelten, großräumigen Anlagen der späten Latènezeit (2.-1. Jhd. v. Chr.) bezeichnet. Der Begriff „Schanze" wird diesem Sachverhalt kaum gerecht, zumal irreführenderweise auch für keltische Kultbezirke verwendet. Wir befinden uns auf dem Platz eines der eindruckvollsten und bedeutendsten Bodendenkmäler Bayerns, möglicherweise des bei Claudius Ptolemäus (ca. 85-160 n. Chr.) erwähnten Medullum, den bekannten spätkeltischen Oppida von Menosgada (Staffelberg), Alkimoenis (Michelberg bei Kelheim) oder Devona (Schwanberg bei Kitzingen) durchaus vergleichbar.

Auch in Fortsetzung des Höhenrückens ab dem Moosbach nach Norden hin können wir auffällige Hangprofile und Grabeneinschnitte beobachten, die an einen geschlossenen Verteidigungsbezirk bis zum Mangfallknie denken lassen. Derlei Bollwerke und Verschanzungsanlagen boten auch im Mittelalter immer wieder Schutz- und Zufluchtsmöglichkeiten bei feindlicher Bedrohung, namentlich in der Zeit der Ungarneinfälle.

Hinter Fentbach zweigt bei Mittenkirchen, wo das spätgotische St. Veit-Kirchlein mit den zugehörigen Bauernhäusern ein noch ungestörtes Ensemble bildet, der Fahrweg links nach Sonderdilching und Kleinhöhenkirchen ab. Auch in **Sonderdilching** begrüßt uns auf archaischem Kulthügel, von mächtigen Bäumen umstanden, ein spätgotischer Kirchenbau (St. Michael), von seltsam erdenschwerer wie spiritueller Eindringlichkeit zugleich. Kurz vor Ortsende steht auf der rechten Seite, östlich des Peißenanwesens, ein Austragshaus leicht erhöht auf den Resten eines **Turmhügels**, der ursprünglich 27 m Umfang gemessen haben und von einem 1,2 m tiefen Graben umgeben gewesen sein soll. Bei Erdarbeiten fand der Bauer behauene Tuffsteine im Hügel und eine umgebende rechteckige Einfassung des Turmhügelgeländes. Die Anlage könnte durchaus schon in sehr früher Zeit in Beziehung zu anderen Befestigungen der Umgebung gestanden haben.

Sonderdilching, St. Michael

Wenig weiter, in **Kleinhöhenkirchen**, soll sogar die Kirche selbst, auf einer Endmoräne vor dem Geländeabstieg ins Mangfalltal emporragend, die Stelle einer Burg des 12. Jahrhunderts einnehmen. Die Zugehörigkeit des Marienheiligtums mit dem spätgotischen Gnadenbild und der bemerkenswert feinen Rokokoausstattung zum Kloster Weyarn weist sich nicht zuletzt durch die kostbare Verkündigungsgruppe

Kleinhöhenkirchen

von der Hand Ignaz Günthers aus. Dem Kirchhügel liegt etwa 600 m nach Norden eine weitere Abschnittsbefestigung gegenüber, **die „Birg"**. Man gelangt zu ihr über die Altenburger Straße ostwärts, indem man nach dem letzten Haus links in einen Feldweg einbiegt und bei dessen Gabelung sich wieder links zum westlichen Waldsaum hin orientiert. Gleich nach Eintritt in den Wald fallen rechts des Weges etwa 0,5 m hohe Erdrippen auf, die man als „Reiterhindernisse" gedeutet hat. Sie sind senkrecht zum äußeren Südwall gerichtet, dem bei gebogenem Verlauf von rund 300 m Länge und ca. 7-10 m Kronenhöhe ein innerer Südwall vergleichbarer Mächtigkeit etwa 100 m nördlich in West-Ost-Richtung folgt, so dass mit teilweise vorgelagerten Gräben zwei Innenräume von zusammen 330 m Nord-Süd-Ausdehnung und 100-200 m Ost-West-Ausdehnung abgeriegelt werden. Im gesamten Gelände zeigen sich weitere Wallsegmente, die zum Teil in Erosionsgräben auslaufen. Das Niveau ist mäßig nach Osten und Norden geneigt und fällt dann steil zur Mangfall ab. Da bisher in der „Birg" noch keine nennenswerten Grabungen vorgenommen wurden, ist die Zeitstellung ungewiss. Auf Grund der verwirrenden Vielfalt der Bodenformationen darf angenommen werden, dass das Gebiet nicht erst im Mittelalter, sondern auch schon in vorchristlichen Jahrhunderten als Zufluchtsstätte gedient hat.

Wir verlassen den Burgplatz hangabwärts gegen Westen, wo uns ein Wirtschaftsweg durch ein mehrgliedriges Wall- und Grabensystem zur Fahrstraße nach **Grub** hinunterleitet. Auf dieser überqueren wir im Talgrund die Mangfall und

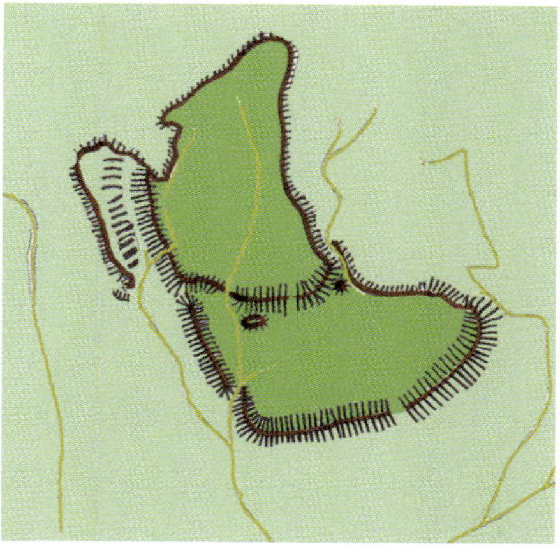

Kleinhöhenkirchen, Wallanlage der Birg

fahren bei Grubmühle auf der Gegenseite mäßig bergan bis zur ersten Kehre. Dort verlassen wir die Fahrstraße und begeben uns geradeaus auf einem Feldweg direkt in die Senke des hier einmündenden Teufelsgrabens, aber nur etwa 150 m entlang einem Fischwasser, bis links ein weiterer Weg abzweigt, der in südlicher Richtung nach Hohendilching (unbeschildert) führt.[8] Auch diesen Weg verlassen wir nach knapp 50 Metern, um einen am oberen Rand eines zweiten Weihers rechts beginnenden Fußpfad einzuschlagen, der erst sanft, dann steil einen Höhenrücken hinaufzieht. Nach wenigen hundert Metern befinden wir uns auf einem schmalen Geländesporn zwischen Mangfall (links) und Teufelsgraben (rechts), der von einem länglich-ovalen **Burgstall** mit massiven Wällen und tiefen Gräben eingenommen wird. Allgemein wird vermutet, dass man es hier mit der Vorgängerburg von Valley zu tun habe, bevor dort Graf Otto I von Dachau-Scheyern 1125 die mittelalterliche Anlage begründete.

[8] Bei gerader Fortsetzung des Weges in den Teufelsgraben käme man zu einem eindrucksvollen vierbogigen Aquädukt, der mittels Rohrleitungen das Quellwasser aus dem Mangfalltal über den Teufelsgraben befördert, architektonisch sichtlich römischen Vorbildern verpflichtet: ein weiteres Projekt der Münchner Wasserversorgung (1890).

Biberg, Aufstieg zum Plateau

Gehörig überrascht wird man, wenn man dem zum Felssteig verengten Fußpfad weiter nach oben folgt. Kurz bevor sich der Blick über einen freien Wiesenplan zum etwa 1200 m südlich sichtbaren Ort Hohendilching weitet und man das Burggelände längst verlassen glaubt, quert man nochmals einen Wall, der sich vom Mangfallabbruch Richtung Westen erstreckt. Spürt man dem **Wallverlauf** nach, stellt man fest, dass eine Erdformation entlang dem Waldsaum, abgesehen von einer durch wirtschaftlichen Eingriff verursachten größeren Unterbrechung, ca. 500 m weiterzieht und am Ende in eine Moränenböschung auf offenem Gelände übergeht. Bei mehr oder minder gegebener Verflachung und Einebnung fällt das Bodenprofil zum Wald hin nach Art eines Tellerrandes ab. Ob natürlich oder künstlich, eine Demarkierungsfunktion für den Innenraum scheint augenfällig. Kurz vor Austritt des parallelen Waldwegs auf eine Wiesenfläche biegt rechts ein Fußpfad ab, der in nordöstlicher Richtung an eine steile, tiefe Waldschlucht heranführt und in einen Graben überleitet, der links von einem 2-3 m hohen, aus Nagelfluh und Geröll verbackenen Wall flankiert ist. Wall und Weg senken sich hinab zum Teufelsgraben, modellieren nach rechts ein Plateau heraus, das an zwei Seiten zur Steilkante vorstößt. Auch wenn der Wall in seiner Entstehung als Abrisskante einer Rutschung aus der Nagelfluhwand zu deuten ist, könnte der in der Mulde verlaufende Fußweg als verdeckter, geschützter Zugang aus dem Teufelsgraben gedient haben, auch als Versorgungsweg, da an seinem Fuß eine Quelle entspringt. Gleich daneben mündet die Waldschlucht, eigentlich eine Erosionsrinne, in den Teufelsgraben. Es fällt auf, dass sich dort mehrere bastionsartige Erdanhäufungen und -aufschüttungen befinden, die wie Annäherungshindernisse wirken.

Dies gilt umso mehr, als auch jenseits dieser Erosionsrinne, an ihrer SO-Seite im rechten Winkel zum Teufelsgraben, eine weitere Abschnittsbefestigung mit der Flurbezeichnung **„Biberg"** auszumachen ist. Auf der SW-Seite erstreckt sich ein Wall, der am Ende nach NO umbiegt, allerdings in Struktur und Verlauf stark beeinträchtigt ist durch spätere Hochäckerbeete, die sich hier im Wald zahlreich erhalten haben. Die geringe Ausprägung des Walls mit 0,5 bis 1 m Höhe erscheint verwunderlich, da er gegen das niveaugleiche Umland im W und S abschirmen soll. In Wallnähe liegen in einer Mulde drei tonnenschwere, stark vermooste Steinblöcke beieinander, die auf Grund des granitgneisartigen Materials hier nicht gewachsen sein können, allenfalls aus dem Moränengeschiebe herausgeholt wurden. Eine 2 x 1,5 m große ovale Platte lagert einem hausdachähnlichen, gespaltenen Block gegenüber, dazu gehört wohl auch 30 Schritte weiter östlich eine Art Steinthron, der zusammen mit einem kleineren Trabanten Spuren menschlicher Bearbei-

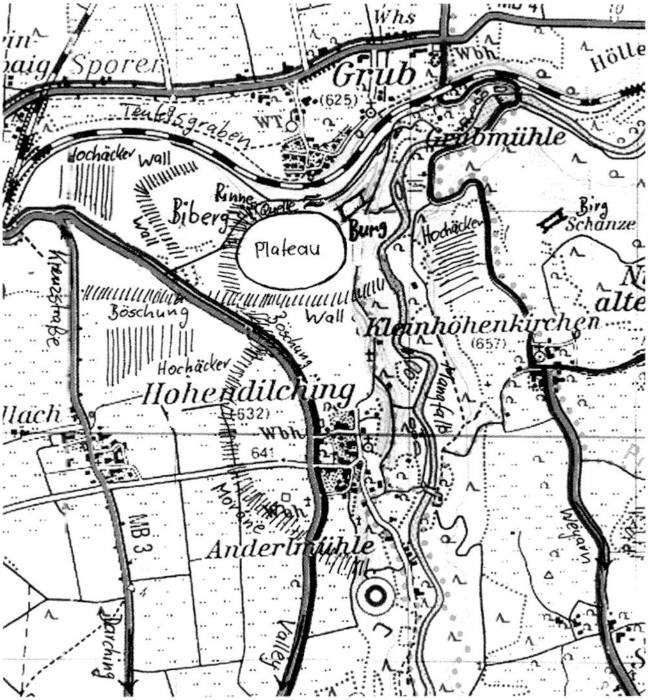

„Mangfallknie", Topographie um Grub und Hohendilching

tung trägt. (Ein weiterer 70 Meter nördlich davon befindlicher Fels zeigt keine Auffälligkeiten). Die Einzigartigkeit von Vorkommen, Position und Form lässt an eine kultische Funktion denken: Überreste eines Opferplatzes oder Altars? Das scheint sich nach Entfernung der dicken Moosschicht zu bestätigen: auf dem Spaltblock, der seinerseits Schrämstellen aufweist, treten nicht weniger als 27, um einen inneren Kreis angeordnete, säuberlich ausgeschabte Schalen von 5 bis 8 cm Durchmesser (dazu noch einige verwitterte) hervor, die wie der Lindlstein an südalpine Vorkommen erinnnern. Stellt demnach der sonderbare Wall mit dem rechteckigen Knick den Überrest einer Temenos-Begrenzung, eines heiligen Bezirks dar? Deutet die Anordnung der Schalen auf den Kosmos hin, auf eine astronomisch-kalendarische Funktion, zumal die kreisrunden Gebilde auf schräg gestellter Fläche nach Art eines Cockpits auf den Südhorizont ausgerichtet sind? Wie auf der Himmelsscheibe von Nebra (mit 32 Rundkörpern, 1600 v. Chr.) glaubt man auf Anhieb die Plejaden zu erkennen, ohne über die umgebenden Gruppierungen auch nur ahnungsweise etwas aussagen zu können. Die sorgfältige Auswertung insbesondere von Südtiroler Befunden erbrachte die Überzeugung, dass ganze Serien von Schalensteinen an den Kardinal- und Solstitiallinien, d.h. den Haupthimmelsrichtungen sowie an den Sonnenauf- und -untergangspunkten im Zusammenhang der Sonnenwenden orientiert sind. Der Gesamtkomplex ist insofern dem Bereich des Religiösen verhaftet, als Priester und Volk der fruchtbarkeits- und lebensspendenden Macht der Sonne huldigten, danach die Phasen für Aussaat und Ernte bestimmten und feierliche Opfer darbrachten. Allgemein nimmt man an, dass derlei Schalen bereits in vormetallischen Epochen, das Gros wohl in der Bronzezeit (ca. 1800-800 v. Chr.) entstanden sind, somit ein Zeugnis von sehr früher menschlicher Siedlung, Kultur und Religion ablegen. Immerhin ist unser Platz keine vier Kilometer Luftlinie vom Altarstein auf dem Lindl und von der Fentbachschanze entfernt, wo ebenso wie auf dem fast in Sichtweite

Schalenstein auf Biberg

befindlichen Burgberg von Valley bronzezeitliche Funde hervorgingen. Auch ohne Kenntnis des Schalensteins wirkte schon bisher der Biberg so rätselhaft und ungewöhnlich, dass die Archäologie von einer näheren Bestimmung und Deutung absah. Vielleicht handelte es sich, neben der kultischen Funktion, um ein geschütztes Siedlungsareal, von dem man sich bei Feindesgefahr absetzen konnte, und das als retardierendes Vorwerk die Umgehung der Erosionsrinne zugunsten eines eigentlichen Kernbereichs (östlich davon) hemmen sollte. Soweit bekannt, wurde zwar eine Datierung der ein oder anderen Anlage anhand von Einzelfunden (z. B. als bronzezeitlich) versucht, eine Gesamtbewertung als mehrgliedriger Komplex jedoch nicht erwogen. Auch wo der bisherige Befund auf „mittelalterlich" lautet, schließt das mangels eingehender archäologischer Untersuchungen frühere Zeitstellungen keineswegs aus. Der Schalenstein jedenfalls war der Forschung bis dato verborgen geblieben.

Grundsätzlich schiene es vorstellbar, dass alle diese Segmente integrative Bestandteile eines einzigen, nach Osten hin bis zum Steilufer der Mangfall ausgreifenden **Rückzugs- und evtl. Siedlungsareals** von ca. 5 ha Fläche bildeten, das von zwei Seiten durch aufeinander bezogene Verschanzungen, ansonsten durch Mangfall und Teufelsgraben abgesichert war. Wo die Erosionsrinne im Süden ausstreicht, verläuft in nur 50 Meter Entfernung außerhalb des Waldes die schon genannte Moränenböschung von etwa 5-8 m Höhe wie ein schützender S-Sperrwall etwa 200 m nach W bis zur Kreisstraße, danach noch weiter. Am östlichen Eckpunkt dieser Böschung setzt eine Flanke an, die sich als gut sichtbare Geländestufe Richtung SO zieht, dann aber in der Straßentrasse verliert – diese hat sich offenbar ihrerseits den Erddamm zunutze gemacht, der auf Hohendilching zuläuft. Interessanterweise liegt die Böschungsecke auf Linie der Erosionsrinne, so dass die nach SO zielende Geländestufe wie eine obenerdige Fortsetzung der schluchtartig eingetieften Waldsenke wirkt. Dadurch wird zum Hochufer der Mangfall hin ein großes Dreieck gebildet, das nach allen Seiten gut profiliert erscheint (erweitert durch einen markanten Geländebogen, der nach W hin halbkreisförmig um den Ort herum ausgreift). Wer denkt da nicht, zumal in Sichtweite von Kleinhöhenkirchen samt „Birg", nur wenige hundert Meter Luftlinie vom jenseitigen Mangfallufer entfernt, dieses wiederum in Sichtkontakt mit Sonderdilching und Fentbach, an einen großdimensionierten Fortifikationsverbund zum Schutz von Nutzungs- und Siedlungsflächen, die je nach Bedarf in einer Art Wabensystem flexibel modifizierbar waren? Die dicht gereihten **Hochäckerspuren**[9], die im gesamten Gebiet um Hohendilching bis hinüber nach Sollach ebenso erkennbar bleiben wie in der Flur um Sonderdilching und Kleinhöhenkirchen, lassen zumindest für das Mittelalter auf intensive Bodenbewirtschaftung und entsprechendes Bevölkerungsaufkommen schließen.

Wir wissen, dass dem als ersten der Weyarn-Neuburger Grafen überlieferten **Patto I.**, durch seine Heirat „Falkensteiner" geheißen, ursprünglich u. a. Grub und Hohen- bzw. Sonderdilching gehörten, weshalb er sich „Patto von Dilching" („Tulihningen") nannte. Es ist anzunehmen, dass er seinen Burgplatz um das Jahr 1000 im Gebiet der Mangfallschleife hatte, ob hier oder gegenüber auf der „Birg" oder an der Stelle des Marienheiligtums von Kleinhöhenkirchen, erscheint vor dem Hintergrund des vermuteten defensorischen Großzusammenhangs fast zweitrangig. Ohnehin dürfte er, nachdem die Ungarngefahr seit 955 endgültig gebannt war, seine „Residenz" flussabwärts nach Vagen in die neue Burg, die „Neuburg", die im Falkensteiner Codex mit prächtiger romanischer Bogenfront, zinnenbewehrtem Dach, Söller und Turm abgebildet ist, verlegt haben.

Die „nuienburch" bei Vagen (Codex Falkensteinensis

Der Ort **Hohendilching**, sichtlich nach der Hangkante der Mangfall ausgerichtet, erinnert in seiner Erscheinungsform, obwohl durch Wohnbebauung im „alpenländischen" Stil in der westlichen Randzone gestört, auch heute noch an die Zeit der bajuwarischen Landnahme. Gräber dieser

Bajuwarendorf Hohendilching

[9] Die Anlage von Hoch- oder Wölbäckern im Mittelalter diente der Bodenverbesserung und Steigerung des Ernteertrags, indem sie in bis zu mehreren Metern aufgehäuften Hügelbeeten einerseits die Sonnenwärme speicherten, andrerseits Staunässe vermieden. Durch die Verwendung des früheren Streichbrettpfluges, mit dem nur die einseitige Wendung der Erdscholle möglich war, entstand beim Zusammenpflügen der Schollen in der Mitte ein Ackerscheitel, der unter fortlaufender Aufbringung von Dung und Humus aus den Gräben immer mehr anwuchs. Im lichten Hochwald und im weidewirtschaftlich genutzten Gelände haben sich diese Erdformationen besonders gut erhalten.

wie auch der römischen Epoche hat man im nahe gelegenen Unterdarching, das wir an der Spitze des Höllgrabens erreichen, und in Valley, wohin wir uns von dort nach links wenden, in größerer Zahl aufgedeckt. Die Ortsnamen von Dilching und Darching mit ihrem bajuwarischen -ing-Suffix widerspiegeln die frühmittelalterliche Siedlungsbewegung.

Die ursprüngliche Burgherrschaft **Valley** ging vom sog. „Schlossberg" zwischen Mangfallgrund und Höllgraben aus, heute Burgstall auf steilem Bergsporn, der wahrscheinlich schon als befestigte **römische Militärstation** zum Schutze eines Verkehrsweges ausgebaut war. Diese Verbindung könnte als südliche Fortsetzung der von Regensburg kommenden Römerstraße, die sich ein paar Kilometer entfernt bei Helfendorf (Isinisca) mit der Strecke Augsburg – Salzburg kreuzte, im Talgrund von Valley (Vallatum) die Mangfall überquert und über Vinaria (Weyarn) – Straß (via „strata" = befestigte Straße) bei Miesbach – Slyrs (lacus Silurnus?) nach Kufstein (Albianum) geführt haben. Ein römischer Meilenstein (Kopie) vor dem Schlossgarten stand bei der 60. Meile ab Augsburg und stammt aus dem Jahr 201. Grabungen auf dem Burgberg haben sogar Keramikreste aus der Bronze-, Urnenfelder- und Hallstattzeit, vor allem aus der Römerzeit und aus dem Mittelalter (10.-12. Jhd.) erbracht. Ab 1125 war die Burg Valley Sitz des Grafen Otto I. von Dachau-Scheyern, einer Seitenlinie der Grafen von **Scheyern-Wittelsbach**, in deren Besitz die Burg im 11. Jahrhundert über Gräfin Haziga (der Gründerin der Klöster Bayrischzell und Fischbachau) gelangt war. Vor 1125 sollen sie auf der schon bekannten Burg Grub–Hohendilching gesessen haben. Als Inhaber der „Herrschaft an der Mangfall" haben sie vielleicht in diesem Bereich die Weyarn-Neuburger-Falkensteiner (Patto I.) abgelöst. Über die „Aribonen" und „Luitpoldinger" (Adelssippen des 9./10. Jhd.) haben sich genealogische Beziehungen auch der Grafen von Scheyern, der späteren „Wittelsbacher" (1115 Aufgabe der Burg Scheyern, Neubau der Burg „Wittelsbach" bei Aichach) zu den Fagana und Huosi, also vom 11./12. Jhd. zum 6./7. Jhd. nachweisen lassen.

Burg Valley, Stich von Mich. Wening (um 1700)

1140 fand eine berühmte **Schlacht zwischen Babenbergern und Welfen** vor Valley statt, nachdem das Herzogtum Bayern dem Welfen Heinrich X. (genannt „der Stolze") aberkannt und dem Babenberger Leopold IV. von Österreich übertragen worden war. Die gegen ihn rebellierenden Wittelsbacher Grafen Gerhard und Konrad verschanzten sich auf der Burg Valley, bis ihnen Welf VI. zu Hilfe kam und die babenbergischen Belagerer vertrieb. Ab 1180 waren dann die Wittelsbacher selbst bairische Herzöge. Nach dem Ende der Valleyer Linie 1268 wurde das Erbe dem Territorium der Wittelsbacher einverleibt und ab dem 15. Jahrhundert an verschiedene Adelsfamilien als Lehen ausgegeben, 1659 dann die Hofmark Valley zur Grafschaft erhoben. Den wittelsbachischen Valleyer Besitz hatten 1630 die Maxlrainer erworben und 1655 weitervererbt, bis 1821 jene Grafen von Arco kamen, die nach verlorenem Rechtsstreit anlässlich der

Einheirat der Wittelsbacher in die Bogener Grafschaft (1204) verbannt worden waren und am Gardasee Burg Arco („Arco" = „Bogen") gebaut hatten: welch eine Ironie der Geschichte!

Die bildlichen Darstellungen von Hans Donauer im Antiquarium der Residenz (1580) und von Michael Wening (1701) zeigen eine prächtige und differenzierte Anlage, die nach Brand und Verfall 1740 abgebrochen wurde. Zu dem südwestlich neu errichteten Schlossgutsbezirk gehörte eine ganze Reihe von Herrschaftsbauten, u. a. das alte Richterhaus, sog. altes Schloss, wo heute das Orgelmuseum untergebracht ist, und ein Schlossgarten im englischen Stil. Mit der Beseitigung der Ober- und Unterherrschaften im Revolutionsjahr 1848 ging das feudalistische Zeitalter zu Ende.

Die Burg Valley, am linken Mangfallufer wie Hohendilching gelegen, nur wenige hundert Meter Luftlinie von Fentbach entfernt, hat im Mittelalter ebenso einen westlichen wie die Birg einen nördlichen oder die Altenburg bzw. Westerhamer Kraxlburg einen östlichen Schwerpunkt des an befestigten Plätzen so dicht besetzten Landsockels an der nördlichen Ausbeugung der Mangfall gebildet. Sie kennzeichnet die verkehrsgeographische, damit aber auch machtpolitische Bedeutung dieses Raumes seit der **Kelten- und Römerzeit**. Von Valley kehren wir zur neuzeitlichen Chaussee München – Miesbach – Schliersee zurück, die unter westlicher Umgehung des Mangfallgrabens über Kreuzstraße und Unterdarching den Fluss erst im Mühltal bei Weyarn überschritt. Hier sind die zahlreichen ehemaligen Mühlen (Maxlmühle, Weiglmühle, Bruckmühle) längst aufgelasssen und von Anlagen abgelöst, die seit 1875 aus den Hängen der Mangfall die **Trinkwasserversorgung Münchens** sicherstellen. Ein Obelisk erinnert noch an den Bau der Quellfassungen (1881-83). „München trinkt das halbe Oberland leer" hieß es nicht von ungefähr in der Lokalzeitung. Im Mangfalltal zwischen Weyarn und Valley wurden auch römische Funde in den ehemaligen Tuffsteinbrüchen gemacht, man nimmt an, dass sie aus einer römischen Siedlung mangfallaufwärts bei einem Hochwasser abgeschwemmt worden sein mussten – nicht unwichtig im Zusammenhang mit der Frage des Straßenverlaufs nach Süden! Auch beim neuzeitlichen Ausbau der Straße Weyarn – Miesbach – Schliersee ist man bei Thalham und Straß auf römische Relikte (u. a. Münzen) gestoßen.

Die **Eisenbahn**, 1861 von Holzkirchen nach Miesbach verlängert, senkt sich ab Bahnhof Mitterdarching, der 2 km ab Valley erreichbar ist, am westlichen Ufer mit mäßigem Gefälle in das Mangfalltal hinein und wechselt erst hinter Thalham, kurz vor Einmündung der Schlierach und unterhalb der Burg Pienzenau, auf die östliche Seite hinüber.

Damit schließt sich der Kreis unserer Spurensuche. Pienzenauer, Waldecker, Falkensteiner und Scheyerner (Wittelsbacher) haben als Feudalherren abgedankt, ihre Namen haben sich, bei allen Verdiensten um die kulturelle und klösterliche Erschließung, vor allem um die Bewahrung und den Schutz des Landes, im Dämmer der Geschichte verflüchtigt, Kelten und Römer sich zu Schemen einer grauen Vorzeit verklärt, als Träger und Mittler einer zivilisatorischen Entwicklung kaum mehr wahrgenommen. Gerade darin aber liegt für uns Heutige die Chance, uns den verborgenen Kostbarkeiten ferngewordener Zeiten samt dem so anfälligen und verwundbaren Reichtum unserer Landschaft abseits vom lauten Alpinrummel unaufdringlich und bei aller Neugierde mit sensiblem Bedacht anzunähern.

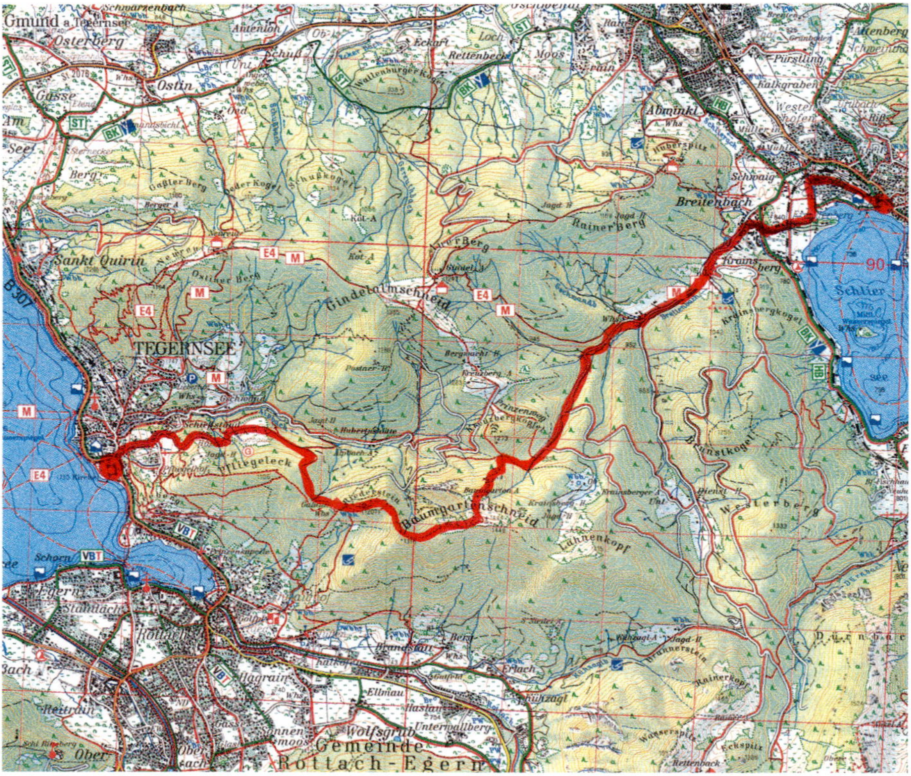

Wanderung III

Verlauf:	Schliersee – Ortsteil Breitenbach – Hennerer – Prinzenweg – Sagfleckl – Baumgarten – Riederstein – Galaun – Auerweg – Alpbachtal – ehem. Kloster Tegernsee (zurück mit RVO)
Gehzeit:	4 - 5 Stunden
Einkehr:	Schliersee, Galaun, Tegernsee
Wanderkarte:	UK L 12 Mangfallgebirge, © by LVG, Gen.-Nr. 0416/07

Wanderung III

Von See zu See – ein königlicher „Rösselsprung“

Dieser Weg handelt von **Monarchen und Mönchen, Volkssängern und Volkshelden, Literaten und Künstlern**. Er beginnt in der Ortsmitte von **Schliersee** nahe dem Rathaus, wo gegenüber dem Gasthof „Zur Post“ Kurfürst Max IV. Joseph, der spätere König Max I. Joseph von Bayern, 1803 einen **Sommersitz** errichten ließ, der noch heute als Wohn- und Geschäftshaus besteht, sich bei aller unauffälligen Schlichtheit durch seine klassizistischen Proportionen zu erkennen gibt und dadurch von der bodenständigen Architektur-Umgebung abhebt. In ihm hat sich in Raumeinteilung, Dekor und Ausstattung manche Erinnerung an die Wittelsbacher bis heute erhalten. Sie gaben sich hier, fern vom steifen Zeremoniell der Münchener Residenz, ganz privat, zumal **König Max I.**, ohnehin als leutseliger, gemütlicher Pfälzer bekannt und beliebt, auf großen Hofstaat mit zahlreicher Dienerschaft verzichten wollte, um auch kurzfristige Ausflüge nach Schliersee unternehmen und spontan seiner Jagdleidenschaft frönen zu können. Nicht einmal eine Küche gab es im Haus, man ließ sich das Essen aus dem gegenüberliegenden Gasthof kommen, damals noch „Zum Partenhauser“, später „Zur Fischerliesl“ geheißen, als die schöne Tochter des Hoffischers Schrädler dort einheiratete und Wirtin wurde. Der „Maxl“ mischte sich gerne unter die eine oder andere Gesellschaft, dafür hielt die „Lisl“ ihrerseits Hof, veranstaltete fröhliche Feste und zeigte sich insbesondere Künstlern gegenüber großzügig mit Kost und Logis. Vor allem gab sie bei entsprechender Stimmung ihre Schnaderhüpfel und Jodler zum besten, worum sie sich auch nicht lange bitten ließ, wenn sie illustre Gäste über den See ruderte.

Schliersee, ehem. Sommersitz der Wittelsbacher

Die Gästebetreuung besorgte nach ihr der Neffe Franz Schrädler, dank dessen Eintragebuch wir auch unterrichtet werden über prominente Schliersee-Besucher wie Kronprinz Ludwig, ab 1825 **König Ludwig I.**, der sich wiederholt im Schlierseer Haus aufhielt, **König Max II. Joseph**, als er 1858 seine berühmte Queralpenreise unternahm, und **König Ludwig II.**, 1865 und 1867, dem es der Schlierseer Winkel besonders angetan hatte. So machte er auch einen Spaziergang von der Halbinsel Freudenberg nach Breitenbach, womit er uns auf eben den Weg bringt, den König Max I. Joseph 1817 als Verbindung zum Tegernsee in Form eines Reitweges für die Prinzen hatte anlegen lassen. In diesem Jahr hatte er nämlich den noch vorhandenen Bestand des säkularisierten Klosters Tegernsee erworben, um es zur Sommerresidenz auszubauen. Der Schlierseer Privatbesitz wurde vorerst beibehalten, der **„Prinzenweg“** ermöglichte jetzt eine modifizierte Nutzung.

Die **Wittelsbacher** regten durch ihr Beispiel Adel und Bürgertum zur Nachahmung an, Naturentdeckung und Naturromantik wurden nunmehr zu modischen Attributen gehobener Lebensqualität, Brauchtum, Tracht und Volksmusik fanden

Fischerliesl von Lorenz Quaglio d. J., 1829

begeisterten Zuspruch. Wir stehen somit vor dem Paradox, dass mit dem Verlust unersetzlichen Kulturguts in der Säkularisation von 1803 eine neue Welt- und Werterschließung einherging, als deren Schrittmacher sich das Herrscherhaus erwies, als wollte es solchermaßen die mit der Schaffung des modernen Staates angerichteten „Kollateralschäden" dauerhaft vergessen machen.

Zum Ortsteil **Breitenbach** und weiter zum Anwesen **Hennerer** gelangt man über gut ausgeschilderte Wege Richtung Westen. „Praitenbach" (von lat. Pratum = Wiese, auch wenn heute der Bach durch Gewerbegebiet fließt) und „Hennerer" (= Aufkäufer von Hennen und Eiern, Geflügelhändler) sind sprechende Namen ländlicher Daseinssphäre. Der Hennerer, am Zusammenfluss mehrerer Quellarme des Breitenbachs gelegen, wurde im 19. Jahrhundert Wirtshaus, wo sich mit Vorliebe auch der Wildschütz **Georg Jennerwein** aufhielt. Dieser, unehelicher Sohn einer Gütlerstochter, von Beruf Holzknecht, liebte bekanntlich das Abenteuer und den Nervenkitzel. Kraftstrotzend, prahlerisch, ein Schürzenjäger und Hallodri, traute er sich die Obrigkeit und als deren Exponenten die Jäger zu provozieren, darunter den Jagdgehilfen Sepp Pföderl, den er sich wegen einer „Weibergschicht" zum Todfeind gemacht hatte. Von ihm wurde er „den 6. November zu Leonardi 1877" am Schwarzholzeck auf dem Peißenberg nahe Tegernsee mit einem „Schuss von hint" wohl aus hasserfüllter Eifersucht ermordet. Er avancierte dadurch zum Märtyrer und Volkshelden, verewigt im berühmten Moritatengesang nach einer dem Horst-Wessel-Lied frappant ähnlichen Melodie: „Es war ein Schütz in seinen schönsten Jahren, der ward hinweggeputzt von dieser Erd ..." Wenn man danach fragt, warum gerade Wildererschicksale solche Anziehungskraft ausüben, wird man feststellen, dass darin etwas von alpenländisch – bairischer Selbstdarstellung, verklärt im Lichte sozialromantischer Betrachtung, enthalten ist. Zwar war

Wildschütz Jennerwein, † 6.11.1877

die Hochjagd ehedem das Privileg der Feudalherren, war dem Untertan entzogen, dieser durfte das Wild nicht einmal vom Feld scheuchen, war der Wildplage hilflos ausgeliefert, und das bei schlechter Ernährungslage und sogar Hungersnot, musste stattdessen bei den großen Drück- und Riegeljagden Treiberdienste leisten, so dass es nicht verwundert, wenn Bauern und Wilderer sich nahmen, was sie rechtmäßig sich und der Allgemeinheit zustehend glaubten, zu Rebellen gegen die Willkür der Obrigkeit wurden. Doch nach dem Revolutionsjahr 1848, als das Volk auch die Wälder stürmte und die Jagd „eroberte", wurden überall Jagdgesetze erlassen, Jagdgenossenschaften gegründet, Jagdreviere eingerichtet und verpachtet. Die Wilderei, jetzt gerichtlicher Untersuchung und Strafe ausgesetzt, wurde zum Kriminaldelikt, zum Diebstahl oder zur Lumperei, wenn sie nicht überhaupt aus Geld- und Habgier geschah. Dennoch hat sich in den Bergen, wie man noch 1877 an Jennerwein sieht, aus der vergangenen Epoche das Klischee vom freien, wagemutigen Schützen, der es den Herrschenden zeigt, dauerhaft erhalten. Gründe gibt es auch in einer bürokratisierten, undurchschaubaren und ausbeuterischen, daher bedrohlich und ungerecht empfundenen Welt gerade genug, nicht mit den Mächtigen zu paktieren. Die zum Jahrtag des Jennerwein Girgl an seinem schmiedeeisernen Grabkreuz im Westenhofener Friedhof immer wieder einmal aufgehängte gewilderte Gams beweist das überdeutlich.

Vor dem Hennerer bieten sich drei Wegvarianten nach Tegernsee an: rechts geht es hinauf zur Gindelalm und Neureuth über einen uralten Almweg, hundert Meter davor bei der Brücke zweigt links die Zufahrt ins Tufttal ab, von dem man über den vorgeschichtlichen Übergang des Kühzagl (man hat dort eine Gewandnadel aus der Bronzezeit gefunden) nach Rottach gelangen kann; wir halten uns geradeaus an den „Prinzenweg", der auf sanft ansteigender Forststraße in das Stadeltal führt bis zum Talabschluss, wo wir auf markiertem Pfad den Sattel zwischen Baumgartenschneid und Kreuzbergköpfl am **„Sagfleckl"** erreichen (die Bezeichnung stammt wohl nicht von der Säge, bair. Sag, da die Aufarbeitung der Stämme fast immer am Ort des Einschlags erfolgte, somit wegen ständigen Ortswechsels nicht namensgebend sein konnte - sondern eher von Saig = Senkung, feuchte Mulde). Dort verlassen wir den direkten Weg nach Tegernsee und begeben uns nach links auf den Steig hinauf zur Baumgartenschneid. Die Flyschzone wandelt sich nun ins Kalkalpin, das wir am Fuß von riffartig aufsteigenden Felswänden umgehen und an einer Einsattelung überqueren. Von der Scharte schweift der Blick hinüber zur Kreuzbergalm und Gindelalmschneid, schon früh erschlossenes Weidegebiet wie auch die Baumgartenalm, zu der wir auf saftig grünen Matten am Rand des aus dem Hang herausgewitterten Dolomitfelsens emporstreben. Bezeugt ist die **Almwirtschaft** im Tegernseer Gebiet schon seit 979, als erste von allen namentlich genannt wird 1348 die Baumgartenalm. Im ältesten Tegernseer Almbuch von 1529 ist von einem Bestand von nicht weniger als 78 Klosteralmen die Rede, zu dem es nur über einen jahrhundertelangen Ausbau der Grundherrschaft kommen konnte. Bei der Säkularisation 1803 gingen die Klosteralmen in das Eigentum der ehemaligen Untertanen über, ehe mit der zunehmenden Erschließung der Bergwelt die Romantiker auch das Almwesen als „die poetische Blüte des Volkslebens im Hochgebirge" entdeckten. Heute ist allgemein anerkannt, dass die Almen einen unverzichtbaren Bestandteil der alpinen Kulturlandschaft ausmachen, somit ihre Erhaltung im gesamtgesellschaftlichen Interesse liegen muss.

Aufstieg zum Baumgarten

Mancherorts wurde Almwirtschaft schon in der **Frühzeit** betrieben, wie die immer noch nicht geklärte Herkunft der Bezeichnung „Alm, Alpe“ nahe legt. Bezugnahmen auf das Keltische und Illyrische gehen wohl insofern nicht fehl, als „Alpa“ im gälischen Dialekt ein Appellativ für Berg darstellt, analog den keltisch-griechischen „Alpeis“ = lat. „Alpes“. Helmut Silbernagl verweist in seinem Buch „Almsommer“ (2002, S. 133) auf römerzeitliche Felsritzungen in Gestalt von Tierzeichnungen und Personennamen in Almgebieten der Tegernseer und Berchtesgadener Berge, die auf eine fast zweitausendjährige almwirtschaftliche Tätigkeit schließen lassen. Im weiteren Tegernseer Umkreis denkt man an das Quellheiligtum vom Schneidjoch nördlich des Guffert, dessen raetisch – etruskische Inschrift bis heute nicht entziffert ist. Im Geigelsteingebiet führt die Wissenschaft Almrevierbezeichnungen wie Gabron (Ziege, Geiß) und Tauron (Stier, Rind) auf frühe, keltisch – römische Nutzung zurück. Schließlich hat auch die Bezeichnung „Kaser“ für die Almgebäude nichts mit dem Käse zu tun, sondern stammt vom römischen casa = Haus (ähnlich auch „Senner“ von senior oder „Söller“ von solarium, die der Sonne zugewandte Hauslaube).

Auf der Baumgartenalm

Auch das Wort **„Baumgarten“** ist kulturgeschichtlich aussagekräftig: als Bongert (tirol. Pangert) ist es dem Begriff Peunt, Point, ahd. Biunt = eingehegtes Grundstück, eingefriedeter Raum, Garten artverwandt. Man hat hier die archaisch – magisch anmutenden Steinkreise vor Augen, die noch vor mancher Alm anzutreffen sind, den aus Klaubsteinen geschichteten sog. Almanger oder Almgarten, der in funktionaler Hinsicht als Reservat für Gras- und Heueinbringung bei Futtermangel, etwa infolge von Wetterstürzen, diente. Gut vorstellbar, dass auch der Baumgarten auf dem Sattel, vor dem eigentlichen Aufschwung des Höhenrückens zum Gipfel, der Schneid, in diese Sphäre hineinreicht!

Ludwig Thoma schrieb auf der Baumgartenalm während der Gamsbrunft (November/Dezember) seine berühmte Weihnachtslegende „Heilige Nacht“. Als er einmal an einem Sommertag „wie von Seide“ hier heroben neben seinem Freund, dem

Volkssänger und Liedsammler **Kiem Pauli** im Grase lag und meinte, dass nur noch eine klassische Symphonie solch einzigartiger Stimmung Ausdruck verleihen könnte, entgegnete ausgerechnet der Musiker dem Dichter, dass die Natur in ihrer Vollkommenheit einer solchen Steigerung nicht bedürfe. Befiel ihn etwa schon eine Ahnung von der audiovisuellen Vereinnahmung der Alpenlandschaft, von der Sucht unserer Zeit nach dem totalen Event-Kult, wie er etwa in Programmen wie „Berge in Klassik" von Tourismusorganisationen in Szene gesetzt wird? Von einem Fremdenverkehr, der stets Gefahr läuft, durch Massenkonsum genau das zunichte zu machen, was er ursprünglich suchte, nämlich Ruhe und Idylle? Nur dort wächst wohl auch jener tief innerliche Friede, wie ihn Ludwig Thoma so unnachahmlich in seinen „Erinnerungen" formuliert hat: „Um mich ist Heimat. Und ihre Erde kann einmal den, der sie herzlich liebte, nicht drücken."

Nach Besteigung des knapp 1450 Meter hohen Gipfels mit seinem „Panorama der Poesie" geht es den Westhang hinunter über einen lang gezogenen Höhenrücken, unter dem sich die sog. „Allgäu-Decke" des Kalkalpin verbirgt, zum **Riederstein**, der geologisch auf „Raibler Schichten" („Rauwacken") aufbaut, einem zellig-porösen Gestein aus Kalk und Gips, das infolge Auswaschung der löslichen Bestandteile dem Tuffstein ähnelt. Das Riedersteinkirchlein erscheint wie verwachsen mit dem hellen Fels, setzt einen keck-graziösen Akzent an exponierter Stelle in die gründominierte Hangwald-Landschaft. Hervorgegangen aus einer 1841 errichteten Holzkapelle, 1863 durch einen größeren Steinbau ersetzt und in der Folgezeit weiter ausgestaltet, vermittelt das Marienheiligtum den Eindruck einer alten Verehrungsstätte, zumal im Zusammenhang mysteriöser Geschichten von verirrten Tieren, Absturz eines Jägers, hingemeucheltem Wilderer (Skelettfund in einer nahen

Abendstimmung auf der Baumgartenschneid

Felsenhöhle unterhalb) und manch wundersamer Errettung. Heute lässt man sich verzaubern von der unvergleichlichen Aussicht auf den Tegernsee und das Kreuther Tal, gestört nur durch akustische Immissionen vom Gasthaus Galaun, das man am Fuße des Riedersteins, im Hangschutt des abgewitterten Kalkfelsens, erreicht.

Auch **„Galaun"** weist als Ortsname in romanisch-römische Richtung (Suffix -aun geht auf roman. -one zurück wie bei Similaun, Melaun usw.), vielleicht kommt „Galaun" von colyrone = Gebüsch von Haselstauden. Die „Valepp" wird oft als vermeintlicher Parallelbeleg für keltischen Ursprung angeführt, doch kann die Bezeichnung weder keltisch noch römisch noch germanisch erklärt werden, sondern ist Zeugnis der vorgeschichtlichen Epoche Mitteltirols in der Bronzezeit und bedeutet so viel wie „waldreiche Ache" – was tief blicken lässt hinsichtlich der Besiedlung und Erschließung unserer Alpen- und Almgebiete!

Ehem. Kloster Tegernsee im Abendlicht

Auf dem bequemen Auerweg, vorbei am „Hoinerhof", einem 1449 erwähnten klösterlichen Lehen, auf sonnenseitigen Hängen hinab zum „tegaro seo" (ahd. = großer See), glazial-erosiv entstandenes Schmelzwasserbecken der letzten Eiszeit vor etwa 10000 Jahren. Nach alter Überlieferung soll der Tegernsee mit dem 34 m höher gelegenen Schliersee unterirdisch in Verbindung gestanden haben, worauf erstmals der Benediktiner Petrus von Rosenheim um 1426 in einem Lobgedicht auf das Kloster Tegernsee anspielt. Die Volkstradition hat das aufgegriffen und in verschiedenen Sagenversionen wachgehalten u. a. mit der Geschichte vom Tabernakelschlüssel, den der Abt in den Tegernsee fallen ließ und den ein Fischer in Schliersee in einem Fisch wiederentdeckt habe. Wissenschaftliche Bedeutung wurde freilich dieser Historie bis heute nicht beigemessen. An topographisch günstiger, hervorragend geschützter Stelle mit den klimatisch mildesten Bedingungen (die sogar mittelalterlichen Weinanbau „auf der Tuften" zuließen) ist auf dem Schwemmkegel der Alpbachmündung im Jahre 746 (nach anderer Version 760) die **Benediktinerabtei Tegernsee** von den beiden adeligen Brüdern Adalbert und Otkar gegründet worden. Beide Klosterstifter sollen Verwandte des karolingischen Königshauses gewesen sein, sie werden der Genealogie der Huosier, einem der fünf Uradelsgeschlechter nach der bajuwarischen Landnahme, zugerechnet. Da zwei Jahrzehnte später unter den fünf Klostergründer-Brüdern von Schliersee, die traditionell als Waldecker gelten, die Namen Adalunc und Otakir auftauchen, hat es nicht an Versuchen gefehlt, diese mit Adalbert und Otkar gleichzusetzen, wodurch das ehemalige Benediktinerkloster Schliersee zu einer Art Filiale von Tegernsee würde. Dass dem nicht so war, lässt sich trotz spärlicher Quellenlage ziemlich sicher nachweisen. Im übrigen erbrachte eine pathologische Untersuchung der im Jahr 2000 gehobenen Stiftergebeine die überraschende Feststellung, dass es sich zwar um zwei Blutsverwandte, wahrscheinlich Brüder handle, diese jedoch bereits im 7. Jahrhundert gelebt hätten. Ist also das Tegernseer Kloster 100 Jahre älter als bisher angenommen,

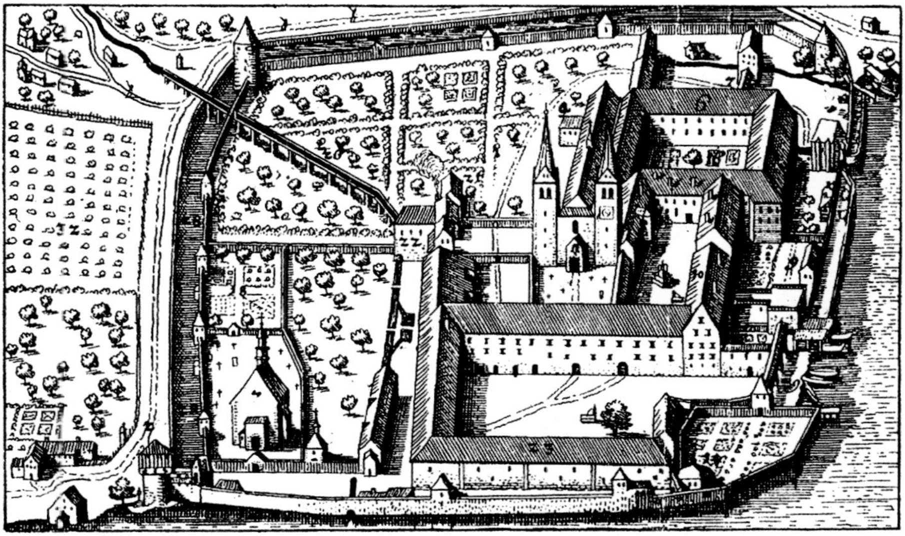

Klosteranlage Tegernsee, Kupferstich von Matthäus Merian um 1650

oder stammen die Skelette von Vorfahren der Gründer - wer aber sind dann diese und wo befinden sich die Stiftergebeine? Da bekäme auch das Gründungsdatum 719, wie es im Fundationsfresko gleich hinter dem Südturm im rechten Kirchenschiff verzeichnet ist, wieder neuen Auftrieb.

Nach der berühmten **Schachspiellegende**, die ebenfalls beim Südturm in der „Geschichtsecke" dargestellt ist, hat einer der Söhne des Frankenkönigs Pippin, wahrscheinlich Karl (der Große), den Sohn Otkars im Jähzorn erdolcht, worauf Vater und Onkel (Adalbert) verbittert der Welt entsagten und in das von ihnen gegründete Kloster eintraten. Der Gründungsakt des Klosters Tegernsee bestünde somit im Protest gegen den despotischen Machtanspruch Karls des Großen, wäre selbst ein Schachzug, um mit der Einbringung des gesamten reichen Privatbesitzes in das Kloster einer zu erwartenden gewaltsamen Veränderung der eigenen Verhältnisse (à la Tassilo III.) zuvorzukommen - ein besonderer „Rösselsprung" also, innerhalb und außerhalb des eigentlichen Schachspiels, auch insofern als mit der Wiederbestattung der Gebeine unterhalb der Altarmensa vorerst auch das Rätsel des Gründungsdatums, eigentlich doch mit der Lebenszeit Karls d. Gr. (742-814) in Beziehung stehend, aber durch DNS-Analyse und C 14-Methode verunsichert, in den Sarkophag gesenkt wurde und dort wohl noch einige Zeit verwahrt bleiben wird. Aber auch ohne die Schachspiellegende muss unser eigener „Rösselsprung" als reale Wanderung nicht zur Metapher verkümmern, wenn sich der Blick auf die einzigartigen Leistungen eines tausendjährigen Aufbauwerkes richtet.

Das Kloster Tegernsee erlebte schon sehr früh einen steilen Aufstieg zu **religiöser, geistiger, kultureller, sozialer und wirtschaftlicher Blüte**, wurde zur bedeutendsten Abtei der bairischen Klosterlandschaft überhaupt. Bibliothek, Schreibschule, Literatur, Theater, Musikleben, Buch- und Glasmalerei, Erzguss, Gold- und Silberschmiede markieren eine Entwicklung, die

Gründungsfresko in der Klosterkirche „St. Quirin“ (H. G. Asam 1694)

ihresgleichen sucht. Von hier stammen Prachthandschriften wie das sog. Ellinger-Evangeliar und -Psalter um 1040, älteste Literaturzeugnisse wie Zaubersprüche und Hymnen aus dem 9. Jahrhundert oder die Briefesammlung des Mönches Froumund (10. Jhd.), der die Lyrik der antiken Klassiker eines Horaz und Ovid zum ersten Mal in bairische Mentalität transformierte. Hier entstand der erste Roman der mittelalterlich – abendländischen Literatur, der „Ruodlieb“, in lateinischen Hexametern um 1050 von einem Mönch verfasst, ebenso das älteste Werk dramatischer Kunst in Deutschland, der „Ludus de Antichristo“ (um 1160), dessen Aufführung Kaiser Friedrich I. Barbarossa vor seinem Aufbruch zum 3. Kreuzzug (1189) in Tegernsee selbst erlebte, schließlich eines der innigsten und zartesten Liebeslieder der deutschsprachigen Literatur, geschrieben oder aufgeschrieben von der Hand des Tegernseer Mönches Werinher: „Du bist min, ich bin din ...“. Der Minnesänger Walther von der Vogelweide, der größte und berühmteste Wanderlyriker des deutschen Mittelalters, hatte einmal allen Grund, sich über die Ungastlichkeit des Klosters zu beklagen, als man ihm nur Wasser statt Wein kredenzte - und das ihm, dem Südtiroler, wo doch aus den schon seit dem 8. Jhd. klostereigenen Weingütern um Bozen jährlich 40 Fuhren **Wein** nach Tegernsee rollten! Wer als bairischer Prälat auf sich hielt, nannte einen Weinberg südlich des Brenner sein eigen, und das waren nicht wenige! Außerdem unterhielt Tegernsee ausgedehnte **Rebanlagen** in der Wachau, wo es sich über 800 Jahre kolonisierend und kultivierend engagierte. Es betrieb einen **Weingroßhandel**, der bis nach Schweden und Russland reichte. Wenn die Bedeutung eines Klosters aus dem Umfang seiner Besitzungen hervorgeht, erworben durch Schenkungen, Zukauf, Landerschließung, dann zählte Tegernsee gewiss zu den wichtigsten und erfolgreichsten monastischen Kommunitäten seiner Zeit. Anfang des 10. Jahrhunderts soll es nicht weniger als nahezu 12.000 Bauernhöfe besessen haben! Zwar standen diese in der zeitüblichen lehensrechtlichen Abhängigkeit, waren eingebunden in das mittelalterliche Feudalsystem, mussten sich aber keineswegs unterdrückt oder gar ausgebeutet und rechtlos vorkommen, zumal die meisten Bauern ihr Anwesen aus freien Stücken dem Kloster übertrugen, um gegen Zehntabgaben von diesem zivile Sicherheit und militärischen Schutz garantiert zu erhalten. Sie waren damit eingebettet in die Fürsorge eines großen Ordnungs-, Wirtschafts- und Sozialverbandes, behielten dabei ihre persönliche Freiheit und Würde. Als Mitglieder der „Familia Sancti Quirini" waren sie Teilhaber eines christlich definierten, immer wieder bewährten Gemeinschaftswerkes. Nur so ist dieses dauerhaft bestandsfähige, gigantische Beziehungssystem zu erklären, das zugleich ein enormes Maß an Verantwortung enthielt, welchem das Kloster gerecht zu werden hatte. Die positive Einstellung der „Untertanen" zeigte sich allenthalben, ganz besonders 1802/03, als sie sich in großer Menge zum Abschied des letzten Abtes Gregor Rottenkolber vor dem Kloster einfanden und ihm für seine aufopfernde Unterstützung in harter Kriegsnot dankten.

In den Urbaren erscheinen auch Einkünfte aus Besitzungen in und um **München**, wo Herzog Heinrich der Löwe 1158 bekanntlich durch Verlegung der Isarbrücke die Voraussetzungen für die Stadtgründung schuf. Außer Tegernsee hatte damals kein anderes Kloster nennenswerten Grundbesitz in der Münchner Gegend. Die Beziehung zu München ist deshalb bis heute im Stadtwappen mit dem Mönch in Benediktinerkutte, dem „Münchner Kindl" zu vermuten. Auch die Namensgebung „Munihha - Munichen - München = bei den Mönchen" bewahrt die Erinnerung an einstige Klosterherrlichkeit im dortigen Gebiet.

Das Kloster Tegernsee verkörperte ein **Kultur- und Machtzentrum**, dessen Einfluss sich auch die Herrschenden nicht entziehen konnten. So erhielt es nach herben Rückschlägen in der sog. ersten Säkularisation von 925 unter Herzog Arnulf, mit dem Beinamen „der Böse", durch Kaiser Otto II. sozusagen als „Wiederaufbauhilfe" 979 den Status eines Reichsklosters, 1025 bestätigt durch Kaiser Konrad II. Welch ein Privileg, der Jurisdiktion des Diözesanbischofs entzogen zu sein, unmittelbar unter königlichem Schutz zu stehen und ohne Zollbeschränkung im ganzen Reich freien Handel treiben zu können! So gesehen nimmt es nicht wunder, dass Kaiser Heinrich II., vordem bairischer Herzog, sich viermal in Tegernsee aufhielt, dabei zeitlebens als hochherziger Gönner und Förderer des Klosters auftrat. Das Freskogemälde von Hans Georg Asam am westlichen Ende des linken Kirchenschiffs zeigt den Kaiser (zusammen mit seiner Gemahlin Kunigunde), mit dem Szepter auf den Plan des Klosters deutend. Durch ihn wurden der Abtei wichtige Besitzungen in Niederösterreich zugesprochen.

Die **Klosterkirche „St. Quirin"**, eine der ersten Kreuzkuppelkirchen ihrer Art in Deutschland, wurde 1684 – 88 nach den Plänen von Enrico Zuccali und Antonio Riva im barocken Stil umgebaut, als Bauleiter wurde auch Martin Gunetzrhainer, der vom Miesbacher Stadlberg stammte, herangezogen. Damals wurde auch das Stifterepitaph aus Rotmarmor, ursprünglich Deckplatte des in der Kirchenmitte befindlichen Hochgrabes, über dem Kirchenportal eingefügt, ein Meisterstück spätgotischer Bildhauerkunst. Die Stuckarbeiten der Kirche können neuerdings Nicolo Perti, kurz zuvor noch zusammen mit Zuccali an der Theatinerkirche in München beschäftigt, zugeschrieben werden, die Freskierung ist das Werk von Hans Georg Asam. Trotz starker klassizistischer Anklänge insbesondere im Altarraum bleibt die barocke Vision eines „Coelum in Terris" im transitorischen Zusammenspiel von Architektur und

„Tegernseer Himmel"

Ausstattung, auch in der Diaphanie der gotischen und romanischen Bauelemente, mit allen Sinnen erlebbar. Die Kirche stand im Zentrum einer riesigen **Klosteranlage,** deren Ausdehnung gegen Ende des 18. Jahrhunderts nahezu dem Außenumfang des spanischen Escorial gleichkam. „Man hält es von Ferne für eine kleine Stadt" schrieb 1780 ein reisender Mönch. Es blieb der **Säkularisation** von 1803 vorbehalten, diesen Idealplan barocker Weltsicht, in deren geometrischer und geistiger Mitte das Symbol der dreieinigen Gottheit im lichterfüllten Zenit der Kreuzkuppel stand, seiner kosmischen Proportion zu berauben. Mit dem Abriss der drei gegen den See hin gelegenen Gebäudeflügel wurde auch das repräsentative Treppenhaus beseitigt. Der „große Klostersturm" wütete mit brutaler Gewalt und fegte unersetzliche Kulturwerte für immer hinweg, ohne allerdings die Strahlkraft der „terra benedictina" zur Gänze auslöschen zu können. So überdauerten von der einst hochberühmten Bibliothek, die um 1500 mehr Bände besessen haben soll als die des Vatikan, wenigstens 10 Prozent des Gesamtbestands den barbarischen Akt sinnloser Vernichtung, darunter die wertvollsten Handschriften, heute stolze Vorzeigeobjekte der Staatsbibliothek München.

Dank des Privaterwerbs der noch bestehenden Anlage durch König Max I. Joseph im Jahr 1817 - auf Betreiben seiner Gemahlin Caroline - wurde das Kloster zum **Schloss Tegernsee** (Umbau durch Klenze), womit ein neues Zeitalter eingeläutet wurde. Die Wittelsbacher zogen in ihrem Gefolge die Gebildeten und Begüterten, Diplomaten und Kunstschaffenden, den Geburts- und Geldadel an den Tegernsee, dieser wurde zum bevorzugten Wohn- und Tummelplatz der Hautevolee, erlebte eine erste Vorstufe des heutigen Tourismus. War schon unter dem Krummstab gut leben, so galt dies unter dem Szepter nun erst recht, der einstige „Hort der Frömmigkeit, Gelehrsamkeit und Kunst" wurde zu „Bayerns Kronjuwel", das „Tal des Himmels und der Liebe" zum „Freizeitparadies", in der Folge zum „Zweitwohnsitz" von München (und dieses mitunter zum Zweitwohnsitz von Tegernsee), zur Keimzelle eines neuen kulturellen und wirtschaftlichen Aufschwungs. Wer hätte das gedacht nach dem scheinbar tödlichen Stoß von 1803!

Zahlreiche **Künstler** ließen sich vom Fluidum des Tegernsees animieren und inspirieren. Franz von Kobell verfasste hier seine „G´schicht vom Brandner Kaspar" (1871), den das Paradies deshalb nicht locken konnte, weil er schon mitten darin, am Alpbach oberhalb Tegernsees, lebte. Lorenz Quaglio, liebevoller Schilderer von Landleben, Tracht und Volkstum, malte pflichtschuldigst gleich König Max I. Joseph mit seiner Gemahlin im bäuerlichen Ambiente des ehemals klostereigenen Pfliegelhofs. Auf Anregung von König Ludwig I. hat der Hofmaler Joseph Stieler, der die Bilder der Schönheitsgalerie in Nymphenburg, aber auch Porträts von Beethoven und Goethe schuf, sein Sommerhaus an der Point erbaut, worin noch heute das Tafelklavier steht, auf dem der junge Felix Mendelssohn-Bartholdy seine Kompositionen vorspielte. Vielleicht hatte er auch den weltberühmten Geigenvirtuosen Niccolo Paganini erlebt, als dieser 1829 im Schloss seinen grandiosen Auftritt hatte. Karl Stieler, der Sohn des Hofmalers, hat mit seinen Mundartgedichten für jene Heimat geworben, in der dann später Ludwig Thoma, Ludwig Ganghofer, Olaf Gulbransson, Hedwig Courths-Mahler, Leo Slezak, Heinrich Spörl („Feuerzangenbowle") usw. Anker warfen, ganz abgesehen von all denen, die sich hier als Gäste für kürzere oder längere Zeit „einnisteten" und wichtige Teile ihrer Werke kreierten oder vollendeten: Georg von Dillis, Wilhelm und Friedrich August Kaulbach, Max Halbe, Georg Dehio, David-Herbert Lawrence, John Knittel, August Macke, Arnold Schönberg ..., um nur einige zu nennen. „Tegernsee lebt noch in mir, mit dem erregenden Wasser, dem Boot, den Lido-Eindrücken am Badestrand, der Besteigung des Hirschbergs, der Nacht im Unterkunftshaus, dem südwindigen Morgen und dem Gipfel vor und bei Sonnenaufgang": ein unerwartet sinnliches Bekenntnis des Hanseaten Thomas Mann zur anrührenden Kraft der „Sommerfrische", eine Liebeserklärung par excellence an den genius loci, die er seinen Tagebüchern anvertraute.

Am Fuße des Leebergs, auch „Literatenhügel" genannt, unterhalb des Courths-Mahler-Hauses, steht eine Kapelle zum Andenken an **Prinz Carl von Bayern**, Bruder König Ludwigs I. und Erbe des Tegernseer Besitzes. Der Generalfeldmarschall des Unruhejahres 1848 lebte dauerhaft im Tegernseer Schloss und erfreute sich ob seiner Noblesse und Mildtätigkeit großer Beliebtheit. Er war der eifrigste Benutzer des „Prinzenwegs", eigentlich geistiger Vater dieser Bezeichnung. Als sein Pferd strauchelte, stürzte ausgerechnet er, der leidenschaftliche Reiter, an dieser Stelle zu Tode. Der „Rösselsprung" erhielt damit eine ungeahnt tragische Note.

Das „memoriam colunt" von 1875 bewahrt mit der Verbindung zwischen den beiden Seen auch die Erinnerung an eine gleichermaßen faszinierende Natur wie glanzvolle Kultur, die in diesem gesegneten Landstrich zu einzigartiger Harmonie zusammengefunden haben.

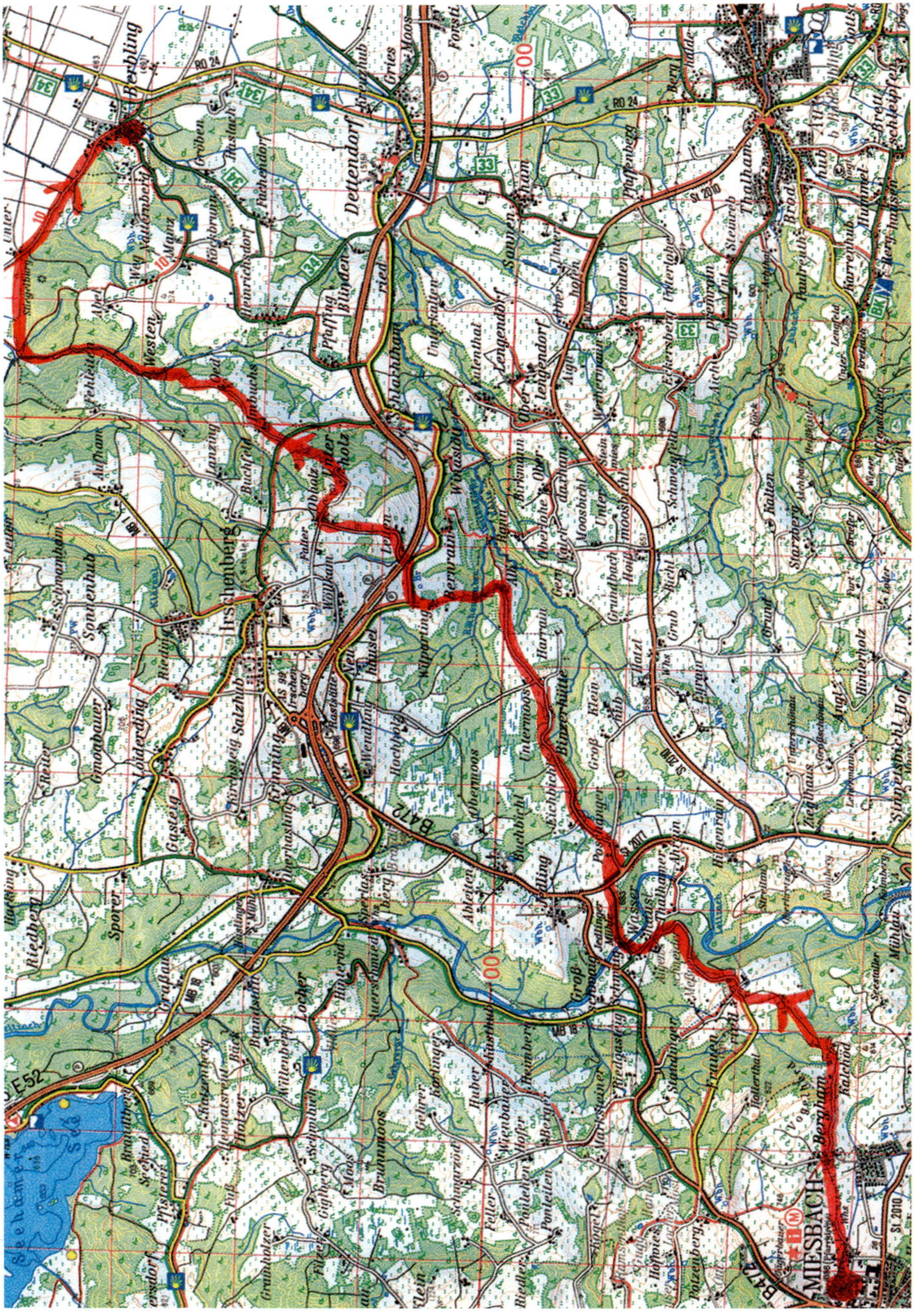
MIESBACH
Irschenberg
Dettendorf
Thalham
B472
E52

Wanderung IV

Einöden und Einsiedeleien, Kultivierung und Christianisierung

Die Wanderung beginnt beim ehem. Dreihöfeweiler Au östlich von Miesbach (Bauernhäuser aus dem 18. Jhd.), wo von der Gastwirtschaft „Schießstätte" ein idyllischer Weg zum Bauerndorf Bergham hinaufführt, von dort weiterzieht in Richtung Vogelherd/Kalchöd zum Vogelherddenkmal von 1890 mit Portraitmedaillons des Miesbacher Notars Kammerer und seiner Gattin. In der Villa Kammerer in der Rosenheimer Straße logierte zwischen 1887 bis 1892 mehrmals der Dichter Paul Heyse, gebürtiger Berliner und Literatur-Nobelpreisträger (1830-1914); er durchstreifte, die Karte in der Hand, als Wanderer die Miesbacher Umgebung, beschrieb in der Sicht hinab auf Miesbach, dieses „als einen Marktflecken, der im hügeligen Vorland des Gebirges zwischen ausgestreckten Waldungen ruht". Als man ihn fragte, wie er ausgerechnet auf Miesbach verfallen sei, erklärte er: „Zum erstenmal lernte ich diese Gegend kennen, als ich Freund Scheffel[1] in Pienzenau besuchte; am Schliersee war ich öfters; ich liebe die Vorberge und ziehe sie den gepriesenen Hochlandszenerien vor; in Miesbach gefällt es mir ganz ausnehmend".

Das Vorland des Moränengürtels, abgesetzt vom Kamm des Mangfallgebirges und von der Zone der bewaldeten Kalkvorberge, aber auch von der nördlichen Schotterebene mit ihren ausgedehnten Forstgebieten, weist infolge seines Untergrunds aus Geschiebeablagerungen der Gletscher eine lebhafte Hügelformation auf, mit seinen Wiesen-, Mischwald- und Hagstrukturen eine Art Synthese aus Arkadien und fränkischer Schweiz, gewachsene bäuerliche und klösterliche Kulturlandschaft, die sich in drei Nord-Süd-Tälern (Mangfall, Schlierach, Leitzach mit den ehemaligen Klöstern Tegernsee, Weyarn, Schliersee, Fischbachau) erschließt und an das ehemalige Herrschaftsgebiet der Neuburg-Falkensteiner nordöstlich anstößt, bis wohin unsere Wanderung, im Waldecker Gebiet beginnend, führt, durch eine heiter und

[1] 1863 und 1864 hielt sich der Dichter Viktor von Scheffel mehrmals in Großpienzenau auf, wohnte zeitweise im Hause 24 ½ , schrieb hier wohl einige seiner „Allotria"-Lieder und stellte seine feuchtfröhliche „Gaudeamus"-Liedersammlung zusammen. Er erwanderte sich die Gegend und pries, auf der Hausbank des alten Günderer-Hofes am Weg zum Taubenberg rastend, die Fernsicht auf das Alpenvorland samt der Schönheit der Miesbacher Gegend und die Gastfreundschaft der Bewohner.

Wanderung IV

Verlauf:	Miesbach – Bergham – Kalchöd – Frauenried – Schwaig – Jedlinger-Mühle – Poschanger – Untermoos – Alb – Wilparting – Leiten – Obholz – Imbuchs – Oed – Ober/Unterstaudhausen – Stiegelburg – Berbling (zurück mit Bus und Bahn)
Gehzeit:	5 - 6 Stunden
Einkehr:	Miesbach, Jedling, Wilparting, Berbling
Wanderkarte:	UK L 12 Mangfallgebirge, © by LVG, Gen.-Nr. 0416/07

idyllisch anmutende Höhenlandschaft ohne dramatische oder schroffe Akzente, aber mit einsamen und abgelegenen Winkeln, die noch heute in ihrer Nomenklatur auf die ehemalige Rodungs- und Kultivierungstätigkeit hinweisen.

Frauenried, von Osten

Wo der Weg hinter Kalchöd auf der Höhe endet, wenden wir uns links hinab durch den Wald nach **Frauenried**. In abgeschiedener Lage (710 m), über der westlichen Hochuferaufschüttung der Leitzach entstand der Weiler als mittelalterliche Rodungssiedlung mit ursprünglich nur zwei Bauernanwesen. Links neben der Kirche prangt stolz der „Kirchbauer“ (17. Jhd.) mit Getreidekasten (bez. 1569) und ehem. Badstube, von der Familie Feldmeier-Beck sorgfältig renoviert.

Alte Ansicht von Frauenried von 1763

Die Kirche selbst wurde Mitte des 15. Jhd. angeblich zeitgleich mit Agatharied und Georgenried auf Grund eines Gelübdes des Georg v. Waldeck erbaut, gewidmet ULFr. Maria. Das 1486 errichtete Schulbenefizium besteht bis heute als Kuratie mit dem Kuratbenefiziatenhaus von 1855. Mehr als zwei Dutzend Einöden waren von hier aus zu versorgen. 1763 erfolgte die Barockisierung der spätgotischen Anlage, freigelegte Wandmalereien, Emporenschnitzereien von heidnisch-archaischer Wirkungskraft und das Gnadenbild aus dem 16. Jhd. hinterlassen einen starken Eindruck. Die Steine zum Bau stammten angeblich von der nahen Burg Kasthub, wo vordem auch die Schnitzereien entstanden seien.

Jedlinger Mühle

Nordöstlich geht es die erste Geländestufe hinab, vorbei an der Seestaller Wegkapelle aus dem 17. Jhd., den Feld- und Waldweg weiter bergab in den Leitzachgrund, sodann links über Schwaig („=Viehhof“) – nicht weit davon auf einem linken Hochufersporn der Leitzach der Burgstall **Kasthub** mit mehreren Halsgräben und Mauerwerkresten, ehemals eine hochmittelalterliche Zehnteinnahmestelle des Aiblinger Kastens mit Pienzenauer Ministerialität (Hub = Maut) – zur **Jedlinger Mühle** (Jedling: Personalverband des Jedl = Ulrich) aus dem 18. Jhd., jetzt Gasthaus, an der alten Miesbacher Straße, die wir bergan nehmen bis zur Leitzachtal-Kreisstraße. Diese queren wir nach rechts zur Einmündung Poschanger (= Flur mit Boschenzaun), von wo der Fahrweg nach Alb (= „Viehweide auf Berghöhe") führt: alles sprechende Namen bäuerlicher Urbarmachung!

St. Anian in Alb

Alb, eine der ältesten christlichen Stätten Bayerns, mit der Kirche St. Anian und dem sehr frühen Bauern- und Mesnerhof „Beim Alber", der bis 1803 zum Domstift Freising gehörte, liegt in eremitischer Abgeschiedenheit auf südlichem Höhensattel des Irschenbergs über steilen Bachschluchten. Die Besiedlung des Irschenbergs (Eigenname Ursinus oder Ursus = Bär) geht auf römische (Militärstützpunkt) und keltische Zeit zurück, hier erlitten die beiden iroschottischen, laut Namensforschung vielleicht südfranzösischen Missionare Marinus und Anianus im 7. Jhd. den Martyrertod. Der Diakon Anian hatte sich vom benachbarten Wilparting, wo sein Oheim, der Bischof Marinus eine Klause bewohnte, hierher zurückgezogen, über seiner steinernen „Liegestatt" wurde die Kirche vom Benediktinerkloster Rott a. Inn (das, zwischen 1081 und 1085 gegründet, ebenfalls dem Patronat „St. Marinus und St. Anianus" gewidmet ist) auf einem wesentlich älteren Vorgängerbau 1373 errichtet, 1759 barockisiert, mit stuckgerahmten Fresken vom Zimmermannschüler Joseph Martin Heigl (1776) ausgestaltet. Ein Anbau enthält Sakristei, Schulzimmer und Eremitage. Als Marinus 697 von durchziehenden „Wenden" zu Tode gemartert wurde, starb, so die Legende, zur gleichen Stunde Anian in seiner Klause. Das kirchliche Hauptfest datiert auf den 15. November, eine Wallfahrt besteht bis zum heutigen Tage. Mit diesem Ereignis ist das Miesbacher Land eingebunden in die erste Missionierungs- und Christianisierungsphase Bayerns (vgl. Martyrertod des Kilian, Kolonat und Totnan 686/89 in Würzburg), aber auch in die friedliche Kontinuität vorchristlicher Kulttradition, wie etwa der merkwürdige „Liegestein", mit seiner schalenförmigen Vertiefung, ein Relikt heidnischer Religiosität, vor Augen führt.

„Liegestatt" des Hl. Anian

Hinab über den alten Wallfahrersteig unmittelbar nördlich der Kirche, vorbei an der heilsamen und heiligen Anianus-Quelle, gelangen wir über den Kaltenbachgraben hinauf zur prächtigen Einfirstanlage des Maierhofs (Einkehr) neben den mehrhundertjährigen Wallfahrtslinden von **Wilparting**, die als uralte Orakel- und Gerichtsstätte an den heidnischen Baumkult gemahnen. Die älteste Linde soll

— Röhenbach

St. Anianus-Quelle, Alb

Wallfahrssteg über den ~~Kalten~~bach Röllenbach

Geheimnisvolle Linde in Wilparting

noch von Marinus selbst gepflanzt worden sein. Nach Max Spindler wurde unter ihr bis in das Jahr 1000 geweissagt! Das gesamte Areal ist seit frühester Zeit heiliger Boden, auch an der Quelle, die ein Stück hangabwärts bei einer Baumgruppe entspringt, bis vor kurzem durch eine schiefe, vom Weidevieh arg demolierte hölzerne Brunnenkapelle kenntlich, wurde schon keltischen und germanischen Göttern geopfert. Wie so oft, blieb es unserer Zeit vorbehalten, einer 2000 Jahre alten Tradition den Garaus zu machen: Inzwischen sind die Bäume beseitigt und die Quelle mit einem Metalldeckel versiegelt – offensichtlich unwidersprochen! Der Sage nach soll Marinus da seinen Ring hineingeworfen haben, auch dies ein Zeichen ritueller Anknüpfung an das Heidentum. Umso eher dürfte es ihm gelungen sein, den ersten Dorfbewohnern aus dem nachmaligen „Marinibrünnl" die Taufe zu spenden. Eine gewisse Akzeptanz hat sich wohl auch daraus ergeben, dass die „Irschenberger" des

Holz-Überbauung der St. Marinus Quelle in Wilparting

7. Jahrhunderts noch eine starke keltoromanische Bluts- und sogar Sprachverwandtschaft mit den Wandermönchen aufwiesen. Mit Sicherheit darf man heute davon ausgehen, dass es sich bei Marinus und Anianus um historische Persönlichkeiten handelte, deren Gebeine nach ihrem Martertod 697 im 8. Jhd. wiedergefunden und feierlich bestattet wurden. Die mehrfach geäußerten wissenschaftlichen Zweifel an der historischen Existenz können heute als widerlegt gelten. Ein kurioser Reliquienstreit, wonach das Kloster Rott a. Inn sich auf Grund alter Schriftzeugnisse im Besitze der sterblichen Überreste von Marinus und Anianus wähnte, wurde 1776 durch ein fürstbischöfliches Machtwort zu Gunsten von Wilparting beendet. Auch wenn bei der Öffnung der angeblichen Heiligengräber in Wilparting 1723 einige verkohlte Knochenreste zum Vorschein kamen, gelten heute nur die beiden Schädelreliquiare links und rechts des Hauptaltars als authentisch. Die

Grabstein des Hl. Marinus, um 1480

1778 errichtete Marmortumba verdrängte das gotische Vorgängergrab, dessen beide Sandsteinreliefs, Erasmus Grasser (1480/90)

Marinus (rechts) und Anianus, Deckenfresko in Alb, von J. M. Heigl

zugeschrieben, nunmehr an der rückwärtigen Kirchenwand aufgestellt sind. Die Kirche ist also über der Grabstelle beider Heiliger erbaut worden. Durch Ausgrabungen wurden Fundamente entdeckt, die in vorgotische Zeit zurückweisen.

Die spätgotische Kirche wurde 1697 vom Hausstätter Johann Mayr d. Ä. (1643-1718) im Barockstil umgebaut, nach Bränden 1724 und 1759 erneuert, von welch letzteren Maßnahmen auch der Eindruck des Rokoko-Raumbilds herrührt. Die Freskierung erfolgte wie in Alb durch Jos. Martin Heigl, die Stuckierung wird Johann Martin Pichler, ebenfalls Schüler von J. B. Zimmermann, zugeschrieben.

Über der Zelle des Marinus erhebt sich heute das Oktogon der **Veitskapelle** aus dem 17. Jahrhundert, basierend auf mittelalterlicher Grundlage. Vitus (Veit) (= vita, vitalis: Leben, lebensvoll), mit dem Attribut des Hahns als Sinnbild des Lebens und der Fruchtbarkeit versehen, gilt als Patron u. a. für Aussaat und Ernte. Der Hahn als Opfertier wurde vordem mit dem altslawischen Lichtgott Swantewit in Verbindung gebracht, der nach und nach durch Vitus verdrängt wurde. Bei dessen Martyrium durch Kaiser Diokletian (u. a. Eintauchen in einen Kessel siedenden Öls) gab der Himmel ein Zeichen und ließ durch ein gewaltiges Erdbeben die Götzentempel einstürzen. Der Hahn ist auch ein Sinnbild des Lichts, da er den Tag verkündet: Symbol für Erleuchtung durch den Glauben, Überwindung des Heidentums, Sieg über Tod und Sünde, ferner für Wachsamkeit = Enderwartung, Auferstehung am Jüngsten Tag, deshalb auch „Turmhahn". Was könnte besser in diese bäuerliche Gegend am Irschenberg passen als ein Heiliger, der für Wachstum, Licht und Leben steht, zugleich

Wilparting, Veitskapelle

das Götzentum in Gestalt der Slawen überwindet und dadurch zur biographischen Metapher für die Irschenberger Lokalheiligen Marinus und Anianus wird? Das Patrozinium „Vitus" verweist auf einen alten vorchristlichen Wachstums- und Lichtkult, zumal durch den Festtag 15. Juni, der im 9. Jhd. (durch einen Irrtum im Julianischen Kalender) als längster Tag des Jahres in Form des Mittsommerfestes begangen wurde!

Hl. Vitus im Ölkessel, Wilparting

An dieser Stelle sei auch auf die vielen rätselhaften Darstellungen des **„Menschen im Gefäß"** bei den Kelten, Griechen, im Mithraskult, in prähistorischen Kesselmysterien (vgl. Gundestrupkessel) hingewiesen.

Die kultische Bedeutung des Kessels als Weihwasserbecken, Taufbecken, Abendmahlkelch begegnet durch die Jahrtausende immer wieder. Die Substanzen Wasser, Wein, Blut sind in hohem Maße mit dem Leben verbunden, deshalb finden sie Verwendung beim Segnen, Weihen,

Herakles im Gefäß, griech. Vasenbild 525 v. Chr.

Opfern, Heilen, Verwandeln, bezeichnenden Eintritt in eine höhere Bewusstseinsstufe, eine leibfreie Seelenverfassung, Läuterung im geistigen Erlebnis. Der Kessel gilt als Gebilde von hohem, geistig-übersinnlichem Charakter, als Mysterium der Teilhabe an den Lebensgeheimnissen, Bewahrer der Lebenskräfte und der Lebensentfaltung; alles, was mit dem Kessel zusammenhängt, deutet auf Einweihung in die Kräfte des Lebens hin: den Menschen, der einen schweren Weg des Ringens und Kämpfens geht (vgl. auch Herakles), um das zu werden, was er sein soll: als wahrer Mensch, der sein geistiges Wesen durch Überwindung des Stofflichen findet. Mit dem Kessel ist die Verwandlung, Verjüngung, Neugeburt des Menschen verbunden, wenn er aus dem Leibesgefäß, dem reinen Natur-Lebensprozeß, herausrückt hinein in ein Bewusstsein der inneren Schau (Gralskult!). Darin gründen die Mysterienerkenntnisse. Die Veits-Legende darf somit als Symbol mystischer Entrückung verstanden werden. Das Christentum selbst ist in das Gefäß des Heidentums hineingeboren und hat es neu ausgefüllt, indem es seine eigene Botschaft vermittelte. Am Irschenberg wird das zum Ereignis.

Wilparting (= „Leute des Wilhero oder des Wilpert bzw. Wilprecht") stellt ein groß-

Wilparting gen Süden

artiges, in den weitläufigen Wiesenplan am Südhang des Irschenbergs und vor das Alpenpanorama mit beherrschender Silhouette des Wendelsteins ideal hingebettetes Ensemble dar. Südöstlich schiebt sich die Kirche von Dettendorf ins Bild, wo sich das Blutwunder des **hl. Korbinian**, ebenfalls zeitgenössischer (660-730) missionierender Wanderbischof, zugetragen haben soll, errichtet an der Stelle, wo nach der Vita Corbiniani das Blut aus der Nase des Leichnams geflossen und in einem Gefäß in die Erde versenkt worden war. Am Irschenberg wird somit markant sichtbar, wie sich aus vorchristlichen Schichten (heilige Quellen, heilige Steine, heilige Bäume, Wachstums- und Lichtkult) über die Christianisierung die Kultivierung des Landes vollzogen hat, wobei sich die Einwohnerschaft nie sicher sein konnte vor der räuberischen Gewalt einfallender Horden, hier wohl von marodierenden **Alpenslawen,** die drauaufwärts ins Land gelangt waren. Abgeschiedenheit war daher erhaltung. Der Irschenberg mit seinem ausgedehnten Höhenrücken, ca. 260 Meter über dem Aiblinger Moos, ist uralter Kulturboden und weist mit seinen mehr als 100 Einöden in die Entstehungszeit Bayerns zurück. Die altbairische Kulturgeschichte hat hier eines ihrer frühesten Kapitel geschrieben.

Weiter über Leiten (jenseits der Autobahnunterführung) wandern wir die Fahrstraße nach Obholz, dann „Beim Holler" (18. Jhd.) abwärts nach Unterholz, von dort einen Feldweg den Wald hinab nach **Imbuchs**: 200 m nordwestlich befindet sich ein Burgstall mit eindrucksvollen Wallresten, **„Burg des Lanzinger"** genannt, dazu gehörig die ehem. Schwaige Lanzing nordöstlich davon, im Kern aus dem Jahr 1686, 1435 vom Ritter Warmund von Pienzenau an Gregor Plank in Rosenheim verkauft.

Den Höhenrücken entlang geht es zum Hof **Oed**, dann nordöstlich abwärts ins Tal des Feldbachs, der in das Willinger Moos entwässert. Beim Blick zurück fällt auf , dass Oed wie schon Kalchöd, Frauenried und Alb, allesamt Rodungsplätze auf einsamer Höhe, wie Bastionen nach Osten zeigen, als wollten sie noch einmal die Abwehr der Wenden beschwören, spürbar umgeben von einer Aura uralter Kulte, deren Wirkung bis hinein in den Vollzug bäuerlichen Brauchtums präsent bleibt. Gerade in dieser Randzone zeichnen sich auch zahlreiche **Hochäckerformationen** ab, deren Profil im Licht der schräg stehenden Wintersonne besonders markant hervortritt. Das gesamte Gebiet des Irschenbergs ist von den Relikten dieser Hügelbeetkulturen übersät, die sich, mehr oder minder verflacht, meist im Weideland recht gut erhalten haben. Sie weisen auf die Zeit der bajuwarischen Landnahme im 6./7. Jahrhundert und ein zumindest anfangs nicht unbeträchtliches Bevölkerungsaufkommen hin.

Gegenüber der Wegalternative über „Westen“ und „Mainz“ bevorzugen wir das Feldbachtal nach Ober- und Unterstaudhausen. Direkt über Unterstaudhausen am nördlichen Hang des Irschenbergs erheben sich terrassenförmig die Erdwölbungen der ehemaligen **Stiegelburg,** deren Funde bis in die Urnenfelder- und Bronzezeit zurückweisen. Im Früh- und Hochmittelalter den Falkensteinern zu eigen, neben deren zahlreichen anderen Burgen im Mangfall- und Inntal sowie im Chiemgau (Weyarn, Altenburg, Neuburg, Bergham, Klammenstein, Ramsau, Kirnstein, Audorf, Flintsbach mit Unter- und Oberfalkenstein, Hartmannsberg mit Zinnenburg und Zickenburg), stellt sie ein Beispiel früher Machtexpansion und Herrschaftssicherung dar, unter deren Schutz erst Besiedlung und Bewirtschaftung des Landes möglich wurden, weist auch hin

Stiegelburg bei Berbling (Unterstaudhausen)

auf die bedeutsame Abkunft der Falkensteiner vielleicht von den Fagana, einem der mächtigsten Geschlechter in der Frühzeit nach der bajuwarischen Landnahme (verwandtschaftliche Beziehungen der Falkensteiner mit den „Waldeckern" nicht ausgeschlossen, vgl. Falkenvogel im Wappen!)

Berbling als Ortsname erstmals 804 bezeugt, erklärt sich (aus Perchvuillingu) als „Willing am Berg", „Leute des Willo": ein im Kern noch ursprünglich gebliebenes Bauerndorf am NO-Abhang des Irschenbergs, benachbart Willing und Bad Aibling, mit schönen alten Höfen, u. a. dem Anwesen südlich der Kirche, bez. 1714, mit Balusterlauben und Lüftlmalereien (Kruzifix, Muttergottes, Heiligendarstellungen). Die Siedlung gehörte ehedem zum Kloster Chiemsee, durch Gräfin Haziga ist sie dann über Kloster Bayrischzell/Fischbachau im 13. Jhd. zu Scheyern gekommen (bis 1803). Aus dieser Verbindung erklärt sich auch das Patronat „Hl. Kreuz" der als barockes Kleinod bekannten Landkirche, die über einem gotischen und vorgotischen Bau errichtet ist. Den kunstgeschichtlichen Zusammenhängen der außergewöhnlichen Architektur, vor allem dem Einfluss berühmter Baumeister aus der eigenen Verwandtschaft wird neuerdings stärker nachgegangen. Philipp Millauer (1753) von der Hausstatt ist, wie in der Vergangenheit mehrfach behauptet, wohl kaum der architektonische spiritus rector, da allenfalls im Zusammenhang der Bauten seines schöpferischen Vaters Abraham Millauer aus Elbach (1683-1758) hervorgetreten, der nach Verehelichung mit der Tochter des Baumeisters Hanns Mayr d. Ä. (1643-1718) die zweite Generation der „Hausstätter" von Altofing bei Feilnbach repräsentierte – auch nicht Hans Thaller (1719-1796), der die Witwe Philipp Millauers heiratete und den 1751 begonnenen Neubau der Kirche bis 1756 zu Ende führen half (dritte Generation).

Pfarrkirche zum Hl. Kreuz, Berbling

Barockes Schwingen, Südfassade, Kirche Berbling

Abraham Millauer hat in der näheren und weiteren Umgebung zahlreiche bedeutsame Kirchenbauten errichtet, u. a. Litzldorf, Au, Kössen, Flintsbach, Bayrischzell, Schleching, Ebbs, Schwarzlack, Neubeuern (Schlosskapelle), Wiechs, Aibling, Reith und St. Johann i. Tirol (wie schon sein Schwiegervater Hanns Mayr d. Ä. Willing, Elbach, Dettendorf, Mittenkirchen, Happing, Großholzhausen, Irschenberg, Wilparting, Fischbachau, Niklasreuth, Birkenstein usw.), eine reiche Entwicklung und Tradition also, die ihre besondere Note durch die vielfältgen Beziehungen zur berühmten Baumeisterfamilie der Dientzenhofer, zu den Gunetzrhainern und zum großen Joh. Michael Fischer erhält. Der Sohn von Johann Mayr d. Ä., Johann Mayr d. J. (1677-1731), war in den 90er Jahren als Maurerpolier im Amberger Umkreis Wolfgang Dientzenhofers tätig gewesen und kam 1699 nach München, wo er die Witwe des Stadtmaurermeisters Anton Gunetzrhainer (vom Stadlberg bei Miesbach) heiratete, dadurch dessen Amt erwarb und zum Stiefvater der Gebrüder Johann Baptist und Ignaz Anton Gunetzrhainer wurde, die bei ihm lernten und eine Reihe von Bauten mit ihm ausführten (z. B. Reisach).

1718 kam Joh. Michael Fischer (1692-1766) nach München. In Burglengenfeld/Opf. geboren, nach zehnjähriger Lehr- und Wanderzeit, u. a. sicher auch im Kontakt mit den in der Oberpfalz tätigen Dientzenhofern (Waldsassen, Amberg, Speinshart, Ensdorf, Michelfeld), vor allem aber in Böhmen mit Christoph Dientzenhofer in Prag, Eger, Neupaka, Leitmeritz, Teplitz. 1725 verehelicht sich Fischer mit der Tochter Johann Mayrs d. J., Maria Regina. Bis dahin war er unter seinem Schwiegervater an verschiedenen Bauten, z. T. zusammen mit den Gunetzrhainern beteiligt (u. a. Schloss Schleißheim, Preysing-Palais, Altomünster, Schönbrunn).

Barocke Transzendenz (Berbling)

Fischer war also ein angeheirateter Neffe von Abraham Millauer, der seinerseits ebenfalls wie sein Schwager und Schwiegervater Fischers, Johann Mayr d. J., enge Verbindungen zu den Dientzenhofern unterhielt (wie auch der Verwandte Wolfgang Dinzenhofer aus Au, 1678-1747, der spätere Stadtbaumeister von Aibling und Erbauer der Kirchen von Au, Kirchwald bei Nussdorf, Götting, meist in Zusammenarbeit mit den Millauers). Die Dientzenhofer hatten auch ansonsten eine ganze Reihe von Bauhandwerkern aus der Heimat nachgeholt, aus Hundham, Elbach, Kutterling, Aibling. Die „Hausstatt" liegt nur wenige Minuten entfernt von den Bauernanwesen, aus denen die Dientzenhofer stammen (Feilnbacher Gegend: Gundelsberg, Oberulpoint, St. Margarethen).

Dominierten bei Abraham Millauer in den 20er Jahren noch die konservativen Tendenzen des vom Hof in München propagierten italienischen Barockstils eines Enrico Zuccalli oder Lorenzo Sciasca im Sinne der schweren und strengen Architektur der klassischen Wandpfeilerhalle, so traten in den 30er Jahren erstaunliche Wandlungen auf, ausgelöst offensichtlich durch Kontakte mit Böhmen, von wo die Einflüsse der dorthin ausgewanderten Dientzenhofer ausgestrahlt haben müssen. Diese haben sich in Prag von verschiedenen künstlerischen Strömungen, die dort zusammentrafen, inspirieren lassen, auch von slawischen Elementen, diese aufgegriffen und zu einer neuen spezifischen Barockarchitektur verarbeitet, wobei sicher auch das heimisch-bairische Erbe eine Rolle spielte. Vor allem haben sie sich auch an den neuen Vorbildern aus dem Kreis um Borromini und Guarini, von deren Einfluß Bayern infolge der politischen Konstellationen des spanischen Erbfolgekrieges weitgehend ausgesperrt war, orientieren können.

Das Neue heißt: Dynamisierung der Wandpfeilerhalle, fließende Bewegung, Biegung und Krümmung der Linien, Flächen und Formen, Zusammenschluss der Gliederungselemente, modifizierte Wölbformen durch Flach- und Stützkuppeln, Auflösung, Durchdringung und Verzahnung der Joch- und Raumgrenzen, Verschmelzung von Langbau und Zentralbau, Behandlung von Architektur als plastischen Körper. Musterbeispiel ist die Schlosskapelle Smiřice (1706) von Christoph Dientzenhofer: die Bewegung hat den gesamten Wandmantel ergriffen, der ebenso wie die Gewölbezone konkav und konvex ein- und ausschwingt (wie auch bei den Kirchenbauten von Obořiště, Břevnov, Eger, Nová Paka, Počaply). Um 1730 gelangen diese Formen auch nach Bayern. Der Fund eines Baurisses in der „Hausstatt" von der Prager Kirche „St. Klemens" des Christoph Dientzenhofer zeigt die enge Verbindung mit den Hausstättern. In dieser Zeit stellte sich bei Abraham Millauer besagte Änderungen der Architekturformen sowohl unter böhmischem Einfluss als auch durch die verwandtschaftlichen Beziehungen zu Fischer ein, der seinerseits die neuesten künstlerischen Informationen aus Böhmen mitbrachte. Die verfeinerte Durchgestaltung der Wandpfeilerhalle zeigt sich bei Millauer schon in Schleching (1735), wozu Fischer als Begutachter herangezogen war, dann in Reisach (mit Ignaz Anton Gunetzrhainer), Ebbs, Bayrischzell.

Im Wirkungskreis der Hausstätter liegt auch Berbling, nur 10 km von ihrem Hof entfernt. Hier ist das Raumschema von Počaply (Kilian Ignaz Dientzenhofer 1724) greifbar nahe und frappierend präsent, auch das Vorbild „St. Nepomuk auf dem Felsen" in Prag (1730), ein von einer Flachkuppel überwölbter oktogonaler Einheitsraum, dessen konkav eingezogene Außenwände den konvex einschwingenden Seitenflächen im Innern entsprechen. Berbling ist eine einzigartige Schöpfung im barocken Kirchenbau Bayerns, erstaunlicherweise haben die angesprochenen Zusammenhänge bisher noch wenig Beachtung gefunden. Die traditionellen Grundformen der Wandpfeilerhalle sind hier völlig aufgegangen in einer Synthese von sphärisch kurviertem Längsbau und kuppelbekröntem Zentralbau. In der Wahl der Fensterformen, Freskierung (wieder Jos. Martin Heigl) und im Wessobrunner Stuck erhält die Raumwirkung zugleich eine lokal baierische Akzentuierung.

So wird die ländliche Idylle von Berbling, Siedlungsplatz aus der Frühzeit der bajuwarischen Landnahme und wohl schon lange davor, zum Brennpunkt kunstgeschichtlicher europäischer Strömungen, ausgelöst z. T. von ausgewanderten einheimischen Baumeistern, mit engen Verflechtungen untereinander und zur bairischen Heimat, mit ausgeprägter Begabung und einer künstlerischen Mentalität, die sich in fremde Vielfalt einzufühlen und Neues hervorzubringen vermochte, und mit Rückwirkung auf einheimische Begabungen wie Millauer, die dank ihrer Vorbilder einen markanten Höhepunkt ihres Schaffens erreichten.

<table>
<tr><td colspan="2">Wanderung V</td></tr>
<tr><td>Verlauf:</td><td>Weyarn – Erlach – Lindl – Fentbach – Mittenkirchen – Ötz – Westerham – Naring – Holzolling – Bach – Bruck – Seehamer See – Reichersdorf – Neukirchen – Reinthal – Weyarn</td></tr>
<tr><td>Gehzeit:</td><td>6 Stunden</td></tr>
<tr><td>Einkehr:</td><td>Weyarn, Fentbach, Naring, Holzolling, Neukirchen</td></tr>
<tr><td>Wanderkarte:</td><td>UK L 12 Mangfallgebirge, © by LVG, Gen.-Nr. 0416/07</td></tr>
</table>

Wanderung V

Am Rande der Moore, über den Wassern, auf goldener Aue

Blick zum Seehamer See

Diese Wanderung führt hinein in die sagenumwobene Sphäre grauer Vorzeit, in das mystische Reich alter Kulte, verschwundener Burgen, unterirdischer Gänge, vergrabener Schätze, irrlichternder Wesen und wilder Jagden, aber auch in die heitere, glanzvolle Epoche des Barock mit seiner grenzenlosen Vielfalt an Ausdrucksformen üppiger Lebensfreude und erlesener Eleganz.

Die von Natur aus gut geschützten Steiluferflanken über den Wassern von Mangfall und Leitzach haben sich schon früh für den Bau von befestigten Plätzen, Herrensitzen, Flucht- und Rückzugsanlagen angeboten, ihre spärlichen Überreste üben bis heute eine eigenartig faszinierende Wirkung aus. Entlang den Mooren bei Fentbach und Arnhofen mündet unser Weg ins „Goldene Tal", jene fruchtbare Auenlandschaft, die seit jeher Siedlungspioniere und weltliche wie geistliche Potentaten angezogen hat. Vom „Keltenort" Holzolling leitet die Route zwischen den Hochäckerbeeten des Bachholzes hinauf zum Wattersdorfer Moor und über die sumpfigen Verlandungs- und Uferzonen des Seehamer Sees zu den vor- und frühchristlichen Kultstätten von Reichersdorf und Neukirchen, deren Zugehörigkeit zu Weyarn gleichsam die historische Konsequenz der religiösen und kulturellen Bedeutung des Klosterortes darstellt.

Weyarn, als „Wiare" – „Vinaria" (= Weinkeller, Umschlagsplatz für Wein) möglicherweise römischen Ursprungs, als „Wjareg"

Klosterdorf Weyarn

(= Bogen, Krümmung sc. der Mangfall) vielleicht sogar keltischer Herkunft, jedenfalls in der Nachbarschaft von Römerstraße (Augsburg – Salzburg) und Keltenschanze (Fentbach) entstanden, 1133 vom Falkensteiner Grafen Siboto II. vom Burgsitz zum Klostersitz gewandelt, präsentiert sich dem heutigen Betrachter vor allem in der barocken Pracht der Augustiner-Stiftskirche als künstlerische Kostbarkeit hohen Ranges, der auch der verheerende Klostersturm von 1803 nicht allzu viel anhaben konnte – im Unterschied zur vordem höchst stattlichen Klosteranlage des 18. Jahrhunderts.

(Näheres zur Entstehungs- und Baugeschichte von Kloster Weyarn ist unter Wanderung Nr. II ausgeführt, auch zu den folgenden Stationen „Lindl" und „Fentbachschanze".)

Über den „Klosterweg" streben wir Richtung Norden der Autobahn und Mangfallbrücke entgegen, die wir, vorbei an der ehem. Wallfahrtskapelle St. Leonhard (1644), auf einem Fußpfad am rechten Uferrand unter dem Radweg unterqueren, um gleich danach rechts und dann wieder links einzubiegen und in sanfter Steigung auf den Weiler **Erlach** zuzuhalten. Auf dem befestigten Zufahrtssträßchen nach **Standkirchen** angelangt, folgen wir diesem nach Osten, bis links bei einem grashügelüberdeckten Wasserbehälter ein Wiesenpfad die gerade Richtung auf die schon sichtbare Geländekuppe des **„Weyarner Lindl"** weist. Ganz gewiss betreten wir damit eine uralte Kultstätte, ehrwürdigen Boden mit altarförmigem Schalenstein und ehemaligem Baumorakel, der christlichen Heilsbotschaft durch das Symbol eines Feldkreuzes behutsam anverwandelt und im Sichtkontakt zur Klosterkirche nachdrücklich legitimiert. Im nördlichen Blickfeld des grandiosen Rundum-Panoramas zeichnen sich bereits in ca. 1 km Entfernung die 8 bis 9 m hohen

Blick vom Weyarner Lindl: „Sakrale Sichtachse"

Altarstein auf dem Lindl

Erdwälle der Fentbachschanze vor dem Steilabbruch zur Mangfall ab. Längs den Weidezäunen zunächst weglos bergab, dann auf festem Weg zum Weiler Berg ansteigend, queren wir in einer Viertelstunde hinüber. Schon von weitem nehmen wir die horizontalen Vorwälle samt zahlreichen Hochäckerspuren wahr, die weit über das eigentliche Kernwerk hinausgreifen, eigentlich schon bei Erlach beginnen, den Lindenhügel umschließen und zur Senke des Moosbaches hin ausstreichen, sich sogar, wie es scheint, jenseits davon noch ein Stück in Richtung Sonderdilching fortsetzen. (Vgl. Abbildungen und Text bei Wanderung Nr. II).

Die in Sonderdilching, Kleinhöhenkirchen, Valley, Hohendilching, Grub, Altenburg, Westerham, Sterneck usw. anschließenden Befestigungswerke lassen an ein großräumiges Verbundsystem denken, das den Moränengürtel des Mangfalldreiecks, durch den Leitzacheinschnitt nach Süden bis in das Miesbacher Gebiet verlängert, von der flachen Münchner Schotterebene und vom Rosenheimer Bekken abriegelt. Das **Fentbach-Oppidum**, wahrscheinlich das bei Claudius Ptolemäus im 2. Jhd. n. Chr. erwähnte Medullum der La-Tène-Zeit (2.-1. Jhd. v. Chr.), stellte demnach samt seiner Umgebung ein großdimensioniertes Rückzugsgebiet dar, dessen

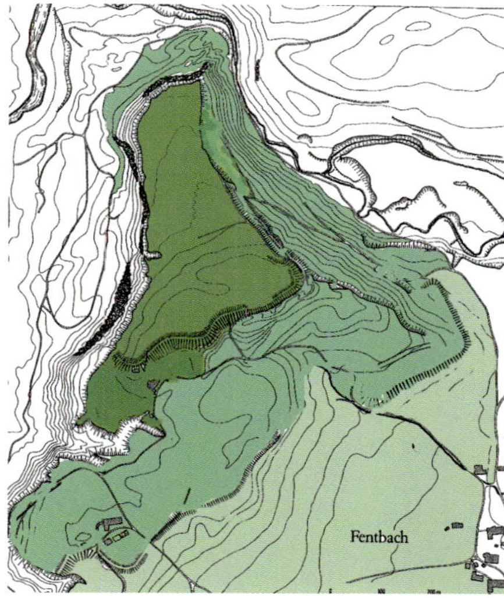

Plan des Fentbach-Oppidums

Ausdehnung im gesamten Hügelbereich oberhalb des Dorfes Fentbach anhand von Pfosten- und Hausbauspuren im Wege entsprechender Messungen durch geophysikalische Prospektion nachgewiesen werden konnte.

An der Fentbach-Schanze

Für den Abstieg wählen wir den östlich nach Fentbach sich hinabsenkenden Fahrweg, der uns in einer Mulde zwischen beiderseitigen Wallböschungen durch das vermutliche ehemalige Zangentor leitet. Um die mittlerweile viel befahrene Landstraße (MB 20) zu meiden, überqueren wir diese einige Meter südlich und schwenken in den asphaltierten „Zieglerweg“ ein , um ihn gleich nach der Brücke über den Moosbach wieder zu verlassen, indem wir links in einen Waldpfad abbiegen, der uns an die westliche Partie des Arnhofener Moores heranbringt. Ein wenig unheimlich mutet dieses abgeschiedene, feuchtmodrige Waldgebiet schon an, man ahnt, wie es in Zeiten unserer Vorfahren zu manch schauriger Geschichte über Spukgestalten, Nebelhexen und versunkene Schlösser kommen konnte. Bei Sonnenschein und Vogelsang eher romantisch gestimmt, folgen wir der Hauptspur in nordöstlicher Richtung, bis wir auf eine Lichtung stoßen (die an ihrem östlichen Horizont ein Gehöft erkennen lässt), von der wir unsere Wanderung in einem Bogen nach links

Mittenkirchen

zunächst auf deutlich, dann schwächer ausgeprägten Fahrstreifen bis zu einer Weggabelung vor einem Hügelrand fortsetzen. Wir wenden uns hier links (Aufpassen: der deutlichere Weg senkt sich rechts bergab), bleiben dabei immer oberhalb der Hangzone und kommen bald auf eine befestigte Trasse, die schließlich in eine querlaufende, aufgeschotterte Fahrbahn mündet. Dieser schließen wir uns nach rechts an und treffen nach etlichen hundert Metern wieder auf die MB 20. Wir sehen links hinauf zum Weiler **Mittenkirchen**, einer schon früh urbanisierten Niederlassung. Das spätgotische St. Veit-Kirchlein, 1506 erbaut, weist in eine weiter zurückliegende Epoche, wie die drei Fundamentebenen und mehrere Knochenfunde, die bei der jüngsten Generalsanierung zu Tage traten, ahnen lassen.

Knochenfund unter der St. Vitus-Kapelle

Etwa 30 Meter bergwärts versetzt queren wir die Landstraße und begeben uns gegenüber am Waldrand auf einen Feldweg zu einem halbrund geweiteten Platz, von dem nach rechts eine Fahrspur in den Wald abzweigt (keine 100 Meter ab Landstraße). Auf dieser gelangen wir schräg bergab in einen nordöstlich talwärts ziehenden Hohlweg, eine uralte Verbindung von Mittenkirchen nach Westerham. Sie führt an **Ötz** vorbei, das als „ludeigene Sölde“ (= Eigengut im Unterschied zum Lehensgut, Sölde = 1/6 oder 1/8 Hof, mit Weideplatz = Ötz oder Etz), wahrscheinlich als Ausbruch des Arnhofes (Arnhofen) einst das einzige

Alte Wegspuren bei Ötz

freie Bauernanwesen in der Hofmark Holzolling darstellte. Es beherbergt eine Kapelle mit einem Gnadenstuhl als Altar, ehedem weithin bekannter Anziehungspunkt für die bäuerliche Dreifaltigkeitsverehrung. Eine gotische Gottvater-Sitzfigur von ein Meter Höhe, Erasmus Grasser zugeschrieben, wurde 1913 nach München verkauft, sie befindet sich heute im Bayerischen Nationalmuseum. Die Kapelle stand früher unten an der Arnhofener Straße, infolge starker Beschädigungen in den Franzosenkriegen wurde sie schließlich in den Ötzhof verlegt.

Blick nach Ötz

Bald wieder auf asphaltierter Fahrbahn, passieren wir einen Funkmast rechter Hand und kommen, begleitet von den Resten riesiger Hochäckerbeete, an einer Lichtung kurz vor Erreichen der MB 17 Westerham – Holzolling zu einer dreifachen Wegteilung. Hier orientieren wir uns schräg links zur Landstraße hin, gehen diese links 50 Meter entlang bis zum nordöstlichen Waldrand und biegen dort wieder links in einen verwachsenen Hohlweg ein, der uns bergan führt und sich bald darauf als verlängerter Graben des äußeren Befestigungssystems der ehemaligen **Burg der „Westerhaimer"** auf dem sog. Kraxlberg (auch „Gschlösslberg") entpuppt. Oberhalb dieser Einsenkung nehmen wir rechts auf erhöhtem Plateau einen inneren Wall – Graben – Ring wahr, der den von trichterförmigen Vertiefungen übersäten, von dichtem Jungholz bestandenen Burgstall umschließt. Von dem hier behausten Geschlecht der „Westerhaimer" ist wenig bekannt, es scheint in der Ministerialität der Andechser und Falkensteiner gestanden zu haben, wie eine vor 1174 durch Graf Berchtold von Andechs vorgenommene Übergabe der namentlich genannten Giselold, Bernhard, Siboto, Volchart und Judith von Westerham an Graf Siboto von Neuburg nahe legt. Die Mangfall-Grafen (Neuburg-Falkensteiner) waren Verwandte der Grafen von Dießen-Andechs, die möglicherweise vom bairischen Uradelsgeschlecht der Hahilinga in der späten Völkerwanderungszeit abstammen. Auch das Auftreten der Westerhaimer könnte dem frühen bis hohen Mittelalter zuzuordnen sein.

Nach Rückkehr zum Ausgangspunkt bei der Wegkreuzung treten wir jenseits der Landstraße direkt gegenüber in einen Waldweg ein, der uns ostwärts zu einer großen Lichtung mit Wiese führt. An deren nördlichem Rand, zugleich südlicher Rand der Bebauungszone von Westerham, queren wir auf schwacher Spur zum nächsten Waldstück hinüber und finden dort wieder in ein Wagengeleise, das in wenigen Minuten hinableitet zum schmalen Naringer Sträßchen. Diesem folgen wir rechts nach **Naring** entlang dem kleinen Wald, in dem, der Sage nach, die Irrwurzel wächst. So mancher arglose Wanderer, der nach dem Gebetsläuten noch unterwegs war und in der Dämmerung auf die Irrwurzel trat, war dem Zauberbann verfallen und fand nicht mehr nach Hause. Erst im Lichte des nächsten Tages stellten sich Klarheit und Orientierung wieder ein. Ein unheimlicher Ort der Verwirrung und Verstrickung also, und das fast in Sichtweite des bergenden Dorfes – Mythos von Magie und Erlösung in der Phase des Übergangs vom Heidentum zum Christentum!

Beim Weiler **Erb** weist links eine Brücke über die Leitzach den Weg hinauf zur ehemaligen Burgstelle **Sterneck**, heute von einem Hofgut überbaut. Im Mittelalter werden wiederholt „Sternöcker" namentlich erwähnt und bezeugt. Möglicherweise war schon mit dem bei der Stiftung der Gräfin Haziga um 1100 genannten Gut „Liuzenahese" Sterneck und/oder das zugehörige Erb gemeint. Demnach hätte dieser Platz mit der Ahnfrau der Wittelsbacher sowie mit der Gründung und Ausstattung des Klosters Fischbachau in Verbindung gestanden – wie auch schon das gegenüber liegende Arnhofen, das als „Arnoltisovva", Hof des Arnold, gleichfalls zum Besitz der Gräfin gehörte und bereits 1085 mit anderen Gütern gegen Fischbachau an die Freisinger Bischofskirche getauscht wurde.

Wir halten geradeaus auf Naring zu, noch knappe 900 Meter sind es bis zum Gasthof „Goldenes Tal", wo wir vom Parkplatz links der Straße nunmehr an der **Leitzach** entlang wandern. Das einst unregulierte Wildflussgebiet, das durch Hochwasser, Kies- und Sandverfrachtung eine ständige Verlagerung und Umformung erfuhr, glaubte man ehedem durch technischen Ausbau bezähmen zu müssen, um angrenzende land- und forstwirtschaftliche Nutzflächen sowie bedrohte Siedlungsbereiche vor Überschwemmungen zu schützen. Infolge des raschen Abflusses der Hochwasserwelle waren jedoch die am Unterlauf befindlichen Örtlichkeiten und die Mündungsgebiete umso mehr gefährdet. Durch Renaturierungsmaßnahmen und Schaffung von Stauräumen werden deshalb neuerdings Überflutungen abseits von Siedlungen wieder zugelassen, weil sich somit Hochwasserspitzen abflachen, die Grundwasserbildung regenerieren und vielfältige Lebensräume für Flora und Fauna aufbauen können. An unserem Weg durch das „Schutzgebiet Untere Leitzach" erleben wir auf Schritt und Tritt, wie durch eingebrachte Felsrampen und Steinstufen, dadurch entstandene variable Wassertiefen, Strömungsverhältnisse und Uferprofile einem naturnahen Gesamteindruck, zugleich dem Erholungs- und Freizeitwert Rechnung getragen wird, beispielhaft sichtbar an dem in fünf Minuten zu erreichenden wunderschönen Badeplatz.

Die „Leitzach", von der älteren Forschung überwiegend von „leizi" (got. leitils = klein) als „kleine Ach" erklärt, entspringt bei Bayrischzell und mündet wenig unterhalb von Naring in die Mangfall. Ab Wörnsmühl gilt sie als „untere Leitzach", kurz danach wird sie bei Mühlau durch einen Stollen angezapft, der zum Seehamer See führt, somit in das Münchener Stromversorgungssystem eingebunden ist (vgl. Wanderung Nr. 2). Mit einer Restmenge von 800 L/Sek. wird ein kontinuierlicher Wasserdurchlauf bis zur Mündung, vor allem aber eine hundertfache Steigerungsfähigkeit bei Überflutungsgefahr gesichert. Auf der Leitzach erfolgte einst auch die Holzflößung von Bayrischzell zur Saline Rosenheim (von etwa 1810 bis 1858), im Unterschied zur episodenhaften Schlierachtrift, die schon nach wenigen Jahren zum Erliegen kam und im wesentlichen nur Miesbach erreichte, deutlich ergiebiger und effektiver (dazu Wanderung Nr. 2). Außer den Mühlen war ursprünglich kaum eine Siedlung in Flussnähe zu finden. Dies galt besonders für Naring, in ungünstiger landwirtschaftlicher Lage an der Verengung des Tales (mhd. nar- = eng, vgl. engl. narrow) gelegen, ein unechter -ing-Ort (spätere Analogiebildung zur frühen bajuwarischen Sippensiedlung), erst 1531 urkundlich erwähnt. Dagegen genießen Holzolling und Esterndorf den Vorzug einer geschützten Terrassenlage mit schweren, fruchtbaren Tonböden, die stets auch Obst und Getreide in Fülle hervorbrachten. Die vom Volksmund geprägte Bezeichnung **„Goldenes Tal"** für diese schmale Landzunge zwischen den eiszeitlichen Jungmoränenrücken, die der Inngletscher zu beiden Seiten des Flusses aufschüttete, erscheint durchaus nachvollziehbar.

Maria Hilf, Esterndorf

Nach dem Badeplatz folgen wir knappe 10 Minuten dem Uferpfad bis dahin, wo dieser auf einen querkommenden Feldweg trifft, der nach wenigen Metern links in eine Flussfurt mündet. An dieser Stelle wenden wir uns nach rechts, durchschreiten ohne deutliches Spurbild ein Wiesenstück von etwa 30 Metern und schwenken links in einen Feldweg ein, der sich gut sichtbar Richtung Süden eine Hangstufe hinaufwindet. Oben angelangt, erblicken wir vor uns die Orte Esterndorf (links) und Holzolling (rechts). Bei den unmittelbar aufeinander folgenden zwei Weggabelungen halten wir auf den Kirchturm von Holzolling zu, zuletzt auf der Naringer Fahrstraße, die wir neben einem Reiterhof erreichen. **Esterndorf** (urspr. „Ostendorf", vielleicht nach dem „Ostersee" = Seehamer See benannt) mit seiner einsamen, verschwiegenen Flur, wo sich zwischen Fluss und Wald auf freier Wiese, „Tanzhaus" geheißen, regelmäßig die Hexen aus der ganzen Umgebung getroffen haben sollen, bleibt ostwärts liegen. Auch eine Burg, so wird erzählt, habe es einmal in Esterndorf gegeben, aus deren Steinen der sehr archaisch wirkende Kirchturm, in der Volkssage „römisches Bauwerk" genannt, errichtet worden sei. Tatsächlich ist von 1102 bis 1350 ein Edelgeschlecht der „Herren von Osterendorf" nachweisbar, das vermutlich wie die Westerhamer im Lehensverband mit den Grafen von Neuburg-Falkenstein stand. Die Ursprünge des spätgotischen Gotteshauses „Maria Hilf" reichen wohl in das frühe Mittelalter zurück. Dem Kloster Weyarn zugehörig, wurde es 1735 barockisiert und filigran stuckiert, die anmutige Holzskulptur des Gnadenbildes einer thronenden Muttergottes mit Kind soll von Erasmus Grasser gefertigt worden sein (1505). Der Tradition zufolge habe die „Mater Salvatoris" den Ort einst vor den 1805 aus Österreich zurückkehrenden französischen Heerhaufen durch einen dichten Nebel verborgen. Die an der Straßenachse entlang der Hangkante aufgereihten Bauernhöfe vermitteln bis heute den Eindruck, als habe sie der Schutz der Madonna auch vor jeglicher Kontamination des technischen Zeitalters bewahrt.

„Mater Salvatoris" in Esterndorf

Die Fortsetzung der Straße nach Osten und Südosten war durch das schmale

Leitzachtal vorgegeben. An dessen westlicher Seite, über dem linken Flussteilufer, befand sich auf östlich des Seehamer Sees gelegener Anhöhe der Sitz der **Haslanger** („Hasalangari"), an Boden-, Wall- und Grabenspuren auf dem „Hundsbühel" noch deutlich erkennbar, südlich davon auf dem **Katzenberg** die „Rattenburg", als solche zwar lokalisierbar, aber nicht mehr bemerkbar, auf dem Hang von Gut **Schwibich** der Sitz der „Schibicingen", und auf einer Landzunge südwestlich oberhalb Auerschmiede mit noch heute mächtigen Wällen und Gräben die Burg **„Kasthub"** („Haginsburc, Heimburg"): sie war im Hochmittelalter der Sitz des herzoglichen Kastenamtes Aibling, doch weisen Einzelfunde auf einen wesentlich früheren Bestand hin. Auch die Befestigung **Parsberg** („Pastberg") fügte sich in südlicher Richtung diesem Profil ein und bestand wohl schon lange vor den Waldeckern. Allen diesen Anlagen ist gemeinsam, dass ihre ursprünglichen Zugänge vom Leitzachtal heraufführten. Dies mag die Annahme stützen, dass diese Plätze an einer schon vorher bestehenden, vielleicht keltisch-römischen Verkehrsverbindung angelegt wurden.

Maierhof in Holzolling

Auch **Holzolling** hatte ein Edelgeschlecht, die Ollinger, deren Sitz der erhöht stehende ehemalige Maierhof südöstlich der Kirche dargestellt haben könnte. Zahlreiche Vertreter der Sippe sind in Urkunden und Aufzeichnungen für den Zeitraum von 1070 bis 1205 namentlich bewahrt. Auch sie waren wohl Ministeriale der Grafen von Neuburg-Falkenstein, d. h. sie versahen Hof-, Verwaltungs-, Beratungs- und Waffendienste im Auftrag ihrer Herren, die ihnen dafür Güter zu Lehen und / oder zu eigen gaben. Während der Freie generell niemandem dienstbar sein durfte, verzichteten Ministeriale insoweit auf ihre rechtliche Unabhängigkeit, konnten dafür aber den Rechtsschutz ihrer Herren genießen und selbst zu Macht, Ansehen und eigener Herrschaft aufsteigen. Ein bajuwarischer Personenname „Ollo" dürfte im 5./6. Jahrhundert bestimmend für die Ortsbezeichnung gewesen sein, es handelte sich demnach um dessen Sippenverband mit Wohnsitz beim „Holz", also am Wald. Die ersten Spuren menschlicher Besiedlung reichen jedoch weiter zurück, wie nicht zuletzt durch die keltisch-römischen Relikte in unmittelbarer Nachbarschaft (z.B. Fentbachschanze) ausgewiesen. Zahlreiche **Hochäckeranlagen**, von der älteren Forschung in die vorchristliche Zeit datiert, wahrscheinlich aber germanischen Ursprungs, haben sich in den Wäldern oberhalb von Holzolling, aber auch von Arnhofen, Haus, Westerham und Esterndorf erhalten. Diese Art des mittelalterlichen Fruchtanbaus in Form oft meterhoch aufgeschichteter Hügelbeete, deren Vorzug u. a. in der Wärmespeicherung und Vermeidung von Staunässe besteht, wurde neuerdings wieder für die biologische Bodenbewirtschaftung entdeckt. Das ausgedehnteste Hochäckerfeld befindet sich südwestlich Holzolling auf dem sog. **Hanschenbichl**, wo sich in der Nähe eines schlichten Holzkreuzes (neben dem alten Weg von Holzolling nach Weyarn am obersten Hügelrand) auch mehrere Trichtergruben ausmachen lassen, die als Wohnstätten der Urbevölkerung gedeutet werden. Einzelne

Grabungsversuche förderten aus dem Boden gelbe und graue Lehmschichten organischer Zusammensetzung zutage, dazwischen Holzkohlenschichten, die auf Feuerstellen zurückzuführen sind. Auch zahlreiche ungewöhnlich tief eingeschnittene Hohlwege haben sich im Wald erhalten, ihr zweifellos hohes Alter entzieht sich jedoch einer genaueren Zeitstellung. Josef Brunhuber (Hofmark Holzolling, neu bearb. von Hatzl/Klee, Weyarn 2003) klassifiziert die Verbindungsstraße Feldkirchen über Arnhofen nach Holzolling als mögliche römerzeitliche Abzweigung der großen Heeresstraße Augsburg – Salzburg, „an Stelle des Friedhofes oder an dem höher gelegenen Punkte des Maierhofes dürfen wir eine vorgeschobene römische (?) Befestigung vermuten" (S. 31). Hochäcker, Wohngruben und Hohlwege datiert er wie die „Birgen" (Fentbach, Kleinhöhenkirchen) bis in die Zeit der Kelten („Vindeliker") zurück.

Manche Sage rankt sich um den geheimnisvollen Platz beim Hanschenkreuz. Von einem feurigen Hund ist da die Rede, der einen vergrabenen Schatz bewacht, aber auch von einer Kapelle, die einmal hier heroben gestanden habe. In der Tat weiß niemand, auf welches Ereignis das Holzkreuz zurückgeht, beim **Hanschenhof** selbst (gegenüber dem Gasthof Kreuzmair), auf dem schon seit fast 400 Jahren derselbe Stamm sitzt, vermutet man ein Gelübde eines frühen Vorfahren. Der Corpus des Kreuzes wurde sicherheitshalber abgenommen, es hat, sorgsam restauriert, an der SO-Ecke des Anwesens vor der Friedhofsmauer einen würdigen Platz erhalten. Aus dem Hanschenhof stammt auch ein berühmt gewordener romanischer Kruzifixus, früher einmal in der Kirche, dann am Haus des Mesners angebracht, schließlich im Besitz der Hanschen, 1909 verkauft und heute im Heimatmuseum Miesbach zu besichtigen. Er gehörte wohl schon dem ersten romanischen Kirchlein von Holzolling an (als Taufkirche bereits 795 bezeugt) und ging bei der großen Restaurierung 1870/71, als die barocken Altäre und die Schlierseer Stuckornamentik entfernt wurden, wie auch andere hochwertige Ausstattungsobjekte in private Hände über. Heute herrscht demzufolge in „St.Martin" ein weitgehend neoromanisches Raumbild vor.

St. Martin in Holzolling

Auf dem „Kirchenweg" verlassen wir Holzolling gegen Süden, wandern am ehemaligen Maierhof vorbei und im Wald auf mitunter durchnässter Hohlwegspur zwischen Hochäckerresten hinauf bis zur Autobahn. Ein Schwenk nach links bringt uns zur Fahrstraße Holzolling – Weyarn und damit zur Unterführung, nach dieser befinden wir uns auch schon vor der Abbiegung rechter Hand in den Weiler **Bach**. Die vier

Weiler Bach

Im Wattersdorfer Moor

Höfe besitzen allesamt Denkmaleigenschaft, sie haben sich im Charakter des 18. Jahrhunderts vorzüglich erhalten. Aus sanfter Höhenlage blicken wir nach Westen hinab ins Wattersdorfer Moor, wo wir auch dem Moosbach wieder begegnen, der dem Seehamer See nahe Bruck entspringt und in die Mangfall unterhalb der Fentbachschanze einmündet, somit die Pole unserer Wanderung gleichsam umschließt. Dort unten aus sumpfiger Senke steigt gen Wattersdorf zu ein bewaldeter Hügel auf, **„Schlossberg“** genannt, der einst die sagenumwobene, längst verschwundene Burg von Bach getragen haben soll.

Auch der heldenhaften Figur des **Balthasar Riesenberger** vulgo „Schmied von Kochel“, in Holzolling geboren und in Bach wohnhaft, hat sich schon bald nach seinem Tod anlässlich der Sendlinger Mordweihnacht von 1705 die Sage bemächtigt. Am Ortsausgang links erinnert „Beim Schmidn“ eine Gedenktafel daran, dass er sein letztes Lebensjahrzehnt im hiesigen Mayr-Anwesen verbrachte, nachdem er 1695 hier eingeheiratet hatte. Seine Urgroßeltern werden 1630 als Besitzer der Schmiede in Holzolling genannt, wo er 1662 zur Welt kam. Die Schmiede selbst ist 1787 abgebrannt und existiert nicht mehr. Die Totenmatrikel von 1706 in Neukirchen berichtet von seinem Ableben, auf dem Gedenkstein im Gotteshaus steht sein Name neben weiteren 55 Gefallenen der Pfarrei. Verbürgtermaßen war Riesenhuber der einzige Schmied namens Balthasar, der in Sendling fiel. Kochel und Waakirchen haben ihm Monumente errichtet, Neukirchen hat sich bescheiden zurückgehalten. Ab 1832 entbrannte ein heftiger Streit über eine Schrift von Ferd. Jos. Gruber, der als Geburtsort Waakirchen, als Wohnort Kochel vertrat. Von Fälschung, Täuschung, Unredlichkeit ist seitens der Kritiker die Rede, immerhin haben sich schließlich namhafte Historiker wie Sigmund Riezler zur Holzollinger Version bekannt. Einen Überblick über die Auseinandersetzung bietet Josef Brunhuber (Hofmark Holzolling, Weyarn 2003, S. 134 -142).

Hinab nach **Bruck** sind es nur wenige Hundert Meter, die wir am besten auf der kaum befahrenen Straße zurücklegen. Direkt bei der Kreuzung treffen wir auf eine Tuffsteinsäule, die an die 391 Pesttoten aus den Jahren 1633-1635 gemahnt, als das große Sterben im Gefolge des 30jährigen Krieges auch in den Orten der Pfarrei Neukirchen um sich griff. Zum Pestfriedhof wurde damals das abgelegene Areal um das Filialkirchlein „St. Rupert" bestimmt, das mit seinen romanischen Formen bis in das 12. Jahrhundert zurückweist. Die Kapelle galt als unheimlicher Ort, wo der Sage nach die „Untersberger Männlein", aus den verborgenen Gängen ihres berühmten Zauberbergs herbeigeeilt, jeweils zur Christnacht Geistermessen abgehalten haben. Dass die „Kirchfahrt der Untersberger" aus dem hintersten Winkel des Chiemgaus hierher fand, hat sicher mit der engen Beziehung zum Salzburger Missionsheiligen Rupert zu tun, der die Brucker Kapelle auf einer seiner Reisen sogar eigenhändig erbaut haben soll. Der Name „Bruck" rührt von einer Brücke her, da der See vermutlich einmal bis Watterdorf und Seiding reichte und den Sumpfgürtel bis zum Bacher Hang umfasste, bevor er nach und nach verlandete. Auch die Wasser des Moosbachs wollten überwunden sein, anders hätte wohl auch die Verkehrsverbindung von Wattersdorf bzw. Neukirchen nach Holzolling bzw. Großseeham nicht funktionieren können.

Von der Kirche gehen wir knappe 200 Meter weiter Richtung Großseeham, bevor wir nach rechts einem Wegansatz zu einer Baumhügelmulde folgen, von der wir in kurzer Distanz über eine Wiese zur Uferstraße am **Seehamer See** hinabgelangen (zur Weidezeit empfiehlt sich der Gang einige

Geheimnisvoller Seehamer See (mit Burginsel rechts)

Schritte weiter bis zum Waldrand und dann rechts hinab zum See). Wir wandern sodann längs dem Gestade nach SW (rechts). Dabei nehmen wir von den vier Inseln wenigstens drei wahr, darunter die mit hohen Eichen und Buchen bestandene Hauptinsel im westlichen Teil der Wasserfläche. Sie trug einst eine stolze Burg, an deren Platz immer noch der ruhelose Geist des unseligen Burgherrn Sigebot, im Volksmund das „Burgstallmandl", umgehen soll. Dieser Sigebot wollte, wie es heißt, seine vom Irschenberger Missionar Marinus bekehrte Tochter Theodolinde zwingen, dem Christengott abzuschwören und der germanischen Frühlingsgöttin Ostara zu opfern, nach der auch der See den Namen „Ostersee" erhielt. Als sich das Mädchen standhaft weigerte, ließ er es, an Händen und Füßen gefesselt, selbst als Opfer für die heidnische Göttin im See versenken. Daraufhin erhob sich ein schreckliches, nie dagewesenes Unwetter, das mit Sturmgewalt, Blitzschlag und haushohen

Kirche St. Leonhard, Reichersdorf

Fluten über die Insel hereinbrach. Heute zeugen noch ein viereckiger Wall und ein Graben im Westen, dazu weitere unter Wasser kenntliche Erdformationen im Süden sowie ein Damm, der die Verbindung zum Festland herstellte, von einstiger Burgenherrlichkeit. Sogar unterirdische Gänge sollen in verschiedene Richtungen geführt haben, davon einer ins nahegelegene Reichersdorf zu einem ehemaligen Heidentempel.

St. Leonhard, Innenansicht

Dorthin zieht es uns nun mit aller Macht. Wo die Seestraße nach rechts umknickt, setzen wir unsere Marschrichtung, an einer Schranke vorbei, geradeaus fort, halten uns auf diesem Weg in langgezogener Biegung dicht an die Schilf- und Mischwaldzone des Uferschutzgebietes, bis wir auf die Kanaleinleitung des Schlierach-Mangfall-Stollens (vgl. Wanderung Nr. III) treffen. Diese gehen wir auf paralleler Fahrspur nach SW aus, ehe sie untertägig vor einem querlaufenden Feldweg abtaucht, dem wir uns nach rechts bis zur Einmündung in die schmale Landstraße nach **Reichersdorf** anschließen. Ganze 600 Meter sind es auf ihr bis zum Ort, wo sogleich der schlanke Kirchturm und danach die wunderliche Rotunde der Brunnenkapelle in den Blick treten.

Als „Richolfesdorf", Siedlung eines Richolf, 1078 bezeugt, schmiegt sich die alte Bauerngemeinde westlich an einen Straßenbogen um einen östlich ausgesparten „Anger" mit angrenzender Leonhardikirche, die als Filialkirche der Klosterpfarrei Neukirchen seit 1315 mit Weyarn verbunden war. Der spätgotische Bau wurde 1760-72 im volkstümlichen Rokoko höchst elegant und anmutig ausgestaltet, das Glanzstück bildet ein Achatius-Flügelaltar von Erasmus Grasser (1506), dem auch die Holzfiguren der Hll. Leonhard und Eligius vom ehem. gotischen Hochaltar zugeschrieben werden. Der gesamte tuffquaderumfriedete, im W mit Lindenbäumen akzentuierte Kultbezirk hinterlässt einen hochaltertümlichen Eindruck, der überleitet zur nordwestlich oberhalb gelegenen Allerheiligenkapelle, 1644 über einem Brunnengraben, dessen Quellwasser heilende Kraft zugeschrieben wurde, als ovaler Kuppelbau errichtet.

Die kurz zuvor entdeckten unterirdischen Gänge stehen möglicherweise mit einem vorchristlichen Quellheiligtum oder einer Verehrungsstätte für chthonische Gott-

Allerheiligenkapelle in Reichersdorf

heiten in Verbindung, so manche christliche Tradition basiert bekanntermaßen auf einer mitunter jahrtausendealten Kultkontinuität. Eine zeitliche Einordnung dieser mystisch anmutenden **Erdställe** konnte auch andernorts in Bayern oder im europäischen Ausland bisher nicht schlüssig vollzogen werden. Alle Annahmen und Theorien fußen auf Plausibilität, in verwirrender Vielfalt ist da die Rede von Höhlen-, Wasser-, Unterwelts-, Todesversenkungs- und Erleuchtungskulten, Initiatons-, Inkubations-, Heil-, Reinigungs-, Abstreif-, Rutsch- und Schlupfriten, Orakel-, Labyrinth-, Fruchtbarkeits- und Erlösungsmysterien. Weitgehend anerkannt scheint prinzipiell eine kultische Funktion zu sein. In unserem Falle können wir uns auf eine Beschreibung des heute verfallenen Gruftsystems von Propst Valentin Steyrer aus Weyarn stützen, der sogleich nach der Entdeckung (1640) von zahlreichen Wunderheilungen berichtet, weshalb er darüber die Kapelle „zu Ehren aller Heiligen" errichtete und als Wallfahrt förderte. Die von ihm überlieferte Skizze (vgl. Abbildung) stellt die Gänge dar, deren mittlere Sohle rund 5 Meter unter der Erdoberfläche liegt. Die Bauart der in Konglomerat, zum Teil aber auch in Sandschichten ausgehauenen Schächte mit ungefähr im Halbkreis ausgehöhlten Decken spricht für deren vorgeschichtlichen Charakter. Ursprünglich ließ man sich in einem Ziehbrunnen (Br) 15 Fuß tief ab, von dem man durch eine Öffnung kriechend in die Grüfte gelangte. Ein 18 Meter langer Hauptgang führt nach Norden, von ihm gehen drei Abzweigungen weg: Ein knapp 10 Meter langer Gang nach W, gekrümmt und in verschiedenen Höhenniveaus verlaufend, ein etwa 5 Meter langer Gang nach O, der mit einem weiteren kurzen Gang in S/N- Richtung ein Kreuz bildet - was dem Erdstall den Namen „Kreuzgruft" einbrachte: Dessen nördliches Ende mündet in den Brunnenschlupf (Br), sein östliches dagegen

Neuzeitl. Eingang zur Kreuzgruft (1894)

in eine Rundkammer; die dritte Abzweigung schließlich führt in eine quadratische Ausbuchtung, im Volksmund „Kapelle" (K) geheißen, mit später eingehauener Nische und Figur der Hl. Barbara. Kreuzgruft und Brunnen stellten in christlicher Zeit das Wallfahrtsziel dar, auf die Verwendung von Erdreich und Brunnenwasser wurden viele der aufgezeichneten Wunderheilungen zurückgeführt. Der Ausgang der Gruft befand sich ursprünglich hinter dem Altar der Allerheiligenkapelle, wo nach der Sage ehedem ein Götzentempel gestanden habe. Der heute von der Straßenseite schräg unterhalb der Rotunde sichtbare Eingang wurde erst 1894 angebaut.

Reichersdorf kann somit als einzigartiges Beispiel für die spätere Inkulturation eines „Hypogäums" in den praktizierten katholischen Glauben gelten. Die christliche Adaption eines heidnischen Kultplatzes scheint zudem eine ganze Reihe von ursprünglichen Funktionen abzudecken, wie die Aufzeichnungen des Steyrerschen Mirakelbuches zeigen: Rückenheilungen infolge Durchschlupf- und Abstreifritus, Inkubation in Form von Traumoffenbarung und Heilschlaf, Erfüllung von orakelhaften Prophezeiungen, Genesung von Krankheiten und Gebrechen durch Erde und Wasser. Hinweise zum alten Kult in seiner christianisierten Form erhält man auch aus der Brauchtumspflege rund um die Kirche und aus der Art des Patroziniums. Monika Löffelmann („Der Erdstall" – Beiträge zur Erforschung künstlicher Höhlen im deutschösterreichischen Raum, Nr. 23, Roding 1997, S. 75 ff.) weist darauf hin, dass das Kettenritual beim St. Leonhardskult auf einem ursprünglichen Binde- und Lösezauber basiere, der in enger Verbindung mit Initiationsmysterien zu sehen sei. Der dreimalige Umritt um die Leonhardikirche stehe in der Tradition ritueller Labyrinth-, Spiral- und Drehbewegung als Mythos von der ewigen Erneuerung. Bezeichnenderweise gelte auch die hl. Barbara in der unterirdischen Kapellennische u. a. als Patronin der Sterbenden, die in die Unterwelt eingehen, sie wird in Todesgefahr angerufen. In Gesellschaft ihrer Begleiterinnen, der Hll. Katharina und Margaretha (wie im Altarbild der Allerheiligenkapelle), mag sie sogar als christliche Inkarnation ihrer Vorgängerinnen Ambet, Borbet, Wilbet (auch Ainpet, Gberpet, Firpet u. a.) mithin Auslöserin der Sage vom Zaubergesang der Jungfrauen gewesen sein, der angeblich immer wieder aus den unterirdischen Gängen vernommen wurde.

Zur Kreuzgruft von Reichersdorf soll ein heute nicht mehr lokalisierbarer Erdstall in Weyarn mit Zugang im Wald in Beziehung gestanden haben, wie ebenfalls Valentin Steyrer erwähnt. Der nämliche Propst ließ 1642 beim Kloster Weyarn die Maria-Hilf-Kapelle errichten, mit einer übergroßen Skulptur der Madonna auf der Mondsichel, unter diesem Aspekt in vorchristlicher Zeit immer auch kosmische Frau, Herrin des Himmels und der Gestirne. Es scheint, als

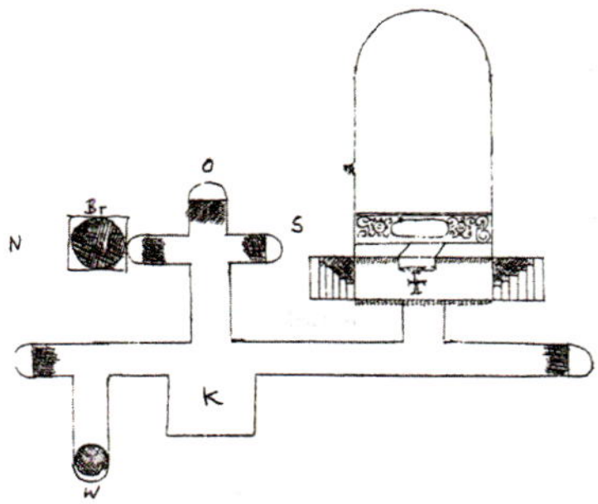

Planszkizze der unterirdischen Gruftanlage

habe sich die Weyarner Gegend als Musterfall einer friedlichen Missionierung besonders gut bewahrt – ganz im Sinne Papst Gregors des Großen (589-604), „die Tempel der Heiden nicht zu zerstören, sondern mit Weihwasser zu besprengen und in christliche Kirchen zu verwandeln, damit das Volk an den altvertrauten Weiheorten desto lieber und eher an den Dienst des wahren Gottes sich gewöhne“. Anders hätte wohl der neue Glaube kaum auf Akzeptanz stoßen können.

Weg nach Neukirchen, Blick zu St. Dionysius

Kurz vor unserem Endziel Weyarn nehmen wir die weiteren 600 Meter des Sträßchens nach **Neukirchen** unter die Füße. Das Haufendorf auf der Höhe über dem Seehamer See mit seinen um die Kirche gruppierten Bauernanwesen gehört in die Szenerie der bajuwarischen Landnahme. Das Patronat des Merowinger- und Karolingerheiligen „St. Dionysius" („St. Denis") betonte in der Zeit des frühen bairischen Herzogtums in programmatischer Weise die enge Bindung an die fränkische Zentralgewalt, deren Infragestellung dem Agilolfinger Tassilo III. schließlich zum Verhängnis wurde (788). Im Langhausfresko des rocaillegeschmückten Kircheninneren sind am Rande die sieben Kirchen dargestellt, die als Filialen zur Pfarrei Neukirchen gehörten, als diese infolge einer Initiative von Georg von Waldeck (sein Besuch bei Papst Gregor XI. in Avignon ist auf einem Gemälde an der rechten Chorseite festgehalten) 1373 dem Kloster Weyarn eingegliedert wurde, um dessen unzureichende Ausstattung aus der Gründerzeit zu verbesssern, u. a. durch die Pfarrpfründe aus den Kirchen Holzolling, Esterndorf, Bruck und Reichersdorf. Mit der Erinnerung an die erwanderten Stationen und mit dem Blick auf das Epitaph in der Vorhalle zu Ehren der Gefallenen von 1705 beginnt sich unsere Tour auch geistig zu runden.

Die restliche halbe Stunde Gehzeit bis **Weyarn** bewältigen wir am besten und schönsten über Reinthal, ab dem Gasthof Neukirchen der Richtungsanzeige nach Wattersdorf folgend, dem ehemaligen Sitz des fürstlichen Rentmeisters und Hofoberrichters Bernhard Barth, der sich hier 1610 ein Schloss errichtete (1933 abgebrochen), als er im herzoglichen Auftrag das ins Gerede gekommene Klosterleben in Weyarn zu beaufsichtigen hatte. Nach einer talwärts ziehenden S-Kurve biegen wir exakt beim Ortseingangsschild Wattersdorf links und

Detail des Epitaphs, Vorhalle in St. Dionysius

nach 100 Metern gleich wieder rechts in einen Feldweg ein, der uns, wieder am Rand eines Moores, auf mehr oder minder deutlicher Wiesenspur zu einer Baumreihe bringt. Diese passieren wir über einen „Durchschlupf", halten uns dann rechts bergab längs der Hagzone, bis wir auf ein querkommendes Fahrprofil treffen, dem wir uns nach links, den Kirchturm von Weyarn vor Augen, anschließen. Nach einem Rechtsknick der Trasse gelangen wir zur Wattersdorfer Straße, 200 Meter vor dem östlichen Ortsende von Weyarn. Bis zum Kloster sind es dann nur noch wenige Minuten.

Dort sollten wir die Besichtigung der Maria-Hilf-Kapelle, vor allem auch der ehemaligen Burgkapelle St. Jakob nicht versäumen, die beide sowohl ideen- wie realgeschichtliche Elemente der vorchristlichen Epoche reflektieren. Propst Valentin Steyrer scheint hierfür ein besonderes Organ entwickelt zu haben, wenn er nicht nur auf den Weyarner Erdstall verweist (nach eigener Angabe im südwestlichen Burgabhang versteckt, wo er selbst in den Höhlungen 3 Felskapellen eingerichtet hat), sondern von „St. Jakob" berichtet, dass „diese Kirche von heidnischen Völkern erbaut und darinnen

Neukirchen, Deckenfresko im Langhaus

die Abgötter vor Zeiten verehrt worden". Er habe, als er 1626 in das Kloster eintrat, mit eigenen Augen noch deren Bildnispfeiler gesehen, die bald danach abgebrochen wurden. Heute flankieren die Statuen des Umritts- und Kettenpatrons Leonhard sowie des Pesthelfers und Trösters der Sterbenden Sebastian den Hauptaltar, in der meisterhaft gestalteten Pose des schwebenden, tänzerischen Rokoko dem Urmysterium scheinbar entrückt, dennoch in elementarer Beziehung zum Pilger-, Brunnen- und Wasserheiligen Jakob überzeitlich bedeutsam. Unsere Vorfahren hatten offenbar kein Problem damit, dass nun nicht mehr die Erde den Himmel gebar, sondern ein Schöpfergott beides, Erde und Himmel, hervorbrachte und als personifizierte Allmacht in seine umfassende Obhut nahm. Der Mythos wandelte sich zur Religion, in Gebräuchen, Sagen und Bodendenkmälern haben sich auf ländlicher Flur zahlreiche Indizien dieser Metamorphose erhalten. Manches davon konnten wir auf unserer Route in tiefer Schichtenfolge entdecken, vielfach trat der Reichtum offen zutage, bedurfte eigentlich nur der Wahrnehmung in einem Prozess der behutsamen Annäherung und gemesssenen Bewegung – als Wanderung durch die Zeiten selbst eine Art Heilvorgang inmitten hektischer Weltbefindlichkeit!

Kapellen im Klosterbereich Weyarn, links St. Jakob, rechts Maria Hilf

Wanderung VI

Verlauf:	Schliersee – Attenberg – Wörnsmühl – Schreiern – Wiedenhof – Ahrain – Dürnbach – Elbach – Birkenstein – Krugalm – Hagnberg – Hammer/Fischbachau. Ab Hammer per Bahn zurück.
Gehzeit:	5 Stunden
Einkehr:	Wörnsmühl, Elbach, Schweigeralm, Birkenstein, Krugalm, Hammer, Schliersee
Wanderkarte:	UK L 12 Mangfallgebirge, © by LVG, Gen.-Nr. 0416/07

Wanderung VI

Löwen mit Sense und Rechen

Löwen mit Sense und Rechen, Fresko am Jodlhof, Hagnberg

Im geographischen Dreieck **Schliersee – Fischbachau – Bayrischzell** zeigt sich noch ein Stück Bilderbuch-Bayern, bäuerliche Kulturlandschaft in strahlender Anmut, beschwingter Heiterkeit und ungestörter Bukolik. Das Wort von der Koinzidenz des Bairischen und des Barocken findet in diesem köstlichen Winkel augenscheinlich seine Berechtigung, zugleich die Eigenart des Volkstums hierin seine Charakteristik: Seine Neigung zum Bildlichen und Sinnfälligen, zum Zierrat, zum Darstellerischen, zu Spielform, Lied, Musik und Tanz, woraus das Land eine Art festlicher Stimmung bezieht. Dabei schimmern immer auch Traditionen durch, die ganz offensichtlich sehr frühen Schichten entstammen, etwa im katholischen Brauchtum oder in der Ornamentik von Bauernhöfen und in der architektonischen Vielgestaltigkeit von Kirchen. Sie erfüllen in ihrer idealen Ordnung zu Landschaft und Umwelt geradezu musikalische Verhältnisse in einer einzigartigen Symphonie naturgegebener und struktureller Elemente. In all dieser Fülle von Farben, Formen und Harmonien bleibt stets das historische Erbe der Ahnen präsent, das, in Jahrhunderten gewachsen, in maßvoller Beschränkung und zäher Beharrung über die Generationen bewahrt wurde.

Ausgehend von der **Ortsmitte Schliersee**, kommen wir nicht am berühmten **Bauerntheater** vorbei, ohne an die Urkraft des Mimischen erinnert zu werden, die uns hier gleichsam als dirndlgewandete Muse Thalia entgegentritt. Bekanntlich liegt das „Komedispuin“ dem hiesigen Menschenschlag im Blut. Als der gelernte Metzger, Gastwirt und Vortragskünstler Xaver Terofal zusammen mit dem königlichen Hofschauspieler Konrad Dreher 1892 den Traum vom eigenen Theater verwirklichte, rekrutierte er sein Ensemble aus einheimischen

Bauerntheater mit Blick zur St. Georgkapelle auf dem Weinberg

Bauern und Handwerkern, um „durch die Verbindung der natürlichen Urwüchsigkeit mit der bühnengerechten Gestaltung" eben jenen „geradezu eminenten Erfolg" zu erzielen, den ihm die Presse anlässlich der Eröffnungsvorstellung bestätigte. „Gäste und Landsleute, sie sind wie eine Gemeinde, Streichmelodien, Schlagzither und Zupfgeigen klingen zusammen. Der Bader Zangerl hat grad die Leut im Dorf rasiert und nun rasiert er im Theater, quasi so ist es" schreibt Ernst Hohenstatter im „Schlierseer Büchl" 1917. Was Terofal und Dreher damit gelang, war ein Durchbruch des unverfälschten authentischen Milieus gegenüber der operettenhaften „Salontirolerei" des damaligen Volkstheaters, eine „bajuwarische Selbstdarstellung" von echtem Schrot und Korn, durchaus zum eigenen wie natürlich auch touristischen Vergnügen.

Zu diesem **Spiel- und Darstellungstrieb** gehörten auch Schuhplattln, Schnadahüpfl und Jodeln, gehörten grundsätzlich seit jeher Haberfeldtreiben und Perchtenlaufen, Passionsaufführungen und Prozessionen, Trachten- und Traditionsfeste. Der Hang zum Theatralischen, wie wir nicht erst seit Ludwig Thoma wissen, durchzieht den Alltag in jeder Form, vom Liebeshandel bis zum Viehhandel, vom provokativen Streithandel bis zum fast rituellen Raufhandel, vom Sich-Verstellen bis zum verunsichernden Antagonismus, zum Tratzn, Frozzln und Derbleckn, in der mitunter grotesken Attitüde des scheinbar Unterlegenen und Einfältigen, der gerade dadurch seinen Vorteil bestens zu wahren versteht, ausgerüstet mit reichlich Wort- und Mutterwitz, Spruch- und Lebensweisheit. „Sich selbst und die Welt zu spielen" war in der Verbindung von Verwandlungsfähigkeit und ausdrucksstarker Gebärde, Illusion und Hintergründigkeit stets Teil eines „theatrum mundi", einer im Kern barocken Eigenart, die bairischem Naturell zutiefst vertraut vorkommen musste.

St. Georgkapelle auf dem Weinberg

Pfarrkirche St. Sixtus, Schliersee

Das Theatergebäude war auf dem Platz des von Terofal erworbenen Gasthofs „Neuwirt", heute Hotel „Seehaus", von Emmanuel Seidl zunächst ganz aus Holz errichtet, erst ab 1906 wurden die alten Konstruktionen durch Mauern ersetzt und mit der Gastronomie zu einer Einheit verbunden (Näheres zur Theatergeschichte bei: Anneliese C. Amman, Schliersee und sein Bauerntheater, Verlag Bayerland, Dachau 1992). Die äußere Gestaltung in historisierenden Formen eines an Barock und Rokoko orientierten Heimatstils betont eine spielerische Grundstimmung und unbeschwerte Lebenseinstellung. Dieser Eindruck wird noch verdichtet durch die Lage des Ensembles vor dem **Weinberghügel**, der als uralter Kult- und ehemaliger Burgplatz von lindenbestandener Warte eine traumhafte Aussicht bietet, in der sich Pfarrkirche, See und Bergsilhouetten wie in einem Parabolspiegel fokussieren. Er hat seine Faszination auf Könige, Künstler und Kulturreisende zu keiner Zeit verfehlt. Als malerischer Hintergrund für das Bauerntheater wirkt er mit seiner Georgskapelle wie eine Kulissenstaffage, die nach Inszenierung verlangt. Nachweislich hat seine inspirative Kraft auch die Theatergründer in ihrer Entschlussfreudigkeit beflügelt.

Gegenüber dem Bauerntheater fällt auf der anderen Straßenseite das „Ledererhaus" ins Auge, ehemaliges Gerberanwesen im Erhaltungszustand von 1787, die **Lüftlmalereien** freilich, die so originär und passend erscheinen, sind erst 1966 in der Art des Rokoko gefertigt worden, nicht das schlechteste Beispiel für Stilempfinden und Einfühlungsvermögen seiner Besitzer! Natürlich sollten wir auch das Innere der **Sixtus-Kirche** auf uns wirken lassen, um das Bild dieses lichten, schwebenden Sakralraums, der vom jungen Johann Baptist Zimmermann maßgeblich mitgestaltet wurde, als Muster einer barocken Impression mit auf den Weg zu nehmen. (Zur Geschichte und Ausstattung vgl. Wanderung Nr. I). Auch entlang der Hauptstraße Richtung Norden begegnen uns allenthalben alte Gebäude, die oft später freskiert wurden, mehr oder minder glücklich, mitunter naiv-rührselig, pathetisch-heimatbewegt, mit treuherzigen Sprüchen garniert, einige der Bilder von erstaunlicher Dichte und Poesie, duftiger und luftiger Frische, eben „Lüftlmalerei", d. h. Freiluftmalerei, als Berufsbezeichnung und Hofname erstmals beim Oberammergauer Franz Seraph Zwinck (1748-1792) zu Ehren gekommen: Die nachbarocke Entwicklung brachte eine Verlagerung von der Heiligen- und Architekturmotivik zur bloßen Ornamentik, erst das ausgehende 19. Jahrhundert fand wieder zu einer Bildersprache zurück, die jetzt vom Alltag der Bewohner, von Berufen, Handwerk, Handel und Wandel erzählte, durchaus ansehnlich, solange es sich nicht um aufgesetzten Imitationskitsch oder ideologische Propaganda handelt. Geschmackliche Verirrungen werden auch dadurch nicht besser, dass sie mit der Marotte des landestypischen Eigensinns kokettieren: „Ich zier' mein Haus nach meinem Will ...". Unter der Voraussetzung ästhetischer Sensibilität, architektonischer Homogenität und bodenständiger Traditionalität kann die Lüftlmalerei allemal zur authentischen Illustration eigenen Wesens und eigener Weltbetrachtung werden, etwa auch im Sinne historischer Bestandsaufnahme wie z. B. am Gasthof „Zur Post", ehedem unter dem Namen „Zur Fischerlisl" Wirkungsstätte der gleichnamigen legendären Wirtin, die mit ihrem Charme und Auftreten die halbe Welt bezauberte.

Von ganz anderem Charakter das Gebäude gegenüber, das sich ohne jegliche Verzierung mit seinen hochgeschnittenen Fenstern aufgeklärt-urban gibt und damit von der ländlichen Bauweise abhebt. Sichtlich in kühlem Understatement gehalten, war es **Feriensitz von König Max I. Joseph**, der sich gerne privat, vorzugsweise zur Jagd, am Schliersee aufhielt, ehe er 1817 das säkularisierte Kloster Tegernsee zur wittelsbachischen Sommerresidenz erkor. In seinem Gefolge entdeckten Künstler, Literaten und Adelige das „bairische Arkadien", wurden damit zu Vorläufern des Fremdenverkehrs, von dessen Kapazität schließlich auch das Bauerntheater zehren konnte. In unmittelbarer Nachbarschaft treten auch **Pfarrhof** und **Rathaus** in den Blick, jener als breit hingelagerter, pyramidaler Barockbau in satten Ockerfarben, wie die Pfarrkirche vom Weyarner Klostermaurermeister Caspar Glasl errichtet, dieses schräg gegenüber als ehemaliges Vogteirichterhaus einst (1477) einziges ganz aus Stein gemauertes Gebäude im Ort, mit reich gegliederter Eingangsfassade, Arkadenbrüstung, Erker und Belvedere von ebenso nobler wie gemüthafter Ausstrahlung. Als der Dichter und Universalgelehrte August von Platen während des Sommers 1817 im Pfarrhof logierte, war er nicht nur von Schliersee beglückt, sondern unternahm auch mehrere Wanderungen, u. a. ins Leitzachtal, wo ihn besonders Elbach und Birkenstein fesselten.

Giebelfresko am Gasthof zur Post (G. Wasmeier)

Schlierseer Pfarrhof

Wir folgen ihm dorthin, wählen aber nicht wie er die südliche, sondern nördliche **Route um den Rhonberg**. Zu diesem Zweck biegen wir bei der ersten Ampel schräg rechts in die kleine Fußgängerzone ein, die sich in die Karl-Haider-Straße fortsetzt. Auf dieser wandern wir stetig nordwärts durch Schliersee hinaus über den Kalkgraben in etwa 20 Minuten zum Ortsteil **Attenberg**. Von der Höhe blicken wir hinüber zum Bergbauort Hausham, dessen **Kohlevorkommen** mit hier ausstreichenden Flözen namensgebend gewesen sein könnten: vielleicht von Aitenberg, At´nberg, eitan, ait´n, at´n = brennen, wärmen; Kohle wurde auch Aitstein, Prennstein genannt. Vereinzelte Kohlespuren treten da und dort noch immer obertägig hervor.

Links vor uns erhebt sich der Brentenberg, östlich schließt die Haushamer Mülldeponie an, an deren Rand unser Weg nach rechts schwenkt, in eine Senke abfällt und durch Wald wieder hangwärts führt. Bei der oberhalb folgenden Gabelung nehmen wir die rechte Bahn in das **Rhonbachtal** und halten uns bei weiteren Abzweigungen stets linksseitig. Als 1860 der Abbau des Südflügels der Haushamer Mulde begann, wurde unter der Brentenspitze und in zwei Rhonbachflözen geschürft. Ein 960 Lachter (ca. 2 km) langer Querschlag stellte die Verbindung mit dem Leitzach – Erbstollen her, zu dem ein 3000 Lachter (6 km) langer Querschlag von Au her getrieben wurde. Wir bewegen uns somit im Kerngebiet des Haushamer Bergbaus. An Überresten ist kaum etwas geblieben, beispielsweise ein verstürzter Lüftungsschacht, auf halber Strecke zur Rechten als zugewucherte Trichtergrube bemerkbar, oder Ruinen von Hilfsbauten am Talausgang nach Wörnsmühl. Dort stoßen wir im Uferbereich des Rhonbachs auch auf rippenartig herausgewaschene Flözreste und an den einzelnen Furtübergängen immer wieder auf größere oder kleinere Kohlestücke. In Wörnsmühl künden noch mehrstöckige Arbeiterhäuser am Hang von einstiger industrieller Prosperität, die fast ein halbes Jahrhundert nach Ende des Haushamer Bergbaus selbst schon wieder ein Stück nostalgischer Kultur ausmacht.

Wörnsmühl (Mühle des Werinher) gilt als uraltes Siedlungsgebiet und kann auf einige aus dem Hochmittelalter belegte Ereignisse der bayerischen Geschichte verweisen, z. B. die Huldigung der Feudalelite des Landes gegenüber dem erst zehnjährigen Ludwig dem Kelheimer, dem Kaiser Friedrich Barbarossa 1183 in Nachfolge seines soeben verstorbenen Vaters Otto von Wittelsbach das Herzogtum Baiern übertrug. Dieser hatte sich u. a. durch seine Hilfeleistung an der Veroneser Klause dem Kaiser unentbehrlich gemacht und konnte damit das Heinrich dem Löwen aberkannte Herzogtum 1180 erhalten, womit er die 738jährige Regierung der Wittelsbacher in Bayern begründete. Zur damaligen Zeit pflegte sich die aristokratische Prominenz anlässlich großer Jagden, wie sie mehrmals im Leitzachtal stattfanden, zu Landtagen, wichtigen Rechtsgeschäften und politischen „Sondierungen" zusammenzufinden. Auch 1190 ist eine Versammlung von Fürsten, Grafen und Edelleuten für Wörnsmühl bezeugt. Da derlei Ereignisse mehrere Tage

Bergwerkshäuser in Wörnsmühl

in Anspruch nahmen, scheint es gut vorstellbar, dass die ehemalige Abtei, dann Propstei Fischbachau, Wittelsbacher Hauskloster inmitten Wittelsbacher Jagdgebiets, als Herberge eine wichtige Rolle spielte. In Wörnsmühl selbst, das nur einige wenige Anwesen beiderseits der Leitzach zählte, ist der Gasthof Nägele, ursprünglicher Platz der Mühle des Werinher, bereits 1416 als waldeckische „Tafern" genannt, die gegenüberliegende „Sennerei", als Hof zum Wirtshaus gehörig, mindestens genauso alt. Der dort aufgemalte, so oder ähnlich immer wieder anzutreffende Hausspruch definiert Besitz als Generationenvermächtnis, die Rolle des Einzelnen als Episode im Weltenlauf: „Dieses Haus ist mein und doch nicht mein / der vor mir war, wars auch nicht sein / er ging hinaus und ich hinein / nach meinem Tod wird´s grad so sein."

Wörnsmühl, Gasthaus Nägele

Entlang der Dorfstraße, vorbei an der sehenswerten modernen Kirche „Hl. Dreifaltigkeit", kommen wir jenseits der Leitzach zum östlichen Dorfende, wo wir vor der Staatsstraße Miesbach – Fischbachau rechts zum Gasthof „Sommerkeller" und gleich daneben in den ungeteerten Fahrweg hinauf nach **Schreiern** abbiegen. Nach ca. zehn Minuten oben angelangt, tut sich plötzlich ein Szenarium auf, als würde ein Vorhang zurückgezogen. „Prospiciens ipsam terram optimam, superficie amoenam, nemoribus locupletem" – hier wird diese erste Beschreibung Bayerns durch Bischof Arbeo von Freising (764-784), den Konsekrator des Klosters Schliersee, zum Ereignis: „Im Blick unmittelbar auf ein Land, mit Gaben reich gesegnet, von strahlendem Antlitz, dicht besetzt mit Hainen ...". Vor uns breitet sich in der Tat die sanfte Idylle einer von Baumhagen gegliederten Weidelandschaft aus, die im ausgewogenen Wechsel von herdenbelebten Matten und hainartigen Bewuchsrändern geradezu die Anwesenheit von Hirtengott und Nymphen zu beschwören scheint. Die vielstimmige Melodie des Schellengeläuts wirkt wie der Anruf aus einer anderen Welt und Zeit und rundet sich zum Eindruck einer vollkommenen Pastorale. Die Farben verschwimmen im Grün, Blau, Schwarz der Höhenprofile mit dem Horizont, lassen im Lichtdunst der Ferne Erde und Himmel zusammenwachsen und alles Stoffliche hinter sich. Selbst der **Riegel des Rhonberges** ergeht sich in silbrigen Wellenbewegungen einer Silhouette, die nichts mehr verrät von der einstigen Düsternis ungestümer Naturgewalt und Unsäglichkeit menschlicher Plackerei. Schließlich waren es die durch Windwurf samt Wurzeln ausgerissenen, absterbenden Bäume und faulenden Strünke, die R(h)onen, die der Örtlichkeit den Namen gaben. Allerdings sollte man sich nicht täuschen, war doch der Landschaftscharakter unserer Gegend im Mittelalter bei weitem nicht so stark vom Wald, zumal von Fichtenmonokulturen wie heute bestimmt, eher von einer vorrangig durch Schaf- und Ziegenbeweidung hervorgerufenen Heidestruktur mit aufgelockertem Busch- und Laubbestand, wie noch in manchen Mittelgebirgen anzutreffen. So preisen Schriftsteller der Romantik die herrliche Aussicht vom Rhonberggipfel, wo man in unseren Tagen allenfalls ein Stück Himmel wahrnimmt. Auf einem etwa 150 Jahre alten Bild „Schliersee von der Gindelalm aus" erkennt man noch weit über die Schliersbergalm hinaufreichende Weidezonen.

Unmittelbar vor Schreiern zweigt links ein Sträßchen in Richtung Wiedenhof und Funk ab, wohin wir uns nun wenden. Wegweiser und Wegverbindungen richten sich hier nach **Einödhöfen**, welche die typische Siedlungsform im Alpenvorland darstellen, auch als Weiler in Art einer kleinen Höfegruppe wie Schreiern (vom Personennamen Schreier, der die Verordnungen und Gesetze verkündete), meist aus einer mehrfachen Besitzteilung hervorgegangen. Das bajuwarische Herrenhaus dürfte nicht nur im tief einwurzelnden Freiheitsgefühl unserer Vorfahren seine Erklärung finden, sondern auch ganz funktional in der Weidewirtschaft, die im Unterschied zur eng kommunizierenden Dorfgemeinde fruchtbarer Ackergebiete einen weiten Umgriff erforderte. Hier lebt aber auch ganz offensichtlich ein Menschenschlag, der in autochthonem Selbstgenügen weit über seine Umgebung und Umwelt hinausschaut, wie die Hofstätten selbst, die mit unglaublichem Gespür für die bestmögliche Lage in die Landschaft platziert sind. „Mit diesen Höfen ist das Spektakulärste geschaffen, was je bayerische Stammesart vollendet hat" (Liselotte Hansmann). Die starke Horizontalgliederung der stattlich dimensionierten Einfirstbauten mit ihren umlaufenden Balkonen, zahlreichen Fensterachsen und ausladenden Pfettendächern zeugten von Erdverbundenheit und Besitzerstolz, aber in der religiösen Thematik des Fassadenschmucks auch von Gottvertrauen und Jenseitsbezug.

Ein weit berühmtes und gerühmtes Beispiel dieser Art ist der **Wiedenbauernhof**, den wir in knapp zehn Minuten erreichen. Das Anwesen liegt an der alten Straße von Wörnsmühl nach Hundham und

Wiedenhof bei Hundham

Fischbachau, auf der bisher auch unsere Route verlief, es war deshalb wohl von Anfang an auf Wirkung berechnet. Somit hatte der Bauherr schon vor Errichtung eine reiche Fassadenbemalung geplant, da die Reduzierung der Balkone lediglich auf die Eingangsseite für so einen Baukörper ungewöhnlich anmutet. Die Reihe der gemalten Heiligen beginnt am Giebel mit Korbinian, Bistumspatron von Freising, zu dem der Hof über die Elbacher Kirche einmal in Lehensbeziehung stand, zugleich Namenspatron des Bauherrn Korbinian Mayr, der sich mit seiner Frau links und rechts in den Giebelecken auf „blinden" Fenstern schreibend und lesend, d. h. mit Bildungsanspruch, verewigen ließ. Mit den Assistenzfiguren von Sebastian und Florian im 2. Stock korrespondieren im 1. Stock die Ikonen des Landvolkes, Isidor und Notburga. Im Erdgeschoss dominiert eine bewegende Darstellung des Kreuzstammes, zu dessen Füßen die Büßerin Magdalena kniet, zu beiden Seiten und darunter von gerahmten Mahnungen und Fürbitten, wie auch die Heiligen darüber, begleitet. An der linken Langhausseite sind unter dem Dachvorsprung die vier letzten Dinge: Tod, Gericht, Hölle und Himmel, in rocailleumrankten Feldern, die wie Prozessionsfahnen wirken, mit entsprechenden Bibelzitaten und Versbändern angesprochen. Darunter komplettieren die auf beschrifteten Postamenten stehenden, plastisch modellierten Figuren von Jesus, Maria und Joseph den Kosmos der das Bauerntum umgebenden **Schutzmächte**, gleich daneben heißt es dann: „Pauen einen jeden zu gefallen ist unmöglich / Ich hab Baut nach meinen Sinn / Den es nit gfallt der geh nur hin / Ich hab gebaut um mein Geld / Drum hab ich gebaut wies mir g´fällt / Die Leut muß man reden lassen / Wohl zu haus wie auf der Gassen / Es mag mir einer wünschen was er will / So geschiehts doch wies Gott haben will". Offensichtlich konnte man sich schon zur Bauzeit anno 1772 keineswegs allgemeiner Anerkennung und ungeteilter Zustimmung sicher sein, wie denn bis heute die Geschmacksurteile gerade auf diesem

Sektor hart aufeinanderprallen. Mit gutem Grund taucht deshalb dieser Beschwichtigungs- und Ergebenheitsgestus (captatio benevolentiae) immer wieder in der Fassadenmalerei auf, nicht ohne missbilligenden Fingerzeig auch auf Neider, Spötter, Besserwisser, Unruhestifter und Friedensstörer. Wie selbstverständlich wird dabei der subjektive Individualgeschmack mit Gottes Ratschluss und dem ökonomischen Leistungsgedanken in Einklang gebracht: Selbstbewusster Ausdruck bäuerlicher Welt- und Lebenserfahrung!

Auf der „privaten", der Straße abgewandten Hofseite , stellt sich eine völlig andere, schalkhafte, übermütige Tonlage ein: Auf einem Rahmen sitzt ein Affe, der mit einem Apfel in der Hand auf den Obstgarten hinweist, daneben deutet eine Katze mit Maus den Getreidestock an, über der Küche dreht gar ein Hühnerhund den Grillspieß mit einem Geflügelbraten darauf.

Da ähnliche Motive beim Jodlbauern in Hagnberg begegnen, wo als künstlerischer Autor **Johann Baptist Pöheim** (1752-1838) durch Signatur gesichert scheint, wird auch die Freskierung des Wiedenhofs diesem in Glonn bei Aibling sesshaft gewordenen Maler, zusammen mit seinem Vater Jakob Pöheim, zugeschrieben. Ein Michael Pöheim, im Pfarrbuch von Glonn als Sohn des Jakob bezeichnet, hat sich 1788 in Elbach an der inneren Seite der Turmtüre verewigt, als er an der Ausschmückung der Kirche zusammen mit Johann Pöheim beteiligt war.

Die Rocailleformen an Fenstern und Türen sind so fein und phantasievoll gearbeitet, dass man sie nicht, wie üblich, als bloße Ersatzdekoration für patrizische oder sakrale Stuckornamente, sondern als durchaus eigenständige Hervorbringung klassifizieren sollte, variabel, schwungvoll, zart, mit spielerischen Übergängen zu vegetati-

Wiedenhof, Südfassade

ven und floralen Formen. Damit unterscheiden sich die Hausmalereien des Schliersee-Leitzach-Inn-Gebietes (Joh. Baptist Pöheim, Sebastian Troger, Joh. Georg Gaill) grundsätzlich von der Typik der Gegend um Mittenwald (Franz Karner) und Oberammergau – Garmisch (Franz Seraph Zwinck), wo Pilaster- und Architektursujets mit Gesimsen, Säulen, Akroterien, Girlanden bis zum Aufbau ganzer illusionistischer Raumwelten (Pilatushaus in Oberammergau) in den Vordergrund treten, dabei die Heiligen meist im Halbformat, auf Wolken schwebend, ausgeführt sind. Hier im Leitzachtal stehen sie in ganzer Größe rings um das Haus herum, bewahren dieses und seine Bewohner vor Unheil und Schaden, präsentieren sich den Vorübergehenden aber zugleich als Vorbilder christlichen Glaubens und gottgefälligen Lebenswandels mit entsprechender belehrender, mahnender und anleitender Kommentierung. Bezeichnenderweise zeigen sich an manchen dieser Gehöfte am Dachfirst die gekreuzten Sparren mit stilisierten Tierköpfen (oft mit dem Kreuz dazwischen!), an den Pfetten geschnitzte Fratzengesichter und Drachen- und Schlangenwesen, apotropäische Symbole als Relikte aus vorchristlicher Ära. „Vieles, was heute im überlieferten Brauchtum fortbesteht, wurzelt in heidnischen und germanischen Glaubensvorstellungen und Kulten. Die Natur war mit Göttern und Dämonen bevölkert, die überall wohnen konnten: in Bäumen, Flüssen, im Wind – man hoffte fest auf ihre Hilfe und opferte ihnen. Auch die Frühlings-, Sommer-, Erntefeste standen im Zeichen mächtiger Götter der Natur. Seit dem Mittelalter war die Kirche daran interessiert, die heidnischen Götter zu verdrängen ..., an ihrer Stelle führte sie Heilige ein und legte deren Feiertage auf die Termine der alten heidnischen Feste“ (Helmut Hüfner, Poesie und Bilder, 2005, S. 40). Offensichtlich hatten unsere Vorfahren keine nennenswerten Probleme mit diesem friedlichen **Wandel des Weltbildes**. Damit war ihr Gestaltungsdrang aber stets mehr als bloßes Dekorationsbedürfnis, nämlich Bestandteil einer langen kulturgeschichtlichen Entwicklung religiöser Prägung. Manche meinen, das habe mit dem Erbe der Kelten, ihrem ebenfalls religiös begründeten Hang zur Verbildlichung und Abstraktion ihrer Lebenswelt zu tun. Wenn man die einstige Anknüpfung der Bajuwaren an die vorgefundene kelto-romanische Mischkultur betrachtet, mag dies schon stimmen, bliebe aber doch nur ein Aspekt unter vielen.

Unser nächstes Ziel heißt **Elbach**, wohin wir uns ab dem Funk-Hof südwärts wenden und den schmalen Fahrweg an Gottenau vorbei Richtung Achau nehmen, einst zaunbewehrte Weidetrift für das Vieh, die „Hoigass“ geheißen, wo nachts der Hoigasswidder spukte und die Leute erschreckte. An der Abzweigung Brunnfeld steigen wir links auf markierter Wiesenspur über einen Grashang hinauf nach Ahrain, zum „Rain an der Ache“. Von exponierter Stelle am rechten Hochuferrand der Leitzach genießen wir einen großartigen Blick zur Bergkette im Süden und zum Schliersbergmassiv im Westen, Unterachau mit seiner seit dem 14. Jahrhundert bezeugten Sägmühle zu unseren Füßen. **Geologisch** entstammen die diluvialen Schotter- und Moränenformationen im Leitzachtal südlich von Hundham kleineren Lokalgletschern der letzten Eiszeit rund um den Miesing, während das Hügelland weiter nördlich bis hinüber zum Auerberg und Irschenberg zu den Randmoränen des großen Inntalgletschers gehört, der über Kufstein und Rosenheim durch das Inntal herandrang und seine Eismassen nach Westen vorschob. Vom tertiären Molassetraog des Kohlebergbaus über den Flyschmergel und Flyschsandstein des Rhonbergs verbinden wir mit unserem

Standpunkt an der Schwelle zur Kalk- und Dolomitzone des Hochgebirges aus Trias und Jura nicht weniger als fünf Erdzeitphasen, bewegen uns somit im Rahmen von 200 Millionen Jahren. Mit dem Weg Richtung Birkenstein treten wir am Fuß des Breitensteins dann unmittelbar in den Abschnitt der saxonischen Tektonik ein.

Über Häuserbichl und Neumaier geht es zunächst in südöstlicher Richtung hinüber nach **Dürnbach** bis zur Staatsstraße Miesbach – Fischbachau, über der wir auf der Gegenseite sogleich den altehrwürdigen Pfarrhof mit seinem Schopfwalmdach wahrnehmen. August von Platen, als er im Sommer 1817 hier übernachtete, empfand die malerische Lage so beeindruckend, „wie es die Phantasie sich nur wünschen kann."

Im Blick auf das Dorf **Elbach**, ursprünglich als „Elchbach" bezeugt (tatsächlich wurden im Oberland Gerippe von Elchen gefunden), tritt vor allem das Kirchenensemble „St. Andreas" und „Hl. Blut" am Elbach-Hang hervor. Beide Kirchen sind einander parallel, aber in gegenläufiger Beziehung der Turmfassaden zugeordnet. Der Dürnbacher Pfarrhof mit seiner Hauskapelle im Hochparterre ist auffallend vom Kirchenplatz abgesetzt. Er weist eine ganz eigene Geschichte auf, die bis ins 8. Jahrhundert zurückgeht, als vermutlich die fünf Waldecker Brüder mit der Gründung des Klosters Schliersee um 770 ihren gesamten Landbesitz der Freisinger Bistumskirche, jedenfalls nach Ansicht der älteren Geschichtsforschung, abgetreten haben. Der **bischöfliche Hof** Elbach, in den die Pfarrei Elbach inbegriffen war, umfasste das ganze obere Leitzachtal bis Bayrischzell, erstreckte sich hinunter bis nach Au, Lippertskirchen, Feilnbach, Kutterling und Litzldorf, die Westgrenze bildete der Rhonberg, die Nordgrenze verlief am Kamm des Auerbergs entlang. Dieses territoriale Ausmaß erscheint nur erklärbar auf Grund seiner Herkunft aus einem Machtfundus, wie ihn sich in dieser Geschlossenheit am ehesten weltliche Feudalherren vom Schlage der Waldecker, möglicherweise in Anknüpfung an das Erbe der Faganen aufbauen konnten. Auch das Patronat des hl. Andreas, besonderes verehrt von den Iroschotten, die der Sage nach eine erste Zelle bei der Dürnbachkapelle errichtet haben, wird als Beweis für das hohe Alter angesehen. Dafür spricht schließlich auch die Gründungslegende der **Heilig-Blut-Kirche**, wonach der ursprünglich in Hundham beabsichtigte Bau einer Kirche in mysteriöser Weise stetig behindert wurde, stattdessen die Späne und Scheiter durch weiße Tauben nach Elbach zum eigentlichen Bestimmungsort getragen wurden, der durch ein Hostienwunder zudem zu einer vielbesuchten Wallfahrt wurde. Diese auch für andere Kirchengründungen nachweisbare Geschichte will besagen, dass an der bezeichneten Stelle wohl schon lange vorher eine heidnische Kultstätte bestand, von der das Volk nicht ohne weiteres abzubringen war, wie umgekehrt die ersten Glaubensprediger nicht unabhängig vom Herkommen eine Verehrungsstätte nach eigenem Ermessen festlegen konnten.

„Dämonenabwehr"

„Hl. Blut" gilt als markantes Beispiel der frühbarocken **Schlierseer Stuckatorenschule**, die Kirche wurde von Jörg Zwerger

Altar der Hl.-Blut-Kirche

Nordportal der Hl.-Blut-Kirche

1660/70 zusammen mit seinen Familienangehörigen Martin, Oswald, Wolfgang und Hanns über dem Vorgängerbau im neuen Stil errichtet und ausgestaltet. Halbplastische, ganzfigurige Stuckreliefs, Engelsköpfe, Girlanden, Vasen, Voluten, Rosetten, florale Motive überziehen in drängender Fülle den gesamten Innenraum, ikonographisch auf das Erlösungswerk Christi ausgerichtet, im Unterschied zur **St. Andreas-Kirche**, die 20 Jahre später im Stil des Hochbarock vom Hausstätter Hans Mayr d. Ä. auf gotischer Grundlage erbaut, mit ihrem feinen geometrischen Rahmenstuck, der die farbenfrohen szenischen Ausmalungen schmückend hervorhebt, eher dekorativ wirken will. Das verschlungene Bandwerk in den Zwischenfeldern assoziiert die Ornamentik der Wessobrunner, die mit ihrer ganz anderen Technik die Schlierseer ablösten, in der hiesigen Region interessanterweise in der Person von Johann Baptist Zimmermann, der seine ersten Schaffensjahre 1706-1715 in Miesbach verbrachte (vgl. Sixtuskirche Schliersee!). Offensichtlich hat die ältere, kräftig modellierte Formensprache den bäuerlichen Horizont ebenso zu erreichen vermocht wie die nachfolgende Epoche höfischer Eleganz und spielerischer Leichtigkeit. Die einheimischen Meister der Zwerger, Hausstätter, Glasl und Pöheim haben jedenfalls bewiesen, dass sie sich auf beides verstanden.

In seinem „Elbach-Lied" schwärmt der „poeta laureatus Bavaricus" **Eduard Stemplinger** vom „reinsten Paradies / wia´s unser Herrgott g´schaffen hat / da hat er g´lacht ganz g´wiß". Sein hölzernes Tusculum, das so manches prominente Literaten-Symposium erlebt hat, steht immer noch sturmfest am Dürnbachhang in der Sichtachse vom Pfarrhof zum Friedhof, wo er sich wünschte, „z´nachst beim Heiling Bluat" begraben zu sein. Gegenüber der

Blick von St. Andreas zum Elbacher Pfarrhof (Mitte) und Stemplinger-Haus (rechts)

Auffahrt zum „mons sacer“ der Ur-Frömmigkeit und Ur-Kolonisation – hier sollen auch die Gründungsurkunden für die Klöster Margarethenzell und Fischbachau ausgefertigt worden sein – hatte sich im Areal beim „Burgstallweg“ das Edelgeschlecht von Elechpach verschanzt, das u. a. 1189 mit einem Albanus und Alberich nachgewiesen ist, aber angesichts der geistlichen Übermacht wohl nicht viel zu bestellen vermochte.

In der Senke des Elbachs tritt rechts der **Schmiedwirt** mit seiner freskierten Südseite in den Blick. Die Heiligen Sebastian und Johann Nepomuk flankieren Christus am Kreuz mit inniger Mater dolorosa, die Fensterumrahmungen mit Girlanden und Vasen sind schon vom Geist des Empire angehaucht. Die Malerei (um 1770) wird Sebastian Troger zugeschrieben, der aus Elbach stammte. Sein Vater Jakob Troger soll Tiroler gewesen sein, ohne Anspruch allerdings verwandtschaftlicher Beziehungen zum berühmten Pustertaler Paul Troger. Der Name könnte mit dem Trogerhof oberhalb Au in Zusammenhang stehen[1]. Die einstige Hammerschmiede, welche das in der Schmelzhütte „Hammer“ im oberen Leitzachtal erzeugte Eisen verarbeitete, geht auf das 13. Jahrhundert zurück, der Betrieb am Elbach wurde 1904 abgebrochen. Die Inschrift am Haus scheint geradezu der Philosophie der Stoa verpflichtet: „Ich haw gebaut nach meinem sin; dems nicht gefällt, der geh dahin; doch haw ich vill, die mich beneiden, aber wenig, die mich begleiden. Doch mag mir einer winschen, waß er will, so winsch ich im no so vill.“[2] Paradoxerweise provozierte das tragische Schicksal des Schmiedwirts Karl Quercher, das sich im Zusammenhang einer schaurigen Wilderergeschichte 1876 an der Heißenplatte zutrug, ein enormes Maß an menschlicher Anteilnahme und ein letztes Geleit, wie es der Ort noch nicht gesehen hatte; es wurde Gegenstand eines Theaterstücks von

Turm der Pfarrkirche St. Andreas, Elbach

[1] Nach Josef Rosenegger (Meister im Inntal, Freilassing 1974, S. 46) wäre Sebastian Troger als Sohn des Oberaudorfer Heislwirts Georg Troger und Bruder des Malers Peter Troger tatsächlich ein Neffe des großen Paul Troger gewesen.

[2] Vgl. Epiktet: „ Nicht die Dinge selbst verwirren den Menschen, sondern ihre Meinung über die Dinge.“

Rudolf Pikola „Der Hammerschmied von Elbach" und wird immer wieder einmal im Saal der Gastwirtschaft aufgeführt. Der Schmiedwirt wurde zum Volkshelden, weil er ganz nach dem aufgemalten hagiographischen Vorbild den Tod um der Treue, Ehre und Wahrheit willen entschlossen und standhaft in Kauf nahm.

Wir verlassen Elbach über den „Jenbachweg" neben dem Gasthof „Sonnenkaiser", von wo wir beim Steinbruch zurückblicken auf den imposanten Kirchturm, den Caspar Glasl 1722 aus hier gehauenem Flysch-Sandstein zu solch unverwechselbaren Proportionen geformt hat, und biegen nach 200 Metern rechts ein in die ausgeschilderte Wanderroute nach Birkenstein. Erst Wiesenpfad vor traumhafter Szenerie, dann ansteigende Schottertrasse zur Schwaigeralm, ab da idyllischer Waldsteig auf gleichbleibender Höhe über dem Leitzachgrund, fällt er zum Schluss ab in eine lichte birkenbestandene Parklandschaft, die uns sanft umfängt und in das Heiligtum von **Birkenstein** hineingeleitet. Wir haben das Gefühl, einen Temenos, einen geweihten Bezirk, zu betreten, dessen Viereck zur Wallfahrtskirche hin begrenzt wird von einem ausladenden Freialtar auf terrassierter Hangböschung, einem daran vorbeirauschenden Gebirgsbach und einer eigenartigen Baumkanzel, einem Weltenbaum wie der Irminsul vergleichbar, der das kosmische Dach trägt – vielleicht sogar der Baum der Erkenntnis, der über die Heilsbotschaft Erlösung verheißt? Wunderlicherweise ruhen die Birken auf Felsblöcken auf, wurzeln nicht wie üblich in moosigem Grund. **Stein und Baum** weisen seit urdenklichen Zeiten auf einen Ort geistiger Bedeutung, religiös-kultischer Funktion. Auf einem großen Stein war es auch, wo gläubige Menschen vor einer Martersäule in Andacht verharrten, bevor an dieser Stelle 1673 eine erste Gnadenkapelle erbaut wurde. Sie geht

Außenaltar mit Baumkanzel in Birkenstein

samt damit verbundener Wallfahrt auf eine Traumvision mit besonderer Gnadenverheißung der Gottesmutter und auf ein primäres Heilwunder zurück. Durch die bald begonnene Aufzeichnung „der auf Fürbitte Mariens erhaltenen Guttaten" kam es schließlich mit zunehmendem Pilgerandrang 1710 zur Errichtung der Loretokapelle durch Johann Mayr d. Ä. von der Hausstatt (siehe Elbach), zur üppigen Rokokoausstattung erst 50 Jahre später im Zusammenhang der letzten Ausschmückungsphase des Martinsmünsters Fischbachau.

Im Prozess gesammelt – erwartungsvoller Annäherung wenden wir uns zuerst den **unterirdischen Gewölben** des Sockelbaus zu, magisch angezogen von einem von Votivkerzen gesäumten Raum mit Pietà, sodann von einer über einen niedrigen engen Durchschlupf erreichbaren, rußgeschwärzten Hl. Grab-Kammer, die durch einen schrägen Lichtschacht nach Osten mit dem Obergeschoss-Umgang verbunden

Wallfahrtskirche über dem „großen Stein" (von Westen)

ist, gleich einer auf den ersten Sonnenstrahl ausgerichteten frühzeitlichen Kultnische. Mit dem **Durchkriechsbrauch** verknüpft sich seit alters die Vorstellung, körperliche Leiden und seelische Schmerzen abzustreifen, auch den sündigen Menschen, um sich wohlvorbereitet auf das Heilige einzulassen. Man denkt da an das Nonnosus-Grab in der Freisinger Domkrypta, aber auch an die Schliefröhren und Steignischen unterirdischer Erdbauten aus vorchristlicher Zeit wie in Reichersdorf (vgl. Wanderung Nr. 5), die fast immer auch mit einem **Quellen- und Brunnenkult** zusammenhingen, Zeichen der reinigenden Kraft des Wassers. Früher trat über die Brustwunde des Pietà-Christus, jetzt zugegipst und übermalt, Wasser aus, das von einer der sog. „Sieben Quellen" gespeist, hier durchgeleitet und als geweihtes, heilendes Element dem Pilger gereicht wurde. Heute kann es im Sommerhalbjahr aus einem Marmorbrunnen an der Außenwand gezapft werden, es verspricht Heilung bei Augenleiden. Das kristallklare Wasser von hohem Reinheitsgrad entspringt den Felsen des Breitensteins, wo zwischen Bucherberg und Wendelstein 1989 ein ausgedehnter Grundwasserstock nachgewiesen wurde. Damit wäre auch die langtradierte Kunde von einem unterirdischen See bestätigt, wie er auf einer alten Votivtafel in der Wallfahrtskirche zu finden ist.

Das Wasser- und Felsenthema ist auch auf den bemalten Wänden am **Kapellenumgang** in barocker Erzählfreude variantenreich zitiert, vom Moses – Wunder über die Paradiesflüsse bis zur sog. „Notwiese", wo aus dem Breitenstein über eine Holzrinne das lebensspendende Elixier zu einem Marienbrunnen fließt. Durch den Kapellenumgang, ehedem Ausdruck ritueller Kreisbewegung als Symbol zyklischen Werdens und Vergehens sowie kosmischer und persönlicher Erneuerung, vollzieht sich der

Aufstieg des Pilgers aus dem Dunkel der Todesgruft und der Befangenheit unheimlicher Mächte in die himmlische Sphäre des Lichts und der Erlösung. Beim Eintritt in die Wallfahrtskapelle sind wir denn auch schier geblendet von der gleißenden Fülle und schimmernden Pracht des Raumschmucks, den wir erst allmählich dem zentralen Bezugspunkt des Gnadenbildes zuzuordnen vermögen. Dieses, eine gefasste Holzstatue der Madonna als Himmelskönigin, die ursprünglich im Martinsmünster Fischbachau stand und dort angeblich schon nach dessen Erbauung um 1100 Verehrung genoss, wurde durch private Stiftung im Austausch mit einem barocken Marienaltar 1673 hierher übertragen. Zwar zog das Kloster Fischbachau, von der wittelsbachischen Ahnfrau Haziga 1087 gegründet, nach deren Tod schließlich in die Stammburg der Schyren (Scheyern – Wittelsbach) ein (vgl. Wanderung Nr. I), jedoch bestanden geistliches und weltliches Vermächtnis als Propstei und Hofmark fort. Die Translation der Marienfigur ist wie die gesamte Wallfahrtsgeschichte im Obergeschossumgang geschildert.

„Entgrenzter Raum"

Die **Madonna von Birkenstein** begegnet uns als Gebieterin des Alls, als kosmische Frau mit Krone im 12-Sternen-Kranz, auf der Mondsichel stehend, mit Szepter und göttlichem Kind, das die Weltkugel trägt, in eine Art Himmelsbühne hineingerückt, die sich im Chorraum exakt über der Todesgruft aufbaut. Diese kulissenartige Szenerie, durch Verspiegelungen, Wolkenfigurationen und zahllose Engel gleichsam räumlich entgrenzt, erinnert nicht von ungefähr an die Impression der realen Landschaft mit ihrer Staffelung von Nah- und Fernzonen bis zur Auflösung der Konturen in einem einzigen Farben- und Lichtermeer. Eben darin läge dann auch das barocke Verständnis von **Transzendenz**, das immer ein Sehen in Bezugssystemen, ein „transitorisches Sehen", weniger die Betrachtung eines statuarischen Einzelkunstwerks verlangt. Man glaubt zu ahnen, warum ausgerechnet bairisches Wesen sich in diesem Medium universaler Harmonie so glücklich eingebettet fühlte und warum Barock und Rokoko hier so allgegenwärtig sind – einmal abgesehen davon, dass sie sich als zeitnahe Stilepochen schlichtweg am besten erhalten haben. Dazu passt, dass man die gotische Marienfigur im Barock überarbeitet hat, ihr eine Krone aufgesetzt und einen Sternenmantel angelegt hat, den man zu den verschiedenen liturgischen Festen entsprechend austauschen konnte. Die Gewölbetonne ist als blaue Himmelsregion mit Sternen und Sternzeichen übersät, die Lichtlaterne in der Mitte mit einer Hl.-Geist-Taube und Marienkrönung von Sebastian Troger ausgemalt. Auch das Altarantependium stammt von ihm und zeigt Maria in der Wiege, unter der die Schlange zerdrückt wird. Gegenüber an der Westwand stemmt Erzengel Michael den Satan zu Boden, der eben noch die Frau am Himmel verfolgte. Der überwältigende Glanz des Goldes und Silbers signalisiert überirdische, paradiesische Kostbarkeit, zu der sich der Gläubige emporläutern kann, wenn er sich aus den Verstrickungen des Bösen befreit, Leib und Seele von Krankheit und Sünde reinigt. Beim Ausgang zeigt die Tafel der „Notwiese" ebenso programmatisch wie trostreich, dass die dem Gnadenbild entgegengehaltenen Bitten der leidenden und darbenden Kreatur stets auf die himmlische Erfüllung eines prompten „Es geschehe" rechnen dürfen.

„Umgangsheiligtum"

Es scheint, als ob sich an diesem außergewöhnlichen Platz alle Züge von Landschaft und Natur, Wasser, Stein und Baum, die Kräfte der Erde und des Himmels zu besonderer Energie gebündelt hätten. Durchschlupf-, Umgangs-, Traum-, Reinigungs- und Erneuerungsriten verknüpfen sich mit dem Mysterium des Lichts zu einem Phänomen, das wohl seit frühesten Zeiten die Menschen in Bann gezogen hat. Das Christentum hat diese Strömungen aufgegriffen und in seine Botschaft hineingenommen, Barock und Rokoko fügten ihre ureigene Note hinzu, indem sie die Grenzen von Diesseits und Jenseits, Welt und Glauben zusammenführten. Dies zeigt sich allenthalben im Gelände an bildnisbesetzten Steinen und Felshöhlen, besonders beim Weggang in südlicher Richtung an den Grotten des Ölbergs mit schlafenden Jüngern und betendem Meister sowie an den Kreuzen auf Golgatha: „heiliger Berg" und „heilige Landschaft" fürwahr, Ausdruck des Numinosen in langer kulturgeschichtlicher Entwicklung. „Das baierisch volk ist geistlich ..., hat auch viel Kirchfahrt" formulierte Aventin im ausgehenden Mittelalter und meinte damit neben dem Glauben wohl auch eine Art Lebensgefühl.

An der Einmündung des Kapellenwegs in die Birkensteinstraße beim „Oberwirt" folgen wir nun dem beschilderten Wanderweg nach Geitau/Bayrischzell, der an der oberen Ortsgrenze südostwärts hinausführt und sich nach knapp zehn Minuten teilt. Hier wenden wir uns nach rechts Richtung Hammer/Krugalm/Fontasch und erreichen nach etwa einer halben Stunde auf einem Forstweg, der als Waldlehrpfad angelegt ist, die Talsohle, überschreiten ca. 50 Meter westlich des Gasthofes „Krugalm" Bahngleis und Fahrsträßchen und treten gegenüber in den beschilderten Wiesenpfad nach **Hagnberg-Hammer** ein. Dieser schlängelt sich durch ursprüngliche Auenlandschaft zur Leitzach, die wir auf einer Brücke queren und ein kleines Stück auf dem Uferweg nordwestwärts gegen die schon sichtbare Siedlung hin begleiten. Dort finden wir schnell in die Landstraße hinein, die von Hammer herführend zur B 307 Schliersee – Bayrischzell hinüberleitet. Kurz vor der Kreuzung liegt rechter Hand, bereits von ferne wahrnehmbar, der stattliche **Hof des „Jodlbauern"**, der als weithin bekanntes Beispiel barocker Lüftlmalerei unser letztes Ziel kurz vor dem Bahnhof Hammer markieren soll.

Der Jodlbauer, eigentlich „Stierhalter" (Jodl = Stier) ist aus einer 1270 genannten herzoglichen Schwaige und einer dreifa-

Jodlhof in Hagnberg

chen Hofteilung im 15. Jahrhundert hervorgegangen. Er zählt als palaisartig gestaltetes Miesbacher Bauernhaus des Rokoko zu den bedeutsamen Kunstdenkmälern Bayerns. Die Giebelfassade schmücken die Ganzfiguren der Heiligen Christophorus, Andreas, Florian, Sebastion, Johann Baptist und Eva, die pikanterweise um das Hauseck herum an Adam auf der linken Längsseite den Apfel reicht, wo auch ein Teil des Baumstammes emporwächst, während die früchtetragende Krone sich eher zu ihr hinneigt. Genau genommen kann Adam also gar nicht sehen, woher der Apfel kommt, tappt umso argloser in die Falle, als er den anderen von der Schlange auf seiner Seite angebotenen Apfel tapfer ignoriert. Die Reihe nach Adam setzen zur Straße hin die Bauernheiligen Notburga, Isidor, Leonhard, dazu Katharina mit Lilie und Schwert und Papst Sixtus fort. Die Gartenseite zeigt den hl. Benno als Münchner Stadtpatron, wie Sixtus mit Schliersee verbunden, einen Brabanter Fürsten, einen orientalischen Herrscher und das sog. bayerische Bauernwappen mit zwei Löwen, Sense und Rechen. Wo gibt es das schon, dass die Symbole martialischer Macht in den Dienst friedlich kultivierender Mission gestellt werden, freilich auch wehrhafter Selbstbehauptung, wenn Arbeitsgeräte oft genug als Waffen herhalten mussten! In die Gesellschaft domestizierter Wildheit und Gefährlichkeit passen Katze mit Mäuslein, Eichhörnchen und Gockel, die über den Fensterrahmungen mit Bezug zu Küche, Speicher und Düngerhaufen wie beim Wiedenbauern ihre Scherze treiben. Die Heiligen umgeben als Schutzherren der Besitzer, Patrone benachbarter Kirchen und Bewahrer des Hausstandes das Anwesen. Mit äußerster Feinheit und Raffinesse sind auch hier die Tür- und Fensterornamente ausgeführt, in denen sich Blüten mit Rocaillemotiven verschlingen und Vögel tummeln, gleichsam Teil des paradiesischen Gartens, den Adam und Eva gerade aufs Spiel setzen.

Die Signatur (H. P.) mit Datierung 1786 über der unteren Laubentür wird als **„Hans Pöheim“** gedeutet, der vor 1785 in Fischbachau gewirkt und dann seine Werkstatt nach Aibling verlegt hat. Von ihm ließen sich die drei Bauern von Hagnberg („eingehegter Berg“) auch die angrenzende Kapelle in höchst plastischer, auf Körper-

Eva verführt Adam, Fresko am Jodlhof

lichkeit der Figuren berechneter Manier ausmalen. Sollte damit die Illusion von Skulpturen erzeugt werden, wäre auch dies schon wie der Sündenfall von Adam und Eva nur typisch für das barocke Spiel mit den Möglichkeiten des Raums. Auch die Grenzen von Himmel und Erde werden lustvoll und schwärmerisch, aber ebenso mit ernstem Sinn für Ewigkeit und Vergänglichkeit aneinander und ineinander geschoben. Als Mittler beider Sphären treten die Heiligen auf, denen man Bitten und Nöte anvertraut und zur Weitergabe empfiehlt.

Nach einem Jahrhundert der Kriege haben sich Daseinsfreude und Lebensmächtigkeit Bahn gebrochen, es baut sich eine ungeheure Dynamik auf, die in Farbe, Figuren und Konturen hervordrängt und über sich hinaus „Raum greift". „Die Fröhlichkeit des sachenvollen Umgangs mit der Welt ist seit je bayerisches Erbe gewesen" (Benno Hubensteiner). Besonders seit dem **Barock**, möchte man hinzufügen, denn offensichtlich hat sich ein ganzes Volk in ihm selber entdeckt und mit seinen Regungen und Strebungen zum Ausdruck gebracht: durch „Schau- und Lebenslust, Hang zur Bildlichkeit, Neigung zum Religiösen und Theatralischen" (Herbert Spindler), inspiriert durch eine Natur, deren Harmonie „das Fest der Sinne" noch zu steigern vermag. Das erklärt schließlich, wie Bairisch und Barock schlichtweg zu Synonymen werden konnten.

Der letzte Abschnitt des Weges führt uns hinter dem Wirtschaftstrakt des Jodlhofes über eine Wiese zur nordwestlich sichtbaren Häusergruppe von Hammer und in wenigen Minuten über Quellweg, Aumoosstraße und Moosweg zum Bahnhof.

Wir nehmen die Erkenntnis mit, dass die Zeit auch hier nicht stehengeblieben ist, aber offensichtlich mehr Weile gehabt hat als anderswo. Dieser retardierte Zeitbegriff beharrender, friedlicher Landsässigkeit ist durchaus der heraldischen Würdigung durch den gezähmten Löwen wert. Bliebe nur zu wünschen, dass sich seine Botschaft, ohnehin in der Beschaulichkeit des Wanderns als Gegenpol zur modernen „Weltläufigkeit" verankert, auch dem Bewusstsein künftiger Generationen zur Erhaltung und Pflege des empfangenen kulturhistorischen Erbes mitteilt.

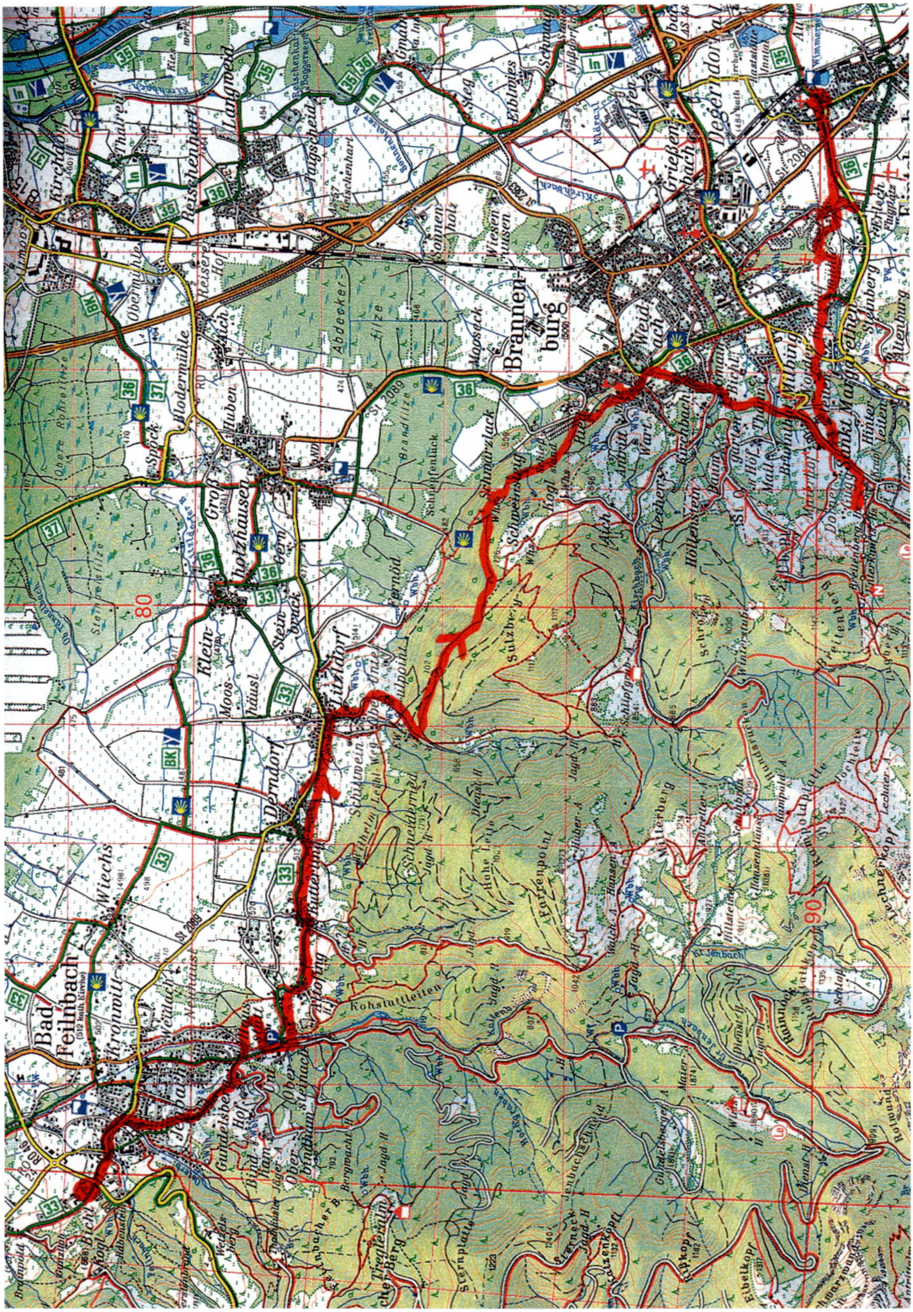
Bad Feilnbach
Wiechs
Derndorf
Litzldorf
Brannenburg
Degerndorf
Sulzberg
Lechnerkopf

Wanderung VII

Dientzenhofer und Hausstätter

Gundelsberg

Der Weg bietet die einmalige Gelegenheit, dem Leben und Wirken von einem Dutzend führender **Barockbaumeister**, dazu noch Malern und Kunsthandwerkern unserer Gegend anhand von Geburts-, Wohn- und Grabstätten näherzukommen, einige ihrer Werke kennenzulernen und einen Begriff von den atmosphärischen Bedingungen sowie vielfältigen persönlichen und geistigen Beziehungen zu erhalten, die solch außergewöhnliche Biographien ermöglichten – keineswegs unter

Wanderung VII	
Verlauf:	Bad Feilnbach – Altofing – Kutterling – Litzldorf – Oberulpoint – Schwarzlack – Brannenburg – St. Margarethen – Flintsbach Zurück mit dem Bus (Wendelstein-Ringlinie)
Gehzeit:	4 - 5 Stunden
Einkehr:	Bad Feilnbach, Litzldorf, Schwarzlack, Brannenburg, St. Margarethen, Flintsbach
Wanderkarte:	UK L 12 Mangfallgebirge, © by LVG, Gen.-Nr. 0416/07

Vernachlässigung der prächtigen Landschaft entlang den Höhenrücken des Auerbergs, Farrenpoints, Sulzbergs und Breitenbergs bis hinüber zum Madron, meist auf halber Höhe wandernd mit Ausblick ins Aiblinger Moos und Inntal, ältestes Kulturland, das seit fünf Jahrtausenden besiedelt ist.

Das barocke Bauwesen erhielt mit über 250 Bauwerken in Böhmen, Schlesien, der Oberpfalz, Franken, Hessen, Württemberg und Altbayern durch die fünf Dientzenhofer-Brüder Georg, Wolfgang, Christoph, Leonhard und Johann Prägung und Bereicherung. Sie stammten aus kleinen bäuerlichen Verhältnissen, ihren Lebensunterhalt mussten sie wie schon der Vater zunächst als Maurer verdienen, weil der Hof sie nicht ernähren konnte. Der Ur-„Dinzenhof" lag im Ortsteil Bichl westlich von **Feilnbach** an der Straße nach Hundham, vielleicht ehemals ein „Dienst"-Hof des Klosters Tegernsee, 1621 genannt, später „beim Maurer in Bichl", seit 1918 nach dem neuen Besitzer **„Englhof"** geheißen. Von diesem Stammhof aus verbreitete sich der Name Dientzenhofer in allen möglichen Varianten und Schreibweisen (u. a. auch „Dienstenhöfer") im Umkreis von ca. 20 km und ist heute noch in der Aiblinger Gegend heimisch.

Beim „Englhof" beginnt unsere Wanderung, führt in den Ort zur Kirche von Feilnbach (urspr. Höfe von „Fälnpach", auch „Fuolenpach", „Fulenpach" = fauler Bach), von dort (über Riesenfeldstraße und Breitensteinstraße) südlich hinauf zum stattlichen Hof **„Gundelsberg",** wo um 1600 der Großvater der Baumeisterbrüder „Wolf Dinzenhofer zu Kundersperg" saß, der Abtei Tegernsee grundbar. Dessen Sohn Wolfgang, der Bruder des Baumeistervaters, war 1669 Zeuge bei der Trauung des Baumeisters Johann Mayr d. Ä. von der Hausstatt (wenige Hundert Meter von Gundelsberg entfernt), den Hof bekam 1689 Abraham Dinzenhofer, Sohn des Wolfgang. 1700 wurde beim Hof eine Kapelle errichtet: ein auffallend fein gegliederter, geschwungener Zentralbau, der ganz und gar nicht dem üblichen Typus einer Bauernkapelle entspricht und sichtlich Dientzenhoferschen Geist atmet. 1861 wurde die alte Hofstelle (oberhalb auf dem Plateau) abgerissen und der heutige größere Bauernhof, z. T. mit den alten Steinen, errichtet. 1869 heiratete Ökonomierat Gasteiger die einzige Tochter des letzten „Dinzenhofers", die Gasteigers, in der Hofkapelle verewigt, bewirtschaften bis heute den Hof.

Hofkapelle von Gundelsberg

Auf Gundelsberg wurde 1614 Georg „Dinzenhofer", der Vater der Baumeisterbrüder geboren. 1638 heiratete er Anna Acher aus Wiechs, die 1642 im Kindbett starb. Eine 2. Ehe ging er mit Barbara Thanner von Litzldorf ein, die das Anwesen „Uedlpolzlehen", zur Abtei Tegernsee grundbar, mitbrachte (heute **Oberulpoint**).

Auf Oberulpoint wurden geboren: 1643 der „Waldsassener" Georg, 1645 Anna, die später mit den Brüdern nach Prag zog, ihnen den Haushalt führte und dort 1678 den Baumeister Wolfgang Leuthner heiratete, wodurch wichtige Voraussetzungen für die berufliche Existenz und Entwicklung der Dientzenhofer geschaffen wurden (5 Jahre später Annas 2. Ehe mit Alexander Hupfauer aus Miesbach, der Schreiber von Christoph Dientzenhofer in Prag wurde), 1648 der „Amberger" Wolfgang, 1650 Abraham, der später im Sulzbachischen als Ofenbauer hervortrat – allesamt getauft in Au (Taufbucheintragungen der Pfarrei St. Martin).

Barbara Thanner, die Mutter dieser vier Kinder, war Schwester oder nahe Verwandte Martin Thanners, „Maurermeister am Burgberg Falkenstein", genannt beim Neubau der Vorhalle der Kirche von Flintsbach. Er besaß wohl ein kleines Bauunternehmen, wo Georg d. Ä. als Maurer, vielleicht Palier arbeitete.

Von Oberulpoint genießt man eine herrliche Aussicht, die Lage des Hofes bot wertvollen Schutz in unsicheren Zeiten (30 jhr. Krieg!), bei Feindesgefahr auch Fluchtmöglichkeiten in die angrenzenden Bergwälder. Der Innstrom mit seinen Flößen und Schiffen musste als sichtbare Straße „in die Welt" erscheinen, dürfte somit auch seine Wirkung auf Sinnen und Trachten der Baumeisterbrüder nicht verfehlt haben.

Georg d. J. ging schon mit 11 Jahren in die Lehre von Martin Thanner. 1654 erhielt Martin Th. den Auftrag zur Verlängerung der Kirche St. Margarethen oberhalb Flintsbach, wofür ein Höfetausch zwischen Barbara Thanner und ihrem Bruder Georg, der nach Oberulpoint ging, vorgenommen wurde, die Dientzenhofers übernahmen von ihm den **„Gugghof"** oberhalb St. Margarethen. **Georg Thanner**, der Frau und Sohn verlor, begegnet später (1659) als Eremit auf Schwarzlack. Georg Dientzenhofer d. J. wurde Maurer beim Kirchenbau in St. Margarethen.

Ihn zog es 1657, nach dem Ende der Lehrzeit, zunächst wohl nach Gars, wo gerade der Bau der Klosterkirche und des Konvents (1654-1662) durch die Brüder Casparo und Domenico Zuccali im Gange war. Vielleicht wurde er dort Palier und hat Bruder Wolfgang nachgeholt zur Lehre, später auch die jüngeren Brüder, wodurch sie immer mehr als Familienverband und regelrechte „Partie" auftraten. Alle müssen sie von Natur aus eine exzellente Auffassungsgabe besessen haben, außergewöhnliches Formgefühl, mathematische Befähigung, logisches Denken, andernfalls wäre bei der bescheidenen schulischen Grundbildung, die sie – meist nur im Winter – in Flintsbach erwarben, ein Aufstieg aus der üblichen Hilfsarbeitertätigkeit zu einer der führenden Baumeisterfamilien des Barock nicht denkbar gewesen!

Wir wandern vom Hof Gundelsberg hinab zur Wendelsteinstraße, diese südwärts weiter nach **Altofing**, nach Überquerung der Jenbach[1]-Brücke liegt ca. 100 m links der Straße der stattliche Hof **„Die Hausstatt"**: Stammsitz von 3 Generationen von Baumeistern, die in vielfältiger Verbindung mit den Dientzenhofern und in verwandtschaftlicher Beziehung zu den Gunetzrhainern sowie zum berühmten Johann Michael Fischer standen.. Durch die „Hausstätter" fand die einfache Wandpfeilerhalle seit dem 17. Jhd. im Voralpenland weite Verbreitung. **Hanns Mayr d. Ä.** (1643-1718) hat viele Kirchen der Umgebung

[1] im Unterschied zum „faulen" Bach der „jähe" Bach

Stammhof der Hausstätter

errichtet oder umgebaut, u. a. Mittenkirchen, Happing, Dettendorf, Hl. Blut am Wasen, Willing, Großholzhausen, Elbach, Irschenberg, Niklasreuth, Wilparting, Fischbachau, Birkenstein, Pfaffenhofen bei Rosenheim, wodurch nach und nach die bis dahin führenden Miesbacher/Schlierseer Baumeister (Gugler und Zwerger) verdrängt wurden. Anfangs stark der Spätgotik und Renaissance verhaftet, gelingt ihm eine Abwandlung des klassisch-strengen Aufbaus der **Wandpfeilerhalle** der Graubündener Baumeister Zuccali, Sciasca und Viscardi durch die sog. „isolierten" Wandpfeiler (das horizontal durchgezogene Gebälk wird auf die Pfeiler beschränkt) und durch Hochziehung der Fenster an den Seitenwänden, die nun als pure Außenschale wirken (Umkehrprinzip zur Gotik: Innenschale mit Stützpfeiler außen).

Hier findet sein Schwiegersohn **Abraham Millauer** (1683-1758), geboren in Elbach (1706 Heirat von Mayrs Tochter Barbara), der als Maurergeselle bereits an den Kirchen von Litzldorf und Pfaffenhofen mitgewirkt hat, den Ansatz zur Weiterentwicklung im Dientzenhoferschen Sinne: Dynamisierung und Rhythmisierung der Wandpfeilerhalle durch eine neue Formensprache mit fließenden Bewegungen, ein- und ausschwingenden Wänden, Verschmelzung von Langraum und Zentralbau, Verschiebung der Stützpfeiler mit aufgesetzter, flacher, böhmischer Stutzkuppel. Als auslösendes Moment wirkten Kontakte zu Böhmen und den Dientzenhofern, die einerseits an slawische Architekturelemente anknüpften, andererseits auf dem Umweg über Wien römische Anregungen (Borromini, Guarini) aufnahmen – diese Möglichkeit war den bairischen Baumeistern benommen durch einen kurfürstlichen Erlass von 1720 „es sei sich der Stil an die großen Maitres der Italiener zu halten" (womit die Graubündner gemeint waren. Erst nachdem in den 30er Jahren die kurfürstliche Weisung ihre Wirkung verloren hatte, kam auch in die bairische Szene Bewegung. Pläne und Nachzeichnungen aus dem böhmischen Dientzenhoferkreis waren den Hausstättern bekannt, wie ein Plan der St. Klemens-Kirche des Christoph Dientzenhofer beweist, der in der Hausstatt gefunden und dort aufbewahrt wurde.

Kirchenbauten Abraham Millauers sind u. a. Litzldorf, Kössen, Flintsbach, St. Johann in Tirol, Reith in Tirol, Kleinholzhausen, Bayrischzell, Schleching, Reisach, Ebbs, Schwarzlack, Neubeuern (Schlosskapelle), Wiechs, Berbling. Während in Wiechs, das sich in Sichtweite der Hausstatt befindet, der kurvierte und rhythmisierte Innenraum in einen festen Mauermantel eingespannt ist (ebenso wie im noch zu besichtigenden Schwarzlack), wird in Berbling das Innenraumgefüge nach außen bloßgelegt, ganz wie in den entsprechenden Kirchenbauten der Dientzenhofer in Böhmen. **Berbling**, die „südostbayerische Wies", bildet bis dato in der bairischen Entwicklung und im Schaffen Millauers einen einzigartigen Höhepunkt, der ohne weitreichende Verbindungen nicht denkbar wäre (vgl. S. 76-78).

Hanns Mayr d.J. (1677 geb.) hatte in der Oberpfalz bei Wolfgang Dientzenhofer in Amberg gelernt und als Palier gearbeitet, er ging 1699 nach München und trat in die Dienste des Stadt- und Hofmaurermeisters **Martin Gunetzrhainer** (aus Miesbach vom Stadlberg) ein. Nach dessen Tod heiratete er seine Witwe, wird dadurch zum Stiefvater der Söhne Joh. Baptist und Ignaz Anton Gunetzrhainer, die mit ihm zusammenarbeiten, vor allem wird er nun selbst Stadtbaumeister.

1722 war **Johann Michael Fischer** (1692-1766), geboren in Burglengenfeld, während seiner Lehr- und Wanderjahre in der Oberpfalz, in Böhmen und Mähren mit den Dientzenhofern in Berührung gekommen, schließlich über Wien nach München gelangt, wo er 1725 Maria Regina, die Tochter Johann Mayrs d. J. heiratet. Durch diese verwandtschaftliche Beziehung und Fischers Mitarbeit bei Mayrs Bauten (z. B. in Schleißheim, Schönbrunn, Alltomünster) können auch Einflüsse auf „Oheim" Abraham Millauer nicht ausgeschlossen werden (ebenso wenig wie von Seiten der Gunetzrhainer).

Philipp Millauer (1710-1753), Abrahams Sohn, tritt nur im Zusammenhang der Bauten seines Vaters hervor, z. B. als Palier in Reisach oder Berbling, er hat sich als empfindsamer Architekt vorrangig im Bereich der kleinen und zierlichen Formensprache profiliert.

Hans Thaller (1719 – 1796) heiratete 1754 die Witwe Philipp Millauers und führte eine Reihe von Hausstätter Bauten zu Ende (v. a. Wiechs und Berbling). Er wurde nach dem Tod Abraham Millauers 1758 Erbe des Hausstätter Bauunternehmens, das somit auf fünf namhafte Vertreter verweisen kann.

Von Altofing wandern wir am besten auf der wenig frequentierten Fahrstraße zum alten Bauerndorf **Kutterling** mit dem

Pfarrkirche St. Michael, Litzldorf

Innenraum von St. Michael

Wohnhaus des Malers **Wilhelm Leibl**. Er verbrachte bekanntlich, nach Geburt in Köln (1844) und den Stationen München, Paris, Graßlfing, Schondorf seine letzte Lebens- und Schaffensperiode in Aibling, Berbling und Kutterling (1892-1900). Werke aus dieser Zeit: „Frauen in der Kirche von Berbling", „Wildschützen", mehrere Bildnisse von „Bauernmädchen", „Feierabend", „Der Zeitungsleser", Portraits usw., teils zusammen mit seinem Malerfreund Johann Sperl gefertigt, allesamt in der technischen Durchdringung und im Reichtum der Empfindung den Höhepunkt seines Schaffens markierend. Kutterling hatte auch für die Dientzenhofer Bedeutung, sie zogen ganze Handwerkerkompanien von hier und aus der Umgebung zu ihren Großbaustellen in die Fremde.

Vom alten Bauerndorf Kutterling, dessen mittelalterlicher Turmhügel „Gschlössl" südwestlich oberhalb (am Weg zum Farrenpoint) noch gut erkennbar ist, geht es zur weithin sichtbaren Kirche von **Litzldorf**, an deren Südseite sich das Grabmal der „Hausstätter" befindet. Die Kirche „St. Michael" Hanns Mayrs d. Ä., 1708 begonnen, folgt noch dem alten Schema der mit einem Pilaster als Vorlage versehenen Wandpfeiler und mit halbrund schließenden Hochfenstern, sowie Stichkappen, die in die Tonnenwölbung einschneiden.

Blick nach Litzldorf, von Oberulpoint aus

Oberulpoint, um 1900

Der Weg führt unmittelbar östlich auf der Sulzbergstraße bergan zum Hof **„Oberulpoint“**, der links oben in aussichtsreicher Höhenlage prangt. Obwohl neuzeitlich umgestaltet, wird in ihm noch eine holzgetäfelte Stube aus der Zeit der hier geborenen Baumeisterbrüder Georg und Wolfgang verwahrt. Weiter bergauf in Richtung Sulzberg halten wir uns bei der Weggabelung links. (Nach rechts gelangt man zu einem jenseits des Litzlbaches gelegenen Industriedenkmal eines Zementwerkes, das nur von 1892-1898 bestand. Der hier vorkommende Zementstein wurde jedoch schon früher u. a. vom Oberulpointer Bauern Antretter verwertet, und man könnte sich gut vorstellen, dass an dieser Stelle auch schon davor gelegentlich Kalk, etwa für das Bauunternehmen Thanner gebrannt wurde.) Nach etwa einem halben Kilometer auf steiler Bergstrecke (seit 2002 ist diese grausam entstellt, für schwere Fahrzeuge verbreitert und befestigt, die labile Flyschböschung brutal angeschnitten – weshalb jetzt vor Steinschlag gewarnt wird – und dies alles offensichtlich von den Behörden abgesegnet!) links ab zum **„Schweinsteig“** (eigtl. „Hirtensteig“, von mhd. Swino = Hirte). Nun geht es auf halber Höhe am Hang des Sulzbergs entlang, erst aufwärts, dann abwärts nach Schwarzlack, wobei der Hof „Schweinsteig“ oben rechts liegen bleibt, aber auch auf einem Umweg miteinbezogen werden könnte.

Oberulpoint heute

Originale Stube in Oberulpoint (mit Oma Rechenauer)

Vom Hof Hinter-Schweinsteig stammt der Kirchenmaler **Sebastian Rechenauer d. Ä.**, geb.1761, der beim kurfürstlichen Hofmaler Joseph Hauber (Fresken z. B. in Lippertskirchen) eine zweijährige Ausbildung in München erfuhr und in der Flintsbacher Pfarrkirche die Fresken schuf, auch die Kreuzweggemälde (solche auch in Brannenburg, Petersberg, Biber, Votivtafeln in Kirchwald und Schwarzlack). Die Freskierung von Schwarzlack gilt neben Flintsbach als sein Hauptwerk. 1835 ist er in Neubeuern gestorben, sein Sohn Sebastian Rechenauer d. J. führte den väterlichen Beruf fort.

Die Kirche „Maria Hilf" in **Schwarzlack**, 1748-1763 unter der Ägide der Preysings von Abraham und Philipp Millauer erbaut, von Hans Thaller vollendet (z. T. zeitgleich mit Berbling 1751-1756), zeigt jene bewegte Formensprache, die bereits in der Tradition der Dientzenhofer steht. Die schwingende Raumkomposition ist so in den Mauermantel eingefügt, dass der Außenbau nichts von der bemerkenswerten Innengliederung verrät (ähnlich wie in der 1754-1758 entstandenen „St. Laurentius"-Kirche von Wiechs). Ihr eleganter, höfischer Charakter wird betont durch feinen, zurückhaltenden Stuck, auch durch die sonstige gediegene Ausstattung, wie etwa die ansehnlichen Holzskulpturen von Joseph Götsch, der bekanntlich mit Ignaz Günther zusammen das große Ausstattungskunstwerk in Rott a. Inn schuf, die an Corregio erinnernden Decken- und Wandgemälde von Rechenauer d. Ä., durch ein kunstvolles Abschlussgitter von Franz Plazer aus Neubeuern (1769), schöngeschnitztes Rokokogestühl und Speisegitter (1753) von Matthias Perthaler aus der berühmten Kistler- und Malerfamilie in Degerndorf (1700-1773). Sein Sohn Anton (1806) schuf die weitberühmten Bauernschränke, auch feine Rokokoschnitzereien an Portalen und

Ostfassade von „Maria Hilf" auf Schwarzlack

Kirchengestühl. Mit dessen Enkel Josef P. starb die Familie 1854 aus, das Perthalerhaus im nahen Degerndorf ist noch erhalten (Prachtholzdecke im Münchener Nationalmuseum).

Die Anfänge der Marienwallfahrt weisen auf 1659, als sich hier der **Eremit Georg Thanner** eine hölzerne Klause baute (bei einem moorigen Tümpel, der „schwarzen Lacke"). Dort stellte er das kleine Marienbild auf, das jetzt in den Hochaltar integriert ist (Cranach-Kopie). Auch in der Person ihres Verwandten Georg Thanner stehen also die Dientzenhofer in geistiger Beziehung zu diesem Ort. Wo sich einst die Klause befand, lockt jetzt ein bayerisches Wirtshaus neben der Kirche.

Den Weg hinab nach **Brannenburg** begleitet eine zauberhafte Aussicht auf das Gebirgspanorama der Rosenheimer Hausberge, Schloss Neubeuern und den Wilden Kaiser. Schloss Brannenburg war neben Hohenaschau und Neubeuern im 18. Jhd. Sitz jener Grafen von Preysing, von denen Max IV., kurfürstl. Ministerialbeamter in München, dort wohnhaft im Preysing-Palais neben der Residenz, 1748 den Neubau von Schwarzlack beginnt. Bis 1724 hatten die Hundt zu Falkenstein die ursprüngliche Burg inne, die sie 1561 zu einem Renaissanceschloss umbauen ließen, bevor die völlige Umgestaltung in englischer Neugotik 1872-1875 erfolgte, um schließlich einem Landschulheim mit Realschule Platz zu bieten. Von der Burg, die im 12. Jhd. nach Urkunden des Klosters Tegernsee von einem „Gottschalk von Prantenberg" erbaut wurde (die Herren von „Prantenberg" waren Ministeriale der mächtigen Falkensteiner, zu deren Grafschaft ursprünglich auch die Burgen Weyarn, Altenburg, Neuburg, Bergham, Stiegelburg, Ramsau, Klammenstein, Neubeuern, Ober- und Unter-Falkenstein, Auerburg, Kirnstein,

„Maria Hilf", Blick nach Osten, gen Heuberg

Hirnsberg, Hartmannsberg mit Zinnen- und Zickenburg gehörten), sind noch Geländereste auf dem angrenzenden (durch

„Maria Hilf", Inneres

Umzäunung abgesperrten) Hangareal zu erkennen. Seit 1242 war die Burg im Besitz der bayerischen Herzöge, 1506 erhielt sie der bekannte **Ritter Kaspar Winzerer** von Sachsenkam, der den Ehrentitel „Der goldene Ritter" führte, von Herzog Albrecht IV. zusammen mit der Hofmarksgerechtigkeit. Damals wurde ein Turnier ausgeschrieben, das auf dem Badanger vor der Burg stattfand. Kaspar Winzerer nahm mit 77 Jahren noch daran teil, wurde aber dabei von seinem besten Freund, dem berühmten Landsknechtführer Georg von Frundsberg, so unglücklich getroffen, dass er daran starb (Beisetzung und Grabstein in der Pfarrkirche Bad Tölz).

In Brannenburg gehen wir, nach einem Kurzbesuch der Kirche „Mariae Himmelfahrt", (wohl unter den Prantenbergern im 12. Jhdt. errichtet, um 1520 von Kaspar Winzerer neu erbaut, 1680 erstmals, dann ab 1772 nach Plänen des Hausstätters Hans

Schlosshof in Brannenburg

Thaller barockisiert, Apostelzyklus und Grisailemalerei von Seb. Rechenauer d. Ä., von dem auch die ursprüngliche Deckenfreskierung stammte; diese wurde durch eine Ausmalung im Nazarenerstil 1883/84 vom Miesbacher Alois Dirnberger ersetzt, um dann wiederum 1920 einer am Rokoko orientierten Neugestaltung zu weichen. Bei der damaligen Innenrenovierung wurden im Chor alte Fresken freigelegt, die sich auf das Rittertum, u. a. auf Richard Löwenherz beziehen, der wie Kaspar Winzerer gegen die Türken gesiegt hatte; Epitaphien der Herren von Mooseck, von Hundt und von Preysing), die Dorfstraße hinauf, biegen dann bei einem Reiterhof links ab in den Fußpfad nach **St. Margarethen**. Würde man rechts weiterhin der Straße bergauf in Richtung Schweinsteig bzw. Schlipfgrubalm folgen, führte wenige Meter nach der Kirchbachbrücke links eine Abzweigung zum **Höllenstein**, dem ehemaligen Burgstall „Holnstein", der auf eine ursprüngliche Höhlenbefestigung schließen lässt (Einen Kilometer nördlich von Brannenburg, direkt unterhalb von Schwarzlack, befindet sich die Burgstelle „Mooseck", eine ehemalige Wasserburg, auf der 1388-1429 ein eigener Adel saß. Die Geländeformationen sind noch gut erkennbar). Das Gebiet von Brannenburg/Flintsbach/Neubeuern/Nußdorf, überhaupt das bayerische Inntal von Kufstein über Rosenheim bis Mühldorf, die alte Grenze zwischen Raetien und Norikum, weist einen dichten Burgenbesatz auf, es

Blick nach St. Margarethen

bedurfte offensichtlich einer besonders wirksamen Machtsicherung. Von der Höhe genießen wir den Panoramablick über das Inntal, vor uns liegen Degerndorf (Kirche „St. Ägidius", 1659 durch Martin Thanner und 1741 durch Thomas Rechenauer umgestaltet, Kanzel von Matthias Perthaler) und Flintsbach, das Ziel unserer Wanderung.

Die **Margarethenkirche** am „Prantenperch" (das östlich abfallende Gelände des Breitenbergs wurde durch Brandrodung im 11./12. Jhd. urbar gemacht) ist erstmals 1445 urkundlich erwähnt, hat aber als Kapelle schon im 12./13. Jhd. (Chor aus dieser Zeit) bestanden und geht mit ihrer exponierten landschaftlichen Lage und ihren alten Bäumen auf einen heidnischen Kultplatz zurück (Die heiligen drei Jungfrauen Margarete, Katharina, Barbara stehen wohl auch im Zusammenhang mit der Göttinnentrias Diana, Venus, Minerva bzw. den keltischen Göttinnen Morrigan, Macha und Bodb, auch der dreigestaltigen Göttin Brigit oder den „Drei Müttern" mit Symbolen der Fruchtbarkeit und Fülle. Vgl. auch „die drei Saligen" in Tirol oder die „heiligen drei Jungfrauen" Einbet, Warbet, Wilbet bzw. Aubet, Cubet, Guere – Dazu auch Wanderungen Nrn. V, XII und XIII!). Margarete, die Rodungsheilige mit dem Drachen oder der Schlange weist auf Diana, oft mit Schlange und Hirschfell abgebildet, Helferin bei Geburten und Kinderlosigkeit. Katharina als Schützerin der Verliebten, Mädchen und Ehefrauen, die Vornehmste und Schönste, steht der Venus nahe. Barbara, Patronin u. a. der Architekten, Maurer, Zimmerer, Bauleute und Bergleute, der Türme, Festungen und wehrhaften Siedlungen, erinnert an Minerva, Schirmerin der Städte und des Städtebaus. Das frühe Christentum ist in den Rahmen der heidnischen Kulttradition hineingeboren und baut darauf auf. In St. Margarethen wird das zum Ereignis, auch anhand der spätmittelalterlichen Fresken im Presbyterium über die Lebensgeschichte der „drei heiligen Madln".

Die Hl. Drei Jungfrauen in St. Margarethen

1654 erfolgt die Verlängerung der Kirche nach Westen durch Martin Thanner unter tätiger Mithilfe von **Georg Dientzenhofer**. An der Südseite der Kirche, am Grab von Georg d. Ä. (1673), ist eine Dientzenhofer-Gedenktafel angebracht. Auf dem **„Gugg-Hof"** („Guggenbichl" = Kuckuckshügel), einem der ältesten Bauernhäuser des Landkreises Rosenheim ca. 1 km nordwest-

Gugghof, oberhalb St. Margarethen

lich oberhalb der Kirche, den Falkensteinern dienstbar und gerichtsbar, sind die drei jüngeren Brüder Christoph (1655), Leonhard (1660) und Johann (1663) geboren, eingetragen im Flintsbacher Taufbuch.

Von hier sind sie den älteren Brüdern Georg und Wolfgang nachgezogen und am 11. Januar 1678 alle in **Prag** versammelt zur Hochzeit ihrer Schwester Anna mit Wolfgang Leuthner, dem Bruder des „obersten Fortifikationsarchitekten im Königreich Böhmen" und „Königlichen Baumeister der Stadt Prag" **Abraham Leuthner**, dessen Stellung mit der Balthasar Neumanns in Franken vergleichbar ist. Man kann die Heirat als Standesverbindung auf der Grundlage einer schon bestehenden Zusammenarbeit zwischen Abraham Leuthner und Georg Dientzenhofer in Waldsassen bezeichnen. Leuthner stammte vom Mühlviertel, war von Linz und Wien ca. 1663 nach Prag gekommen, wo er vermutlich mit **Carlo Lurago** zusammenarbeitete, der 1667 das Clementinum in Prag gebaut hatte und 1668 mit dem Dombau in Passau (nach dem großen Brand) beauftragt wurde. Das durch seinen Weggang entstandene Vakuum in Prag füllte nunmehr Leuthner aus.

Georg kam mit **Wolfgang**, möglicherweise durch Vermittlung von Domenico Zuccalli über Gars zur Großbaustelle nach Passau, nun auch schon mit Bruder Christoph als Lehrling. Ca. 1675 stand der Rohbau, auf Empfehlung Luragos an Leuthner gingen die Brüder nach Prag. Die Qualität ihrer Arbeit ist wohl bald aufgefallen, so dass Abraham Leuthner an einer dauerhaften Bindung interessiert war, die durch die Ehe seines Bruders Wolfgang mit der Dientzenhofer-Schwester **Anna** besiegelt wurde. Diese hatte wohl schon ab 1677 allen fünf Brüdern den Haushalt in Prag geführt, wo sie in den nächsten zwei bis drei Jahren arbeiteten. Als erster machte sich Wolfgang 1679 selbständig und ging nach Arnau/Elbe in Nordböhmen. 1685 ist er von Bruder Georg als Palier beim Bau der Wallfahrtskirche Trautmannshofen eingesetzt.

Leuthner bestimmte den hochbegabten **Christoph** zu seinem Nachfolger, dieser blieb mit Bruder Johann in Prag. Georg wird von Leuthner 1682 als Stellvertreter zum Bau von Kirche und Konvent nach Waldsassen mitgenommen. 1685 tritt dort auch **Leonhard** als Palier in Erscheinung, heiratet in Waldsassen Anna Hager, die Schwester der Frau von Georg, der sich dort schon 1682 mit der Metzgermeisterstochter Maria Elisabeth Hager verehelicht hatte. Diese heiratete nach Georgs Tod später dessen Mitarbeiter Bernhard Schiesser (bekannt auch durch die Vollendung Schönthals nach Leonhards Tod).

Georg streckte seine Fühler bald nach Amberg aus und erhielt dort 1683 das Bürgerrecht. 1684/86 lieferte er den Plan für das Amberger Jesuitenkolleg, 1684 den Plan für die Wallfahrtskirche Kappel und übernahm im selben Jahr die Bauleitung der von Leonhard entworfenen Wallfahrtskirche Trautmannshofen, beide sind auch mit Planungsarbeiten in Kloster Speinshart und Schloss Falkenberg befasst. Leonhard beginnt 1686 den ersten Bauabschnitt des Zisterzienserklosters Ebrach und erhält den Planungs- und Bauauftrag der Jesuiten für die St. Martinskirche in Bamberg. Er wird 1687 Bamberger Bürger, 1690 Stiftsbaumeister. Georg starb bereits 1689 im Alter von 46 Jahren.

Wolfgang wurde in Amberg 1695 Churfürstlicher Baumeister (die Oberpfalz unterstand dem Hof in München), zog eine Menge heimatlicher Handwerker dorthin, aus Elbach, Hundham, Schliersee, Miesbach, Aibling und Rosenheim, u. a. auch

Johann Mayr d. J. von der Hausstatt. 1690 baut Wolfgang den Benediktinerkonvent mit Kirche in Michelfeld, 1691–1697 Kloster Weißenohe und Kloster Speinshart, 1693 das Salesianerinnen-Kloster Amberg, danach die Kirche, 1696-1702 das Paulanerkloster Amberg, 1697 die Maria-Hilf-Kirche Amberg. 1706 starb er dort unter Hinterlassung erheblicher Verbindlichkeiten.

Leonhard wird 1700 Ratsherr der Stadt Bamberg, baut den Konvent des Klosters Banz (später mit Balthasar Neumann) und die „Neue Residenz" Bamberg, dann 1700-1707 Konvent und Kirche der Zisterzienser in Schönthal. Er stirbt 1707 in Bamberg.

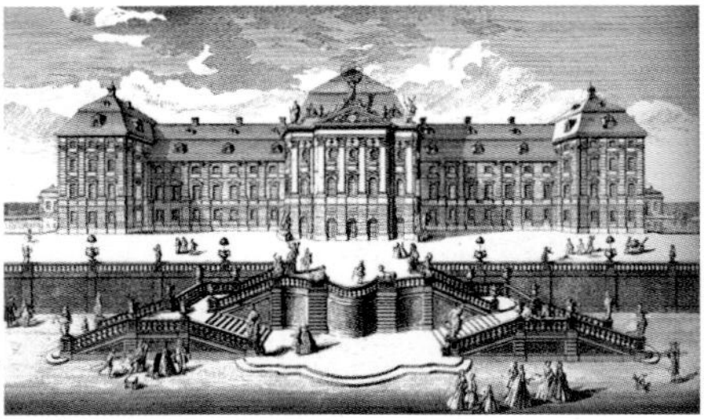

Weißenstein (Pommersfelden),
Johann Dientzenhofer

Johann verließ 1690 Prag und wird 1698 Bürger in Bamberg. 1699 ging er auf Veranlassung des Fürstbischofs Lothar Franz von Schönborn nach Italien, wurde 1700 Stiftsbaumeister in Fulda, wo er den Dom schuf. 1710 baute er die Kirche von Banz in den Konvent seines Bruders Leonhard ein. 1711 erhielt er die Hofbaumeisterstelle in Bamberg. In diesem Jahr begann er für Lothar Franz von Schönborn mit dem Bau von Schloss Pommersfelden, bis zu seinem Tod 1726 blieb Johann in den Diensten der Familie Schönborn. Einzigartig die Neumünsterfassade in Würzburg (1711-1716!). In Würzburg hatte er schließlich, was allgemein wenig bekannt ist, ab 1720 die Bauleitung für den großen Residenzbau bis 1723, bevor er infolge schwerer Fieberanfälle und Gicht das Feld dem jungen Balthasar Neumann überlassen musste.

Christoph wurde zusammen mit seinem Sohn Ignaz Kilian zum Hauptgestalter des böhmischen Barock. In Prag hatte er 1689 das Unternehmen Leuthner übernommen (nach vorheriger Verehelichung mit der Witwe des Prager Baumeisters Georg Aichbauer). 1689–1699 erfolgt der Kloster- und Kirchenbau in Tepl (mit Wolfgang Branböck aus Miesbach als Palier), 1698-1701 erscheint er als Festungsbaumeister in Eger, ab 1701 in gleicher Position in Prag; bis 1717 folgten: Klosterkirche Obořischte, Klosterkirche Brevnov, Klementinum in Prag, Schmiřschitz, die Lorettokirche auf dem Hradschin (1717-1722) – eine unglaubliche Fülle, Vielfalt und Qualität kennzeichnet seine Lebensleistung. Er stirbt 1722 in Prag.

Sein Sohn **Ignaz Kilian**, geb. 1689, als erster der Dientzenhofer akademisch geschult, setzte die Arbeiten des Vaters fort: beider bedeutendstes Werk ist St. Niklas auf der Kleinseite in Prag, zu Ende geführt 1732-1737. Für das von Ignaz Kilian erbaute Benediktinerkloster Wahlstatt in Schlesien (1723-1731) übernahmen die Gebrüder Asam die Freskierung. Ignaz Kilian stirbt 1751, versehen mit der hohen Auszeichnung als „kaiserlicher Hofbaumeister" durch Kaiser Karl VI. Von seinen mehr als 50 Bauten seien hervorgehoben: Landkirchen für das Benediktinerkloster Braunau-Broumov, Benediktinerkloster Broumov, Počaply, Karlsbad, Johann-Nepomuk-Kirche „auf dem Felsen" in Prag, Ursulinenkloster Kuttenberg, Benediktinerkloster Brevnov.

Zu erwähnen aus der Dientzenhoferfamilie ist auch **Justus Heinrich** (1702-1744), Sohn Johanns, der in Fulda geboren wurde. Er hat mehrere Bauten in Bamberg vorzuweisen (u. a. Kapitelhaus bei St. Gangolf, Dominikanerkloster, Curia St. Hippolyti,

Zeughaus, z. T. nach Plänen von und in Zusammenarbeit mit Balthasar Neumann). Ein weiterer Sohn Johanns ist **Johann Gottfried** (geb. 1694), 1717 zum Bauinspektor des Herzogs Karl Theodor von Sulzbach bestellt, lebte er auf großem Fuße und machte Schulden, er wurde wegen Veruntreuung entlassen. Von ihm existieren einige Treppenhausentwürfe, über sein weiteres Schicksal ist nichts bekannt.

Überblickt man den Weg, den die Dientzenhofer genommen haben, so ist es in höchstem Maße faszinierend, wie sie, vom kleinbäuerlichen-alpenländischen Milieu ausgegangen, zu solcher Bedeutung und Ehre emporsteigen konnten. Sie haben den böhmischen Barock in pionierhafter Weise aus sich heraus entfaltet, indem sie sich in eine ganz andere Lebenswelt integrierten, die vorhandenen Strömungen aufnahmen und zu einer Kunstform entwickelten, die eine starke Ausstrahlung auf Süddeutschland gewann und auf die bairische Heimat zurückwirkte. In der Atmosphäre auf St. Margarethen glaubt man etwas von diesem Geist zu spüren, seiner zeitlosen Gültigkeit und Präsenz kann man sich schwerlich entziehen.

Der Weg führt nun über steile Wiesenhänge hinab zur Talstation der Wendelsteinbahn (beschildert), quert die Sudelfeldstraße und verläuft, den Förchenbach entlang, in gerader östlicher Richtung auf die Kirche von **Flintsbach** zu. Rechter Hand wandert der Blick hinauf zur

Blick vom Gugghof ins Inntal

Peterskirche aus dem 12. Jhd. auf dem sagenumwobenen **„Madron"** (keltisch-röm. matrona = Mutter - oder Ortsschutzgottheit), auf eine vorchristliche Kultstätte weisend und in ihrem christlichen Ursprung auf die irisch-westfränkische Missionszeit zurückführend, zur **Burg Falkenstein** und zur Rachelburg, dem „Troja über dem Inntal", bereits in der Bronzezeit (13. Jhd. v. Chr.) besiedelt. Zur Linken halten wir auf den wehrhaften Nagelfluhklotz des **„Biber"** zu („Biberg" = Leitwort für Wallburgen; „Bi-" kennzeichnet den ringförmigen Grundriss der Wallburg, bedeutet wie griech. „amphi" „ringsum", vgl. Amphitheater od. Ambilici bzw. Ambisontii „die rings um den Lech" bzw. „um die Salzach" wohnten. Im Germanischen ist ambi zu bi geschrumpft), ebenfalls mit prähistorischen Spuren, mit ehem. Felsbehausungen und Resten einer Eremitage, gekrönt von der Wallfahrtskirche **St. Magdalena**, 1627-30 von Peter Antretter[2] erbaut, mit Schlierseer Quadraturstuck ausgestattet. Ein imposanter Kreuzweg umschließt das Freigelände vor

---

[2] Ein Martin Antretter bezeugt 1654 den Hoftausch von Ulpoint und Gugg und erwirbt 1665 selbst den Gugghof, er ist 1670 gestorben und im Friedhof St. Margarethen bestattet. Er vererbt den Hof weiter an seine Söhne. Sebastian Antretter erwirbt nach 1659 von Georg Thanner das Gut Oberulpoint, sein Grabstein befindet sich an der Südseite der Kirche von Litzldorf, mit den Hausstättern verwandt Vitus Antretter war Palier bei Hans Thaller (zusammen mit Johann Achleitner).
Die Antretters folgen also mit einigen ihrer Familienmitglieder den Spuren der Dientzenhofer, übernehmen deren Höfe, arbeiten mit den Hausstättern zusammen und bringen es zu immerhin lokaler Bedeutsamkeit.

„Heiliger Bezirk" auf dem Biber

St. Magdalena auf dem Biber

der Kirche mit einer hufeisenförmigen Einfriedung, diese gegliedert durch polygonale Wandnischen mit Heiligenfiguren. Die ummauerte Anlage mit dem Heiligen Grab in einer Erdgruft wirkt wie ein archaischer Temenos zu Ehren chthonischer Mächte. Auch ansonsten kann man sich auf dem durchlöcherten Felsrücken mit seinen Steinbrüchen, Klausen, Höhlen und Wassergrotten diesem Eindruck kaum entziehen.

Auf dem Weiterweg nach Flintsbach passieren wir zunächst bei der Brücke eine Steinskulptur des Evangelisten Markus mit Löwen (als Namenspatron eines ehem. Steinbruchbesitzers), gelangen dann zur **„Wolfsgrube"** (Doline – vielleicht ehedem Wohngrube) und zum sog. „neuen" Friedhof (mit Funden aus der Urnenfelderzeit 1250-750 v.Chr.), die Pfarrkirche „St. Martin" von Flintsbach nun unmittelbar vor Augen.

Flintsbach ist auf sehr altem Platz am Ufer des Inns erbaut, mit vielen ursprünglichen Bauernhäusern und ehemaligem (jetzt aufgelassenem) Friedhof bei der Kirche, bekannt für seine schmiedeisernen Grabkreuze aus dem 18./19. Jhd. (u. a. Gräber der Falkensteiner, der Rechenauer, der Perthaler und des Bischofs Albuin von Brixen: Hinweis auf dessen Besitz in Flintsbach und seine Verwandtschaft mit den hier reich begüterten Aribonen). Das Martinspatrozinium der Kirche führt in die Zeit der frühesten Christianisierung zurück, der Bau beeindruckt von Westen durch seine elegante, schmale Proportionierung und den hohen Turm. Seit dem 12. Jhd. war St. Martin Hauptkirche der Herrschaft Falkenstein und Begräbniskirche der Falkensteiner (vgl. „Codex Falkensteinensis"). Erbaut über

Flintsbach, St. Martin

St. Martin, Innenansicht

Flintsbach, Deckenfresko

romanischen Grundmauern, gotisch umgestaltet im 15. Jhd. mit Steinen vom „Biber", schließlich barockisiert in mehreren Etappen (Vollendung 1735) unter **„Wolfgang Dinzenhofer aus Aibling"** mit Palier Hans Mayr von der Hausstatt, im wesentlichen aber durch Abraham Millauer, der vor allem den einheitlichen Gesamteindruck bestimmte. Dieser erinnert nicht von ungefähr an Weißenohe oder Ensdorf, außen wie innen, also an Bauformen des „Amberger" Wolfgang Dientzenhofer, der u. a. auch seinen Verwandten, den „Aiblinger" Wolfgang Dinzenhofer (geb. 1678 in Au bei Feilnbach, 1747 gestorben in Aibling als angesehener „consul, mercator et murariorum magister"), zum Salesianerinnen-Bau nach Amberg geholt hatte (1697). Er wird vielfach auch zu den Hausstättern gezählt, mit denen er immer wieder zusammenarbeitete (Hauptwerke Au, Kirchwald und Götting).

Für dörfliche Verhältnisse beeindruckt die Kirche mit einer ungewöhnlich kostbaren, festlichen Ausstattung: mit Frührokokostuck von Thomas Glasl (Schüler und Mitarbeiter der Gebrüder Asam), Deckengemälden von Sebastian Rechenauer d. Ä. (in starker Anlehnung an die Fresken seines Lehrers Joseph Hauber in Lippertskirchen) sowie den ebenfalls von ihm geschaffenen Apostelbildern an den Wandpfeilern, Kreuzweg und Votivgemälden, Schnitzarbeiten aus dem Umkreis von Ignaz Günther, v. a. von Joseph Götsch, auch von Roman Anton Boos, Portalflügeltüren und Gestühl von Matthias und Anton Perthaler, Kanzel von Joh. Georg Reheis aus Flintsbach, Epithaphien der Falkensteiner im Chor und Turmerdgeschoß sowie als Besonderheit Prozessionsstangen der Schiffsleutebruderschaft. Sehenswert auch die Allerheiligenkapelle von 1442 mit Karner an der Südseite der Kirche und ein Rotmarmorepitaph des Hans Jörg Hundt zum Falkenstein und Moseckh (1579), jetzt Kriegerdenkmal.

Mit 40jähriger Verzögerung strahlte also Dientzenhoferischer Geist zurück in die Heimat, auf die von den Hausstättern erbaute Flintsbacher Kirche, in der Christoph, Leonhard und Johann Dientzenhofer getauft worden waren. In der Eingangshalle ist über dem Weihwasserbecken der Grabstein des „Colman Dinzenhofer", ehemals Einsiedler auf dem Biber, eingelassen: mehr als nur symbolische Weisung für den interessierten Besucher!

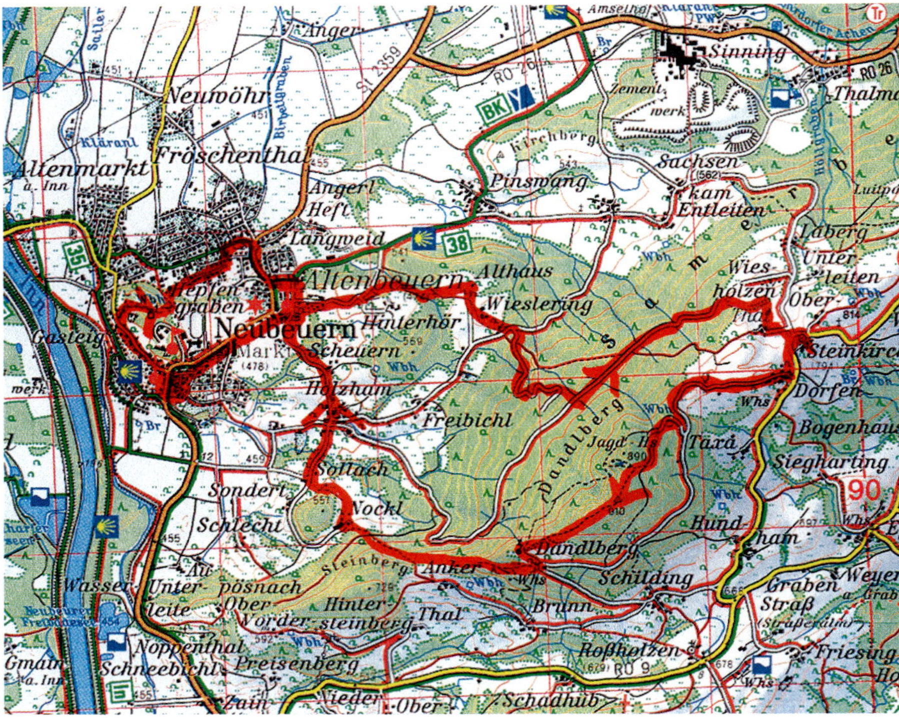

Wanderung VIII

Verlauf:	Neubeuern – Altenbeuern – Hinterhör – Althaus/Wieslering – Steinkirchen – Samerberg – Dorfen – Dandlberg – Nockl – Sollach – Holzham – Alten-/Neubeuern
Gehzeit:	5 Stunden
Einkehr:	Neubeuern, Altenbeuern, Dandlbergalm
Wanderkarte:	UK L 12 Mangfallgebirge, © by LVG, Gen.-Nr. 0416/07

Wanderung VIII

Schleifsteinhacker, Samer und Schiffreiter

Schiffszug, Fresko am Gasthof „Stangenreiter" in Neubeuern

Wo heute ein unablässiger Verkehrsstrom durch das Inntal brandet, verliefen schon seit frühester Zeit wichtige **Straßenverbindungen und Handelsrouten**, die zwischen Italien und Osteuropa, Alpen und Donauländern einen regen Güter- und Kulturaustausch, aber auch militärische, machtsichernde und machtausbauende Aktivitäten ermöglichten. Der Inn, selbst bedeutende Verkehrsader, markierte stets eine politisch-administrative Grenze, bei den Kelten und Römern zwischen Noricum (Osten) und Raetien (Westen), unter den Karolingern und danach zwischen Gauen, Grafschaften, weltlichen und geistlichen Territorien. Dabei ist an keinen regulierten **Flusslauf** wie heute zu denken, vielmehr an eine breit gefächerte Schwemm- und Auenlandschaft, die von unzähligen Altwässern, Seitenarmen, weiten Sumpfniederungen und Überflutungsgebieten durchzogen war, zwischen denen sich das Hauptgerinne stetig verlagerte. Deshalb waren Hangpartien und Hügelrücken zuerst besiedelt, führten auch die frühen Straßentrassen auf erhöhtem Niveau an beiden Talseiten entlang, die wichtigere wohl am rechten Innufer als Verbindung der ehemaligen Keltenorte Albianum (Kufstein), Episa (Ebbs) und Orilan (Erl) mit dem Übergang bei Pons Aeni (Langen- bzw. Leonhards-„Pfunzen") nördlich von Rosenheim. Das Zwischenstück vermutet man auf der heutigen Fahrstraße von Altenbeuern nach Pinswang, östlich an der Kirche vorbei von Sollach, Holzham, Scheuern herkommend (ein Teil unseres Rückweges).

Vor hunderttausend Jahren schob der **Inntalgletscher** seine Eismassen in die Ebene vor und hinterließ den gewaltigen, von Moränenhügeln gesäumten Talkessel des Rosenheimer Beckens, in den allenthalben langgestreckte Felsrampen wie urweltliche Dinosaurierrücken hineinragen. Eine solche Formation stellt auch die Rotsandsteinbarriere des Neubeuerer Burgbergs (520 m) dar, der mit dem eine Stufe tiefer platzierten Ort und mit dem nach Süden vorspringenden Haschlberg einen zusammenhängenden Steinklotz mit Steilabfall zur Innlände bildet. Ostwärts ist er durch eine Kalkmergel- und Lößbrücke mit dem grauen Sandstein von Altenbeuern verbunden.

Am Fuß des Bergmassivs waren zuerst die Siedlungen Gasteig und Altenmarkt zur Bewerkstelligung von Überfahrt, Warenumschlag und -transport gegründet worden, bevor im 13. Jahrhundert die Burgherren den „alten Markt" an den Platz **Neubeuern** verlegten. Der stattliche Kirchenbau, mit der neuen Marktsiedlung entstanden, verschiedentlich verändert und schließlich barockisiert, ehedem bekannte Marienwallfahrt, schließt das Dreieck der Häuserzeilen nach Süden ab. Das vielgepriesene Ortsbild, das als Ideal-Vedute mit der in den Felshang gegossenen Burgarchitektur vom Auge des Betrachters direkt in die Seele wandert und sich dort unauslöschlich festsetzt, verdankt seine keineswegs manieriert wirkende Harmonie Gabriel

Prospekt von Neubeuern

von Seidl, der nach zwei großen Bränden den gesamten Kernbestand in historisierenden Formen des Heimatstils, auch das Schloss neu gestaltete (1895-1908).

Schloss Neubeuern weist heute nur noch einige wenige ältere Bauteile (Bergfried, Burgkapelle[1]) auf. Ursprünglich als wehrhafte Feste mit Ringmauer und neun Türmen in der 2. Hälfte des 12. Jahrhunderts angelegt, im Besitz u. a. des Hochstifts Regensburg, dann der Wittelsbacher, der Herren von Thurn, des Hauses Preysing-Hohenaschau, der Fürsten Wrede, immer wieder umgebaut und verändert, wurde es schließlich nach dem Erwerb durch Baron von Wendelstadt (1892) zu dem von seiner Witwe begründeten Landerziehungsheim, das bis heute als Stiftung fortbesteht.

Von großer Bedeutung für den wirtschaftlichen Aufschwung des Marktes und der Innschifffahrt war seit dem 15. Jahrhundert die **Mühlstein- und Schleifsteingewinnung** aus lokalen Abbaugebieten, von denen einige an unserer Route liegen. Als erster Steinbruch wurde die sog. **Wolfschlucht** in der Nordmulde des Neubeuerer Burgberges aufgeschlagen. Wir gelangen dorthin, indem wir den Marktplatz durch das westliche Tor verlassen und der leicht abwärts führenden Straße knapp 200 m bis

[1] Diese, nach Plänen von Joh. Baptist Gunetzrhainer 1751 zur Schlosskapelle stilisiert, mit Wessobrunner Stuck ausgestattet (Hochaltar von Joh. Baptist Zimmermann, Seitenaltäre von Joseph Götsch), überrascht als elegantes Rokoko-Kleinod. Der Bergfried, ein Bauwerk des 12. Jahrhunderts, auch „Römerturm" geheißen, könnte in der Tat aus einem römischen Wachturm (specula) hervorgegangen sein, der die Straßenführung von Innsbruck (Veldidena) nach Pons Aeni und die Schifffahrt sicherte.

Wolfsschlucht in Neubeuern

zu einer Biegung folgen, wo rechter Hand zwei Fahrwege vor einem Felsenkeller einmünden. Hier leitet ein Hinweisschild über den linken Fahrweg und den Hof eines ehemaligen Industriegebäudes zur Wolfschlucht hinauf. Inmitten 15-30 m senkrecht aufragender Wände fällt die Vorstellung schwer, dass der hier praktizierte Steinabbau ehemals unterirdisch erfolgt sei und das verstürzte Felsmaterial, auf dem wir stehen, die ursprüngliche Decke dargestellt habe. Treppenabwärts führt der Weg links unter einen gigantischen Sturzblock, der mit der Wand eine Durchgangshöhle von reichlich mystischer Wirkung bildet, und an frühe kultische Schlupf- und Abstreifriten erinnert. An der engsten Stelle sind seitlich mehrere Buchstaben und Symbole (neuzeitlich) eingeritzt, ebenso außerhalb der Kluft im weiteren Verlauf, wo Schräm- und Bohrspuren sowie insbesondere an der Nordflanke des Bruches Löcher für die Gerüstfixierung sichtbar werden. Man schätzt, dass in vier Jahrhunderten hier in einer Länge von 300 m und Breite von 12–20 m insgesamt hunderttausend Kubikmeter Material gebrochen wurden, ursprünglich wohl auch für den expandierenden Hausbau am Beginn der Neuzeit. Vermutlich stand ganz am Anfang überhaupt die Suche nach Erz, jedoch erwies sich der Eisengehalt im rot und grün geäderten Sandstein als wenig ergiebig. Die Arbeit der Steinhauer, denen die Abschnitte des Abbaus von der Herrschaft klafterweise zugeteilt wurden, war hart und gefährlich. Der Abtransport des Ladegutes erfolgte auf vierspännigen Pferdewagen hinab zur Innlände bei Altenmarkt. Erst um 1800 scheint das Steinbruchgeschäft abgeflaut zu sein, in der Wolfschlucht hat es nie ganz aufgehört, am Haschlberg[2] überhaupt erst 1785 angefangen, am Eckbichl 1845/47. Freilich bestimmten fortan nicht mehr Mühl- und Schleifsteine, sondern Hausbau und Innkorrektion den Bedarf, dem man jetzt mittels Pulversprengungen besser gerecht werden konnte. Neubeuerer Sandstein wurde beispielsweise an der Mariahilf-Kirche in München oder an der König-Otto-Kapelle in Kiefersfelden verbaut. Erst zum Ende des 19. Jahrhunderts kam die Arbeit der Steinhacker aus Gründen der Arbeits- und Transportrentabilität sowie technischer Neuerungen gänzlich zum Erliegen.

Wir lassen die Wolfschlucht hinter uns auf einem Pfad links hinunter zum gemeindlichen Bauhof, von wo wir über die „Von-Wendelstadt-Straße“ ostwärts auf den

[2] Der Name bezeichnete urspr. die älteste Gastwirtschaft Neubeuerns, abgeleitet von Harschl, Härschl (= Hartl, Abkürzung vom Eberhard od. Bernhard), als ehem. Besitzern. Sie reichte mit ihrem Gelände in das Felsareal hinein, durch dessen Aufschlag eine Kegelbahn über dem Steinbruch angelegt werden konnte.

Waldhügel des **Eckbichl** zuhalten und dort in die „Auerstraße" einbiegen, die direkt am Steinbruch vorbeiführt und in die Hauptstraße Rohrdorf – Neubeuern mündet. Von dieser aus kann man auf die abgerundete Höhenkuppe gelangen, die einen Gletscherschliff darstellt. Knapp dahinter lagert ein Findling, den der Eisstrom der letzten Eiszeit hierher trug. Der in den Hügel einschneidende Steinbruch, zuletzt als Freizeitgelände (u. a. Eisstockbahn) genutzt, weist die gleichen geologischen Schichten wie der Schlossberg auf, dieser hatte also einst im Zusammenhang mit dem Eckbichl gestanden. Im Volksmund hieß der aus Kalk und Grünsand bestehende Stein wegen zahlreich eingelagerter länglicher Schalen „Haberkorn", offiziell auch „Linsenstein", dessen Vorkommen sich ostwärts bis Sinning fortsetzt und in einzelnen Lagen sogar in der Flyschformation des Dandlbergs (909 m) auftaucht.

Altenbeuern, Pfarrkirche zur „Allerheiligsten Dreifaltigkeit"

Auf der Hauptstraße kommen wir rechts (Richtung Süden) zur **Kirche von Altenbeuern**. Diese ragt über einem isolierten Lößrücken auf, der einst nach allen Seiten durch ausgeprägte Gräben und Senken abgetieft war. Ein erstes Gotteshaus hat hier schon um 750 bestanden. Als Wehrkirche mit mächtigem Turm angelegt, hat sie den Ungarnstürmen in der 1. Hälfte des 10. Jahrhunderts jedoch nicht standhalten können. Der dann 963 errichtete Neubau wurde vom Salzburger Erzbischof konsekriert, davon ist allerdings nichts mehr erhalten. Wir haben heute im wesentlichen den gotischen Baukörper von 1494 vor uns, in dem sich die folgenden Stilepochen Renaissance, Barock und Neugotik deutlich zur Geltung bringen.

Gotische Fresken in Altenbeuern

Bemerkenswert ein wiederentdeckter gotischer Freskenzyklus u. a. mit den Patronen der Schiffleute (St. Christophorus, St. Nikolaus), der Treidelreiter (St. Georg), der Mühlsteinhauer (St. Barbara) sowie der Handwerker und Bergleute (St. Anna), vor allem aber die Skulpturengruppe der Hl. Dreifaltigkeit am Hochaltar, geschaffen von einem Rosenheimer Bildhauer um 1500. Die einzigartige Darstellung, flankiert von den Salzburger Bistumsheiligen St. Rupert und St. Virgil, zeigt die göttliche Trinität in Form identischer männlicher Sitzfiguren mit Krone, Szepter und Reichsapfel, alle drei von einem einzigen Mantel umhüllt, zum

Altenbeuern, hl. Dreifaltigkeit, um 1500

Zeichen der gleichen herrscherlichen Majestät und Einheit im Wesen. Mit dem Schwinden des Bezugs zum Salzburger Bistum hat ab etwa 1830 die „Allerheiligste Dreifaltigkeit" das ursprüngliche Patrozinium „St. Rupert" abgelöst.

Altenbeuern war auf einer ausgedehnten Höhenterrasse über vorbajuwarischen Siedlungsresten an der ehemaligen Römerstraße als älteste Niederlassung der Gegend und wichtiger Verkehrsplatz an der Eingangspforte zum südlichen Inntal entstanden. 788/790 werden in der Güterbeschreibung des Salzburger Bischofs Arn, der „Notitia Arnonis", 16 Pfarrkirchen mit Salland östlich des mittleren Inns, dem sog. pagus inter valles („Gau zwischen den Tälern") als Salzburger Eigentum aufgezählt, darunter „ad Burones ecclesia cum territorio", d. h. Kirche von Altenbeuern mit Landbesitz. Vermutlich geht die Altenbeurer Kirche als Salzburger Eigenkirche auf eine Stiftung des Agilolfinger Bayernherzogs Tassilo III. zurück, dessen Absetzung im Jahre 788 durch Karl den Großen den Anlass für die Güterbeschreibung zur Sicherung des Kirchenbesitzes gebildet haben wird. Wenn man sich fragt, wie das Salzburger Bistum über derart ausgedehnten Territorialbesitz von der Drau und Raab bis zum Inn verfügen konnte, so erklärt sich das aus der enormen Fülle von Stiftungen und Schenkungen aus dem einstigen agilolfingischen Herzogsgut-Komplex, der hier vom Tiroler Unterland (Brixlegg, Radfeld) über Kufstein – Ebbs bis zum Simssee reichte, u. a. mit den Kirchen Erl, Nußdorf, Roßholzen, Rohrdorf, Riedering in der näheren Umgebung. Immerhin hat Karl der Große diesen ehemaligen Herzogsbesitz in der Hand Salzburgs dann 790 bestätigt.

Altenbeuern gen Neubeuern

Bûr-Orte liegen meist an alten Straßen. Buren, burin, beuren usw. wie auch in Benediktbeuern, Ottobeuren, Reichersbeuern dgl. enthalten, war ahd. Dativ Plural zu bur = Bauer, Gehöft, Behausung, also **„ad Burones"** = bei den Gehöften, Gebäuden. Ecclesia cum territorio (= Kirche mit Landbesitz) bezeichnet eine Eigenkirche, die ihr materielles Fortkommen aus dem Grund und Boden eines Einzelgutes, in dessen Gemarkung sie lag, zu bestreiten hatte. Vermutlich umfasste dieses das gesamte bebauungsfähige Land im weiten

Hiererhof („Altes Gschloss“)

Umkreis. Es bildete den zentralen Wirtschaftshof der Salzburger Grundherren, „Fronhof“ oder „Herrenhof“ genannt, der mit „servi“, leibeigenen und schollengebundenen Leuten, bearbeitet wurde. Daneben hat es auch einige zwar selbständig wirtschaftende, aber einem Grundherren verpflichtete „Hufen“ gegeben, wozu vor der Jahrtausendwende durch Rodungsausweitung entstandene „Außensiedlungen“ wie Nockl, Sollach, Holzham, Scheuern (auf unserem Rückweg) gezählt haben dürften. Der Verwalter des Frongutes, der das Salland, d. h. das Herrenland betreute, hieß später Maier, er betrieb den größten Hof der Gegend (lat. maior = größer). Vermutlich bildete der alte Wagnerhof an der südlichen Straßenkreuzung (Eichendorffstraße) diese Urzelle von Altenbeuern. Durch Abspaltung eines Hofes im 13. Jahrhundert und Teilung sodann der zwei Höfe im späten Mittelalter existierten schließlich vier benachbarte Maierbauern, die für den Grundherren die entsprechenden Erträgnisse zu erbringen hatten. Daneben war Altenbeuern auch Sitz eines Salzburger Vogtes. Da der nördlich der Kirche gelegene Hörer- oder Hiererhof bei Einheimischen den Ruf genoss, ein „altes Gschloss“ gewesen zu sein[3], darf man annehmen, dass hier die adeligen „advocati“, die für den geistlichen Grundherren die gerichtliche und fiskalische Administration sowie militärische Organisation leisteten, ihren Sitz hatten. Am Beispiel Altenbeuerns lässt sich demnach der Vorgang mittelalterlicher Siedlungsentwicklung und Feudalbewirtschaftung mustergültig nachvollziehen.

[3] Die Flurbezeichnung „Am Bürgl“, zugleich Name der östlich vorbeiziehenden Straße, legt den Rückschluss auf einen festen Platz im Bereich des Kirchenareals bzw. auch des Geländes beim benachbarten „Wagnerbirgl“ nahe.

Hörer Steinbruch

Oberhalb der Kirche windet sich ostwärts die kleine „Hinterhörer Straße" etwa einen halben Kilometer bergan bis zu einer Gabelung unmittelbar vor dem **„Hörer Steinbruch"**, dessen Abbaugebiet als ovaler, vor einer bizarren Felswand eingesenkter Kessel sogleich wahrnehmbar wird. Am Eingang weist ein halbfertiger, noch im Felsblock gebundener Mühlstein auf den zielführenden Fußpfad. An seinem Ende stehen wir vor einer etwa 30 m breiten Halbhöhle mit 20 m Überhang, dessen dicht aneinandergereihte Kreismulden in Größe und Form der ausgeschlagenen Mühlsteine an kunstvolle orientalische Musqarna-Ornamentik erinnern. Wie in der Antike wurden die Steinrohlinge, nachdem sie mit Spitzeisen und Meißel aus der Wand modelliert waren, mittels wassergequollener Buchenklötze abgesprengt. Die Qualität der Beuerer Mühl-, Schleif- und Wetzsteine war gefragt, da die Produkte über weite Strecken auf dem Inn bis ins Ausland verschifft wurden. Die zur Verladung führenden Straßen und Wege befanden sich durch die schweren Transportfuhren in einem „bodenlosen" Zustand. In den Brüchen selbst hatte sich oft so viel Wasser angesammelt, dass es in Eimern hinausgetragen werden musste. Im Hörberg[4], der 1572 aufgeschlossen wurde, arbeitete im 17. Jahrhundert ein knappes Dutzend Personen. Ein Steinhauer brauchte gut zehn Tage, um einen Mühlstein aus dem Felsen zu schlagen. Trotz kräftezehrender, lebensgefährlicher Schufterei hielt sich die Löhnung in äußerst bescheidenen Grenzen.

Ganz im Gegensatz zur harten Realität steht der heute als stimmungsvoll und

Freilichtbühne im Wagnerbirgl/Altenbeuern

[4] „Hör-„ vielleicht von „hor", ahd. „horo" = kotiger, lehmiger Boden (vgl. auch „Hörerhof")

romantisch empfundene Eindruck einer Naturkulisse, die sowohl hier wie im nordwestlich benachbarten Steinbruch des Wagnerbirgl, wo sogar eine **Freilichtbühne** installiert ist, schon mehrfach für szenische und musikalische Aufführungen genutzt wurde. Eine kulturelle Aura umweht auch das rechts hinter dem Felshügel sichtbare Gut Hinterhör.

Gut Hinterhör

Dort traf sich von 1908–1913 alljährlich vor Weihnachten ein prominenter **Kreis von Literaten und Künstlern**, u. a. Rudolf Alexander Schröder, Rudolf Borchardt, Henry van de Velde, Hans Carossa oder Hugo von Hofmannsthal, welch letzterer sich nach eigenem Bekunden vom genius loci zu seinen Meisterwerken „Der Unbestechliche", „Der Rosenkavalier" und „Ariadne auf Naxos" inspiriert sah. Schon Jahre zuvor, als Freifrau von Wendelstadt regelmäßig erlauchte Gäste aus ganz Europa auf Neubeuern versammelte, pries er „dieses Schloss mit seiner starken bestimmten Kontur, diesen wundervollen Fleck Erde und das liebliche Hinterhör". Auf dem zum Schloss gehörigen Hofgut kultivierte Gräfin Degenfeld-Schonburg, die Schwägerin der Schlossherrin, die „Neubeuerer Wochen" zum elitären Begegnungsforum, in dessen Tradition schließlich 1948 auch die „Gruppe 47" hier tagte. Das Mausoleum der Wendelstadt und Schonburg

Burgberg von Althaus

befindet sich auf dem Friedhof vor dem Eingang zur Altenbeuerer Kirche.

Ab dem Steinbruch wenden wir uns nach links einem kleinen Steinhaus zu und treten bei diesem in den Wanderpfad nach Wieslering/Althaus (Nr. 28) ein, der uns nördlich um den Hörberg herumleitet. Nach etwa zehn Minuten queren wir kurz vor Austritt aus dem Wald einen Graben, der in großem Bogen links zum Burgberg von **Althaus** hinaufzieht. Auf unserem Weg über einen Wiesenhang stoßen wir auf die Zufahrt zum ehemaligen Sedlhof, d. h. Bauernhof als urspr. Adelssitz der **Burg Altenbeuern**, die einst auf dem zerklüfteten Sandsteinrücken dahinter aufragte. Dieser gleicht einem Riesen mit mächtigem Wanst, der soeben Verdauungsschlaf hält, das Haupt sorgsam gen Sonnenuntergang gelagert. Einige alte Kastanienbäume zeigen einen Gangsteig an, auf dem wir über ein Halsgrabenprofil auf das Höhenplateau mit dem hier aufsteigenden Burgfelsen gelangen. Dieser ist nur von Westen und Osten zugänglich. Außer einigen Mauerresten im Norden und Süden und Grundrissen von Gebäulichkeiten, Turm und Ziehbrunnen ist von der engen, verwinkelten Anlage kaum etwas geblieben. Der ursprüngliche Zweck dieses einsamen, schroffen, auslugidealen Platzes erschließt sich am ehesten von Norden her, von Pinswang oder Saxenkam, wo sich der Burgberg als steiler Steinkegel am Rande des Rosenheimer Beckens präsentiert. Gut denkbar, dass die Überwachung und strategische Sicherung der Süd-Nord-Verbindung von Altenbeuern über Pinswang und Rohrdorf Richtung Pfunzen eine Rolle spielte, gut möglich aber auch ein frühes Rückzugsareal in Notzeiten.

„Keltenburg" zu Althaus (Rekonstuktion)

„Es wäre hier gar nicht so abwegig, an eine alte Keltenschanze zu denken. Althaus war, wie wir annehmen dürfen, ursprünglich nicht so sehr Burg als vielmehr Zufluchtsort in Kriegen und Wirren (vgl. Sifferling, Niederaudorf, Hartmannsberg). Da systematische Grabungen auf dieser Hochterrasse fehlen, sind wir auf Vermutungen angewiesen" schreibt Dr. Joseph Bernrieder in seiner fundierten, umfassenden Chronik des Marktes Neubeuern (1987, S. 125), der wir auch die hier abgebildete Rekonstruktionszeichnung entnehmen.

Konkret fassbar wird die Geschichte von Althaus[5] erst im 13. Jahrhundert, als die

Althaus mit Sedlhof

[5] Der Name rührt daher, dass die Burg gegenüber Neubeuern allgemein als die ältere galt. Er weitete sich später auch auf den zugehörigen Sedlhof aus. Dieser verrät noch heute in seinen plastisch modellierten, halbbogigen Fensterlaibungen und symmetrischen Türanordnungen seine besondere Herkunft.

St. Peter in Steinkirchen

Spanheimer, die wahrscheinlichen Erbauer der Feste, die Herrschaft als Lehen der Regensburger Kirche erhielten. Das Erzstift Salzburg hatte sich um die Jahrtausendwende nach und nach von seinen Gütern und Rechten im mittleren Inntal zurückgezogen, während sich das Geschlecht der Aribonen auf dem rechten Innufer zwischen Brixlegg und Gars ein geschlossenes Territorium aufbaute und 976 auch die Vogtei über Altenbeuern übernahm. Seit Ende des 11. Jahrhunderts trat dann das Hochstift Regensburg als Grundherr zwischen Erl und Pfunzen, mithin der Herrschaft „Beuern" auf, um schließlich in einem Prozess fortschreitender Auflösung seinerseits seine Besitzungen abzustoßen und zu verkaufen. Dabei kam 1379 die „Vest Altenpäwren" über die Closner an die Wittelsbacher Herzöge, dann an die Stettner, Wembding, Preysing-Hohenaschau und Pienzenauer. Zuletzt hat Maria Jakobe von Thurn, weil die Burg schon unbewohnbar war, ein „Neues gemaurttes Haus aufgesetzt", wo sie sich bis zu ihrem Tod 1639 aufhielt. Danach war die Anlage vollends dem Verfall preisgegeben.

Wo die Hofzufahrt an die Wegverbindung Holzham – Saxenkam anschließt, treten wir direkt gegenüber in einen Waldweg ein, der sich in Rechts- und Linksbögen am Westhang des Dandlbergs nach oben schlängelt. Bevor er an oberster Stelle endgültig nach rechts abschwenkt und sich im Gelände verliert, orientieren wir uns nach links und folgen einer hier ansetzenden, gut ausgetretenen Pfadspur, die steil nach oben führt und uns in fünf Minuten bei einem Jägerstand auf einen von Holzham heraufziehenden, gut ausgebauten Forstweg bringt. Dieser erschließt mit dem **Dandlberg** (wohl von Tändl = Damhirsch) den westlichen Höhenrand des Samerbergs und leitet uns in nordöstlicher Richtung (nach links) zum Hof **Wiesholz** (ab Althaus/ Wieslering eine

¾ Stunde). Dort eröffnet sich ein weiter, freier Blick auf das Inntal bis hinüber zum Simssee und Gebiet nördlich von Rosenheim, also ehemaliges Beuerer Herrschaftsland. Der Rodungsname „Wiese am Holz" weist in die Zeit der Jahrtausendwende, als das Kloster Seeon sowohl hier wie im unmittelbar oberhalb liegenden Steinkirchen, dessen Kirchturm schon über die Hangkante lugt, die Grundherrschaft ausübte. Damit wären wir wieder bei den Aribonen, die 994 das Chiemgaukloster gründeten, ebenso um das Jahr 1000 wahrscheinlich **Steinkirchen**, zu dem wir in wenigen Minuten emporsteigen. Der an die Kirche südlich anschließende Maierhof zählte als Zentrum eines Fronhofverbandes, auf dessen Grund die Eigenkirche stand, zum Altbesitz des Klosters Seeon. Die exponierte Aussichtslage des schlichten gotischen Sakralbaus inmitten einer terrassenförmig angeböschten Wiesenlandschaft am Scheitel des Samerbergs (794 m) gehört zu den weit und breit schönsten und meist gepriesenen der Region. Gut vorstellbar scheint, dass die Aribonen, die als die größten Grundherren am Samerberg galten, auf der aufgewölbten Höhenkuppe mit auffallend bewegten Umgebungsstrukturen die Kirche am Platz einer vorbajuwarischen Burganlage errichteten. Dafür spricht auch die Ortsbezeichnung „Steinkirchen", die nach Ansicht der Namensforschung in der Regel nicht die Bauart (Kirche aus Stein), sondern einen Gattungsbegriff (Stein = Burg) zum Ausdruck bringt. Auch das Patrozinium „St. Peter" signalisiert hohes Alter, wenngleich nachgewiesenermaßen in Roßholzen die erste Kirche auf dem Samerberg stand – laut „Notitia Arnonis" mindestens seit 788 als „ecclesia cum territorio". Der nach einem Brand barockisierte Innenraum von Steinkirchen bietet ein harmonisches Szenarium dar, in welchem die schwungvoll bewegten, von Blasius Maß (1671/72) geschaffenen Holzskulpturen des Erzengels Michael, des

„Trogfalte" des Samerbergs mit Blick über Roßholzen zur Hochries

Hl. Stephanus und der Giebelengel, die das Altargemälde der Schlüsselübergabe Petri einrahmen, eine gefällige Verbindung mit der zurückhaltenden Rokokostuckierung von Andreas Vordermayer (1750) eingehen.

Von Steinkirchen wenden wir uns südwärts und folgen einige hundert Meter der Fahrstraße Richtung Roßholzen/Nußdorf bis zum Ortseingang **Dorfen**, wo wir rechts in den ausgeschilderten Wanderweg zum Dandlberg (Nr. 28) einbiegen. Dieser führt in weiter Schwingung zwischen Wiesenkuppen und Waldzonen am südwestlichen Moränenbogen entlang und gewährt phasenweise einen umfassenden Ausblick auf das **Samerberg-Gebiet**. Dabei wird erkenntlich, dass dieses eine Art Trog, eine vor 40 Millionen Jahren bei den Verschiebungen und Brechungen der Orogenese zurückgebliebene Falte in Form eines steinigen Hochtalbodens zwischen dem Flysch des Dandlberges und der viel älteren alpinen Tektonik von Hochries und Heuberg bildet. Darauf hat dann zuletzt die Würmeiszeit vor etwa 30000-15000 Jahren, vereinzelt auch die vorausgegangene Mindeleiszeit, sandige und schottrige Moränen aufgesetzt. Zur lebhaften Gliederung mit den vielen Buckeln, Hängen, Gräben und Flachböden, mit feuchten Wiesen und sogar tonigen Schichten eines ehemaligen Sees hat schließlich das Wasser beigetragen, von dem es hier, auch als Regen, reichlich gibt.

Da Feldbau so gut wie nicht möglich war, mussten sich die Bauern schon früh nach zusätzlichen Erwerbsquellen, die mit betrieblichen Mitteln bestreitbar waren, umsehen. Im Zusammenhang des Warentransports auf und entlang dem Inn, vor allem des Salz- und Getreidehandels, lagen **Sam- und Wagenfahrt** nahe. Der Begriff „sam“ von mittellat. salma, sauma, sagma = Packsattel, bezeichnet ursprünglich die Aufladung eines „Saum“-Tieres, danach auch eine Maßeinheit von etwa 250 Pfund. Vom „Samer“, der die „Samfahrt“, d.h. den Transport auf bepackten Samrossen (zunächst ohne Wagen) betrieb, bekam das ehedem „Rossersberg“ genannte Hochtal (im 17. Jhd.) seinen Namen. Erst mit dem Ausbau der Straßen im 17. und 18. Jahrhundert gingen immer mehr „treibende Samer“ zur Wagenfahrt über. Das um 1500 den Samerbergern verliehene Privileg zum Salz- und Getreidehandel relativierte sich mit der Ausdehnung des Landfuhrwerks und Lohnfrachtwesens zunehmend, erlosch am Ende durch den Bau der Eisenbahnstrecken nach Rosenheim, Kufstein und Reichenhall ab Mitte des 19. Jahrhunderts gänzlich.

Es ist heute kaum mehr vorstellbar, mit welchen Unbilden und Risiken dieser Erwerbszweig in früheren Zeiten zu kämpfen hatte. Der Verschleiß an Mensch, Tier und Material war gewaltig, mancher holte sich einen frühen Tod infolge von Unglücksfällen mit Pferd und Wagen, infolge auch der Strapazen durch schlechte Verpflegung, Nächtigung in Scheunen und Stallungen, akute Erkrankungen und Verletzungen. Oft genug wurde die Ladung von Räubern geplündert, das Geld von Dieben gestohlen, wurden Personen niedergehauen oder ermordet.[6] Überall warteten zudem lästige Geldeintreiber, Maut- und Zollstellen. Der Aktionsradius der Samer reichte von Trient und Bozen bis Franken, von Stuttgart bis Reichenhall. Neben dem kombinierten

[6] Beispielsweise ist von Samern aus dem Wiesholz-Anwesen einer 1679 in der Alz bei Truchtlaching ertrunken. Wolfgang Maier vom Maierhof Steinkirchen wurde 1743 im Dachauer Land von seinem Wagen erdrückt. An der Südwand in der Kirche erinnert eine Gedenktafel an Joseph Spöck, Daxer von Steinkirchen, der 1811 in Schwaz/Tirol tödlich verunglückte, als er Gut von Nürnberg nach Bozen führte.

Votivbild eines Wagenunglücks, Kirche von Roßholzen (gemalt von Seb. Rechenauer d. Ä. v. Schweinsteig)

Salz- und Getreidehandel betrieben die Samer im Laufe der Zeit auch den Transport von Lebensmitteln, Tabak, Wolle, Eisen und Schleifsteinen, setzten diese Waren auch auf eigene Rechnung ab und kauften mit dem Erlös wieder ein. Fast jeder Bauer war an der Samfahrt beteiligt, nur zwei werden 1597 als „gar vermüglich“ bezeichnet. Das Gros ist also bestimmt nicht reich geworden davon, zumal auch die Pferdehaltung Geld verschlang. Die meisten Bauern hatten, wie aus Steuerbüchern hervorgeht, zwei bis drei, die wenigsten fünf oder sechs Pferde, viele nur ein Pferd im Einsatz.

Der „Rossersberg“ nährte seine Rosse, wenn auch auf karger und feuchter Weide, doch so, dass daraus kräftige und zähe Arbeitstiere hervorgingen. Sie waren vielseitig einsetzbar, deshalb auch für die **Wasserfahrt** bestens geeignet und bewährt. Wenn der Schiffmeister in Neubeuern oder Nußdorf einen Schiffzug plante, wurde der Tag der Abreise den Bauern angesagt, damit sie sich mit der Stellung von Pferden und Reitern beteiligen konnten. Sie wurden auf sog. Pferdeplätten stromabwärts zum Bestimmungsort an Inn oder Donau gebracht, wo die Schiffe, die dann stromaufwärts zurückzuziehen, also zu „treideln“ waren, Ladung aufnahmen, meist Getreide oder „Osterwein“ (aus Österreich), im Austausch mit Gütern aus Italien, Tirol oder dem Inntal, besonders Salz aus Hall, ab dem 15. Jhd. auch Schwazer Silber, Kupfer und Eisenerz, „Welschwein“ (aus Südtirol), Kolonialwaren, Spezereien, Tuche, Öle dgl., die auf der „Naufahrt“ den Fluss hinab gingen. Die Pferdeplätten wurden am Zielort des Transports meist zerlegt und zur Materialverwertung an den „Plättenschinder“ verkauft.

Die **Inn-Pferdeschiffzüge**, die sich gegen Ende des 15. Jahrhunderts entwickelt haben, bestanden aus drei bis zu 40 m langen Zillen und anderen Hilfsbooten, die in einem ausgeklügelten Seilzugsystem (mit „Zwieselkette“ und „Beilseilen“) aneinander gebunden und von Pferdekarawanen mit bis zu 60 Reitern bewegt wurden. In einer komplizierten Hierarchie vom Stangenreiter („Sößstaller“), der Wasserstände und Ziehwege prüfte und die Reiterei dirigierte, über die Parade der Schiffreiter bis zu den „Auflegern“ und „Schoppern“, die alle bestens aufeinander eingestellt sein mussten, verfügten sie auch über eine ganz eigene Fachsprache, die bis heute nicht ganz entschlüsselt ist. Da es keinen festen „Hufschlag“ (Leinpfad) gab, Felsen, Steilufer und einmündende Neben-

Votivbild eines Schiffsunglücks, Kirche von Roßholzen

flüsse den Ziehweg verstellten, somit immer wieder auf das Gegenufer gewechselt werden musste, kamen die Schiffzüge nur im Schneckentempo voran, von Wien brauchten sie zehn, von Passau zwei Wochen zurück ins Inntal. Jederzeit konnten Rösser und Reiter in die reißende Strömung gezogen werden, Wasserstandsveränderungen, Strudelbildungen und sich ständig verlagernde Flussbette waren unberechenbar. Passierte dies, waren die Opfer fast immer unrettbar verloren. Zahlreiche Votivtafeln und Marterl, z. B. in Roßholzen, Grainbach oder Kirchwald, zeugen von Wassernot und Schiffsunglücken, auch Kirchen-, Mirakel- und Wallfahrtsbücher künden davon, etwa in Neubeuern, Tuntenhausen oder an entfernten Orten wie Mauthausen (Oberösterreich), wo es 1787 in einem Sterbeeintrag heißt: „Gg. Wimmer, verheurateter Bauer, bei 60 Jahr alt zu Altenmarkt, Vorreiter ... ist allhier den 4. Mai, bei dem Getreidezug durch das Afterseil mit noch 3 anderen unter Wasser gezogen worden ..." Von etwa 1640 bis 1860 sind insgesamt 34 Todesopfer der Wasserfahrt aus der Beuerer-Samerberger Gegend verzeichnet. Der Zusammenschluss zu Schiffsbruderschaften war schon früh zur Versorgung und Unterstützung von Hinterbliebenen und Sozialbedürftigen gedacht. Die **Schiffmeister**, eigentlich die Unternehmer der Transporte und Eigentümer der Schiffe und Werften, konnten auf einen Schlag alles verlieren, aber es ebenso zu großem Reichtum und Ansehen bringen, wie z. B. der Neubeuerer Familienclan der Hupfauf oder schon davor der Mair[7].

Nach kaum einer ¾ Stunde Gehzeit ab Steinkirchen sind wir an der **Dandlberg-**

Von der Dandlbergalm ins südliche Inntal

Alm, einem beliebten, urigen Ausflugslokal angelangt. Ehedem Eigentum des Agilolfinger-Klosters Frauenchiemsee, hat sich das Gut stets auch an der „Sambfahrt" beteiligt, war aber nie richtige Alm, da das Viehfutter nicht einmal für die Stallhaltung von „1 Ross und 4 Kühen" reichte (1671: „kann nur 2 fuedern"). Von der Terrasse schweift der Blick in das südliche Inntal, zu Riesenkopf, Madron und Wildbarren, hingebettet vor die Szenerie des Hochgebirges und besetzt mit Burgen und festen Plätzen, die zwischen Beuern und Kufstein mit dem Innweg auch Herrschaftsgrenzen sicherten: Unter- und Oberfalkenstein (Rachelburg), Kirnstein und Auerburg auf der linken Innseite, Windshausen (Katzenstein), Klammenstein und Ramsau rechtsseitig. Bezeichnenderweise gehörten die linksseitigen Sitze den **Falkensteinern**, die sich selbst von der spätbajuwarischen Genealogie der Faganen ableiteten und mit den Mangfallburgen von Altenburg, Weyarn, Vagen, Neuburg, Bergham und Stiegelburg den Anschluss an die Innburgen herstellten, um sich in Konkurrenz u. a. zu den Wittelsbachern im 12. Jahrhundert ihrerseits ein geschlossenes Herrschaftsgebiet aufzubauen.

[7] Mit einer Wegkapelle zwischen Neu- und Altenbeuern, vor allem aber mit der Heiligkreuz-Kirche in Windshausen wollten sich die Hupfauf ihr Denkmal von „gesehener und geglaubter Welt, des Vergänglichen und Ewigen" setzen. An die Mair erinnert eine 1599 gemalte Vier-Felder-Tafel an der Nordwand des Kirchenschiffs von Altenbeuern zum Thema der Arche Noah und der Sintflut.

Ihre Machtexpansion reichte jenseits des Samerberges bis in den Chiemgau hinein, wo sie mit dem Zentrum Hademarsberg (Hartmannsberg) und der Vogtei Herrenchiemsee die Salzburger Interessensphäre tangierten. Auf die Beuerer Herrschaft haben sie nie Einfluss gehabt, die rechtsseitigen Innfestungen Klammenstein und Ramsau unterstanden denn auch der bischöflichen Oberhoheit von Regensburg, Windshausen/Katzenstein war ursprünglich dem Aribonenkloster Seeon grundbar.

Auf stark abfallender Gratwanderung nähern wir uns der Einsattelung zwischen Dandlberg und Steinberg oberhalb des Weilers Anker (ahd. ancha = gebogen, gekrümmt; Wegbiegung, Sattel). Allein vom dortigen Hamlhof sind im 18. Jhd. drei Familienmitglieder durch Schiffunglücke bzw. fremde Gewalt in Tirol und Ungarn umgekommen. Unter Querung eines weglosen Wiesenstücks halten wir nach rechts exakt auf die Einkerbung des Hangprofils zu, von wo ein steiler Fußpfad schräg nach unten zum Einödhof **Nockl** führt. Dieser, an einen auffälligen Bergkegel (mhd. „nock“)

Einödhof Nockl

angelehnt, gehörte zu jenen „Hufen“, die durch Ausweitung der Rodungsgrenze zum Bergwald hin entstanden und eine weitgehend selbständige Wirtschaftsform, unabhängig vom Fronhofverband entwickelten.

Dieser „Hufen“-Status gilt wohl auch für das ältere **Sollach**, das wir über einen Wirtschaftsweg rechts entlang dem Hügelfuß, sodann auf schmaler Pfadspur einen Wiesenhang hinab erreichen. Damit befänden wir uns auch auf dem römerzeitlichen Straßenstück, das uns über Holzham und Scheuern in nördlicher Richtung nach Alten- bzw. Neubeuern zurückbringt. Man glaubt es der Linienführung und Geländetrassierung anzukennen, dass hier konstruktiv-rationale Kräfte am Werk waren. Sowohl Sollach wie auch die zwei ältesten Höfe von **Holzham**, einer vermutlich karolingischen

Sondert („An der Römerstraße“)

Gründung, unterstanden Kloster Seeon, untrügliches Indiz der Aribonenmacht. Auch der Maierhof im nächstfolgenden **Scheuern** (ahd. sciura = Scheuer) dürfte in die karolingische Siedlungsphase zurückrei-

Maierhof in Scheuern

chen, knüpfte diese doch gerne an keltisch-römische Restbestände entlang schon vorhandener Verkehrsverbindungen an. Gebannt von der Faszination des Authentischen halten wir vor dem ein oder anderen Bauernhaus inne, wundern uns über die Souveränität und Kraft ländlichen Beharrens, das der Assimilation des Zeitgeistes so dauerhaft widerstanden hat und aus jedem der unverputzten Bruchsteine spricht. Auch in der Ästhetik also hat sich das Karge, Strenge, Bäuerliche mit dem Aristokratischen zu trefflicher Symbiose gefunden.

Eichendorff-Haus in Altenbeuern

Auf dem **Rückweg nach Altenbeuern** passieren wir das sog. „Eichendorffhaus“, das als hochgiebeliges Schlösschen aus seiner bäuerlichen Umgebung hervorsticht. Von einem Kunstmaler 1913 erbaut, wurde es 1922 von einem Enkel des berühmten Dichters der Romantik erworben, seither auch so geheißen. Am Ende der „Eichendorffstraße“ stoßen wir dann auf das „Wagner“-Anwesen (benannt nach Besitzern im 15./16. Jhd.), dem Ur-Maierhof zu Altenbeuern, umgeben von den jüngeren Maierbauern „Fritz“ und „Stegerer“ sowie „Obermaier“ links und rechts des Weges. Noch einmal wird damit die Organisation mittelalterlicher Sozial- und Herrschaftsordnung lebendig, bevor wir unsere Schritte die wenigen Hundert Meter entlang der Hauptstraße und vorbei an der Hupfauf-Kapelle zum „Bürgerort“ **Neubeuern** zurücklenken.

Ur-Maierhof „Wagner“ zu Altenbeuern

Wenn wir dort nochmals in die pittoreske Idylle des Marktplatzes eintauchen, dürfte die monumentale Darstellung eines Schiffzuges am Giebel des Gasthofes „Stangenreiter“ kaum zu übersehen sein (1936 von Oskar Martin-Amorbach gefertigt). Sie macht anschaulich, wie auch die Wirte durch die Innschifffahrt ins Geschäft kamen. Nicht von ungefähr unterhielten Schiffmeisterdynastien wie die Mair oder Hupfauf als „Gastgeb“ auch **Wirtshausbetriebe**[8], in denen die wohlhabenden Handelsleute ihre Kauf- und Liefergeschäfte abwickelten oder die Belegschaft der Schiffzüge den „Gottsnam“ (Reiseauftakt) bzw. das glückliche Ende der Fahrt beging. Die Schiffmeister erwiesen sich als vielseitig tätige, vorausschauende Marktpioniere, sie steckten voll emsiger Umtriebigkeit und führten dasselbe unruhige Leben wie ihre

[8] Trotz Einheirat einer gut ausgestatteten Hupfauf 1690 gehörte der erst nach 1935 so geheißene „Stangenreiter“ nicht der Familie (im Unterschied zum ehem. „Baderwirt“ der Hupfauf oder „Hofwirt“ der Mair), wohl aber einem Steinbruchunternehmer und Mühlsteinhändler namens Niedermayr aus Hinterhör, nach diesem auch vordem benannt.

Neubeuern, Blick zum Nordtor

Mannschaften, aus deren Reihen sie sich meist emporgearbeitet hatten. Es scheint, als habe die Beuerer Gegend in ihren Schiffleuten, Samern, Steinhauern und Unternehmern einen besonders markanten, kernigen Menschenschlag hervorgebracht, zupackend, durchsetzungsstark und furchtlos, zwar von derber Vitalität und rauer Umgänglichkeit, aber nicht rücksichtslos und roh, wie die vielen Werke der Frömmigkeit und Wohltätigkeit bezeugen. Sie alle lebten und profitierten irgendwie von der Innschifffahrt und den daran angebundenen Gewerken. Der Gegend brachte das wirtschaftlichen und gesellschaftlichen Fortschritt, dem Markt selbst eine frühe Entwicklung des Bürgertums im Schutze von Burg und klug bedachten Burgherren. Man sieht, die Begriffe „Burg" und „Bürger" hatten unmittelbar miteinander zu tun. Aus dem eng geschlossenen urbanen Ortsbild von Neubeuern bleibt diese handels- und gewerbebedingte Emanzipation des Gemeinwesens immer noch ablesbar, auch wenn der Innstrom seine Bedeutung als Lebensader lange eingebüßt hat. Zwar zieht er mehr denn je das Verkehrsgeschehen an seine Ufer, leitet es aber großzügig an Neubeuern und Samerberg vorbei. Gerade in solcher Distanz liegt heutzutage das Glück der Bewahrung und Wertschätzung.

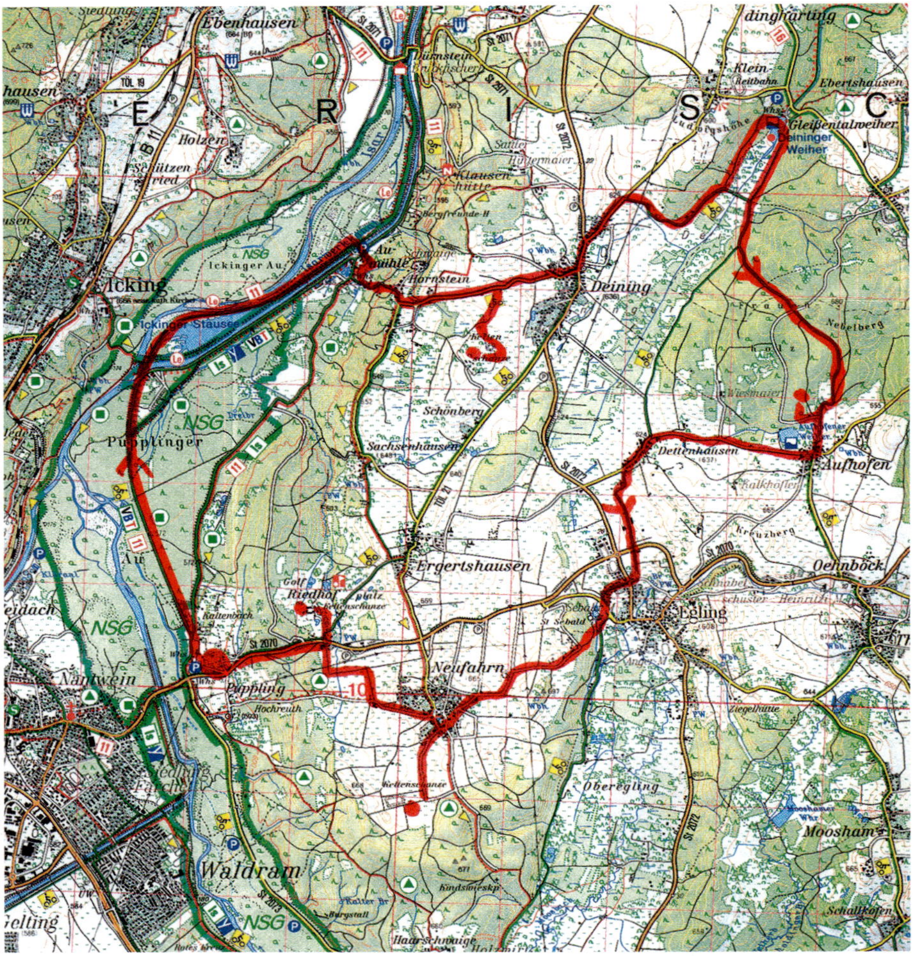

Wanderung IX

Verlauf: Radwanderung ab Wolfratshausen – Pupplinger Au – Aumühle – Hornstein – Deining – Deininger Weiher – Aufhofen – Dettenhausen – Egling – Veiglberg – Neufahrn – Riedhof – Wolfratshausen

Streckenlänge: 35 km

Dauer: ca. 5 - 6 Stunden

Einkehr: Aujäger, Aumühle, Deining, Deininger Weiher, Aufhofen, Egling, Neufahrn, Puppling, Wolfratshausen

Wanderkarte: UK 50-41 Ammersee-Starnberger See, München-Süd,
© by LVG, Gen.-Nr. 0416/07

Wanderung IX

Vom Isarstrand ins Filzenland: Wo die Orchideen blühen ...

Diese Radtour mit Start und Ziel an der Isarbrücke in Wolfratshausen knüpft geographisch an die Radwanderung „Im Banne der Druiden" (mit Berührungspunkt Aufhofen) sowie „Versunkene Stadt, vergrabene Schätze, heilige Frauen" (Tangente Pupplinger Au/Schäftlarn) an. Wolfratshausen selbst ist mit seiner vordem bedeutenden Dießen-Andechser Burg sowie Stadt- und Kulturszene Gegenstand eigener Betrachtung beim „Gräbergang im Paradies". Allemal paradiesisch im Sinne eines wiedergeschenkten „Garten Eden" nach längst verlorener Unschuld, im Sinne auch einer konventionellen Zwängen weitgehend enthobenen „Insel der Seligen" vermag gerade die **„Pupplinger Au"** zu beeindrucken, wegen ihrer anmutigen Ursprünglichkeit nicht nur von einigen Naturfreunden, sondern zahlreichen Erholungssuchenden aus dem Großraum München geschätzt und entsprechend frequentiert. Die Bemühungen um Wiederherstellung der ehemaligen Wildflusslandschaft können in diesem Streckenabschnitt der Isar als gut gelungen gelten, seit 1986 ist überdies von Mittenwald bis Landshut das durchgängige Natur- und Landschaftsschutzgebiet „Isarauen" geschaffen worden. Mit **„Isara" = „die Reißende"** charakterisierten einst Kelten und Römer den aus dem Karwendel kommenden ungebärdigen Gebirgsfluss, der ein enormes Geschiebematerial mit sich führte, sein Rinnensystem im gesamten Talgrund verzweigte und stetig verlagerte, immer wieder auch mit bedrohlichen Hochwassern

Historischer Gasthof „Aujäger"

aufwartete. Zu Beginn des 19. Jahrhunderts rückte man ihm deshalb mit technischen Regulierungsmaßnahmen, auch aus Gründen der energiemäßigen Nutzung, massiv zu Leibe, erst in unseren Tagen, da das Bedürfnis der Menschen nach Rückgewinnung naturnaher Lebensräume wächst, darf auch die Isar wieder einen Teil ihrer angestammten Würde als dynamisches Lebewesen beanspruchen.

Den Eintritt in die Auenlandschaft vollziehen wir neben der „Sauerlacher Straße" beim **„Aujäger"**. Das historische Gasthaus, seit 1690 als Forsthaus und „Bruckzoll" – Einnahmestelle für die Isarquerung dokumentiert, dann wegen der nahen Flößerlände und Versorgung der Reisenden bald auch „Tafernwirtschaft", in der sich sogar der Räuber Mathias Kneißl zeitweilig sicher fühlen durfte, bildet den verheißungsvollen Auftakt für eine Route, die hier auch auslaufen soll. Sie führt bei der Weggabelung über den linken Strang nahe an den Flusslauf heran, der mit seinen wärmespeichernden Kiesbänken ein Eldorado für Sonnenanbeter abgibt, und verläuft parallel zu diesem in etwa vier Kilometern bis zum Ickinger Stauwehr. Beiderseits begleiten uns vorwiegend Kiefernwälder, mit ihren biegsamen, zugfesten Hölzern sowie nachträglich gebildeten Atemwurzeln auf dürftige Sand- und Heideböden im Überschwemmungsgebiet spezialisiert, zugleich bestandssichernd für rare **Orchideenarten** wie Frauenschuh, Helmknabenkraut und Ragwurz, deretwegen mancher botanisch kundige Wanderer weite Strecken auf sich nimmt.

In der Pupplinger Au

In der antiken Sage standen Orchideenknollen im Ruf einer Lieblingsspeise der Satyrn. Obgleich diese triebhaften Naturgesellen, Trunkenbolde und übermütigen Begleiter des Dionysos allgemein als ausgestorben gelten, ist nicht gänzlich auszuschließen, dass einem das ein oder andere Prachtexemplar, womöglich den Thyrsos, den kiefernzapfenbehängten Rohrstab der Bacchanten schwingend, gerade hier begegnet. Dass auch in diesem Fall der Artenschutz greift, versteht sich von selbst.

Wenn die **Isar** in dieser Passage heute relativ kommod dahingleiten kann, so liegt das nicht zuletzt daran, dass sie gegen Ende der letzten Eiszeit vor etwa 12000 Jahren ihren Urlauf, der südlich von Tölz durch den dortigen Molasseriegel über Reichersbeuern und Schaftlach zum Kirchsee und vermutlich zur Mangfall abgelenkt war, verließ, indem sie sich in gerader nördlicher Richtung durch die hinderliche Barriere bohrte, dabei den ehemaligen Tölzer und Wolfratshausener See mit sich nahm und zum Abfluss brachte. Deren Becken waren ebenso wie das Walchensee-, Kochelsee- und Würmseebecken durch Gletscher ausgehobelt und mit Schmelzwasser aufgefüllt worden. Als Relikte der abgeflossenen und verlandeten Wasserflächen sind die ausgedehnten Moore in unserem Gebiet verblieben, das mit seinen Bächen, Tümpeln und Weihern inmitten der umgebenden Moränenlandschaft, zumal in Blickweite der Kalk-Alpin-Zone des Hochgebirges, seinen besonderen Reiz erhält. Im tieferen Strömungsgewässer der Isar sind heute wieder vereinzelt Äschen und Huchen zu beobachten, auch Barben und Brachsen weiter flussabwärts sowie Forellen im Oberlauf. Beim Fischzuchtbetrieb in **Aumühle** kann man sich hierüber kundig machen. Dorthin gelangen wir vom Stauwehr Icking, wo der Mühltal-Werkkanal vom Hauptbett abzweigt, in etwa 2,5 Kilometern zwischen natürlichem Flussufer und aufgeschüttetem Kanaldamm, zuletzt über einen gedeckten Holzsteg, der die Ausleitungsstrecke überbrückt. Am Gasthof „Aumühle" vorbei, führt bei der folgenden Weggabelung links eine steile Trasse über die Hangleite empor nach Hornstein. Sie bringt uns direkt an die St. Georgs-Kapelle heran, deren Standplatz eine gute Übersicht bietet.

Hier oben kann man ermessen, welch gewaltige Schuttmassen die vom Walchenseebecken bis Schäftlarn reichende Gletscherzunge zu beiden Seiten und vor sich her aufgetürmt hat. Erste Ansiedlungen haben sich meist auf solchen Höhenzügen gebildet. **Hornstein** ist 1285 mit Schloss und Hofmark erstmals genannt, das gleichnamige Adelsgeschlecht wurde ab 1460 von verschiedenen Nachfolgern abgelöst, ab 1640 bis 1803 tritt dann das Kloster Schäftlarn als Eigentümer auf. Manches spricht dafür, dass hier ursprünglich eine plateauübergreifende Befestigungsanlage bestanden hat. Gleich links neben der Kapelle scheint die südliche Begrenzung, wie an Wall- und Grabenprofilen kenntlich, verlaufen zu sein, vermutlich der Vorburg. Das 70 x 100 m große Kernwerk lag nördlich davon, heute durch den ehemaligen

Burgareal von Hornstein mit „St. Georg"

Meierhof mit Wirtschaftsgebäuden überbaut, nach W, O und N durch Steilabfälle, nach S durch zwei Gräben abgeriegelt. Das nachklassizistische St. Georgs – Kirchlein wurde 1868 als Ersatz für die abgebrochene alte Burgkapelle erbaut, die sich hinter dem heutigen Wohnhaus über einem Brunnenheiligtum hart am Bachgraben erhob. Als sich dieser im Laufe der Jahrhunderte immer tiefer einsenkte, blieb mit der Zeit auch die im Rufe eines Heilwassers stehende, viel besuchte Quelle aus. Interessanterweise wird die Verehrung des Drachentöters Georg, der in der christlichen Missionszeit Mithras und Wotan verdrängen sollte und mit seinem Festtag am 23. April für Aussaat, Fruchtbarkeit und Kindersegen zuständig war, meist in Verbindung mit dem heilenden und läuternden Aspekt des Wassers gebracht. Das Baden in der Georgsnacht galt in dieser Hinsicht als besonders förderlich. Da man von anderen Georgskirchen und Georgsbrunnen weiß, dass sie auf heidnischen Kultstätten fußen, dürfte daraus auch ein hohes Alter für den Siedlungsplatz Hornstein ableitbar sein. Ob das auch schon auf eine Befestigung zutrifft, muss offen bleiben.

Von Hornstein geht es gemäß Hinweisschild links hinüber nach **Deining** (2 km), nach Querung des einst schützenden Grenzgrabens erst mäßig bergan, dann hinab auf die ins Blickfeld tretende Dorfsilhouette zu, aber davor, gute 100 Meter nach Passieren eines Stadels in der Talkurve, rechter Hand in einen Feldweg hinein, der in knapp 200 Metern zu einem eingezäunten Hügelareal hinaufführt. Vor der Drahtumfriedung schwenken wir nach links und gelangen über einen Wiesenpfad nach wenigen Schritten zur **Deininger Keltenschanze**. Heute idyllische Kuhweide, hinterlässt der leicht trapezförmige, etwa 50 x 70 m große Vierecksbezirk einen stark fragmentierten Eindruck, lediglich im W und N sind die geböschten Wallzüge mit vorgelegten Gräben noch erhalten, sonst eingeebnet oder zerstört. Ein Zugang befand sich in der Mitte des Südwalls.

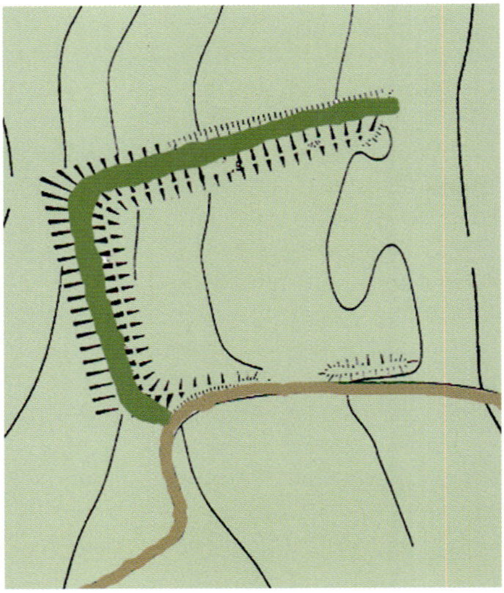

Skizze der Deininger Viereckschanze

Die Deininger Anlage gehört zu einer Gruppe von mehr als einem Dutzend vergleichbarer Bodendenkmäler an der mittleren Isar, wie sie in Wanderung Nr. 11 („Im Banne der Druiden") beschrieben sind. Ausgrabungen insbesondere in Holzhausen (Lkr. Bad Tölz-Wolfratshausen) haben gezeigt, dass diese Erdwerke während der letzten Jahrhunderte vor Christi Geburt der keltischen Bevölkerung als Kultstätten dienten. In Art eines „Temenos" (keltisch „Nemeton") bildeten sie einen heiligen Bezirk, einen „locus consecratus" (geweihten Ort), wo unter Leitung der Druiden geopfert, Recht gesprochen, über Krieg und Frieden entschieden wurde. Antike Autoren berichten von grausigen Kultpraktiken, darunter Menschenopfern, von Scheiterhaufen, auf denen Übeltäter und Kriegsgefangene verbrannt wurden, von zeremoniellen

Tötungen, aus deren Begleitumständen die Zukunft geweissagt wurde, von Ritualmorden im Rahmen jahreszeitlicher Erneuerungs- und Fruchtbarkeitsbräuche. Da war es dann allemal ein enormer humaner Fortschritt, wenn sich sakrale Abläufe unter Verzicht auf blutige Metzeleien als eher symbolische Handlungen wie z. B. im Georgskult vollziehen ließen.

Zwar kaum vorstellbar, dass sich auf lichter Höhe über der östlichen Isarterrasse solch barbarisches Treiben abgespielt hätte, rollen wir doch einigermaßen beeindruckt sanft hinab nach **Deining**, das uns mit seinen stattlichen und schmucken Bauernanwesen in Empfang nimmt. Es gehört wie Münsing, Puppling, Egling, Thanning zur ältesten Gruppe der bajuwarischen -ing-Siedlungen (7. Jhd.), die unter Bezug auf einen Personennamen den Sippenverband mit einem adeligen Grundherren zum Ausdruck bringen (hier Dihininga, Ort eines Dichino). Die spätgotische Nikolauskirche stellt in ihrem barockisierten Gepränge und ihrer heiteren Grazie, in die sich die rotbrauntonige Freskierung von 1983 makellos einfügt, gewissermaßen eine Gegenwelt zur dunklen Magie des keltischen Jahrtausends vor Augen. Es scheint, als sollte die Figur des Patrons mit den drei goldenen „Äpfeln" als Wohltäter, Nothelfer und Schützer der Schwachen die Opfer fordernden blutrünstigen Keltengötter Esus, Taranis und Teutates durch eine Botschaft friedfertiger Versöhnung ad absurdum führen.

Von der Nikolauskirche fahren wir etwa 200 Meter nordwärts entlang der „Münchner Straße" und biegen beim Ortsausgangsschild rechts in die „Talstraße" ein, von dieser schließlich in die „Weiherstraße", die uns mitten durch das Filzenland (ahd. die Filze = gestampfte Masse, sumpfiges Land, vgl. engl. filth, franz. pelouse, dt. „Pelz") zum **„Deininger Weiher"** bringt.

St. Nikolaus in Deining

Schon beim Abstieg von der Geländestufe, auf der Deining liegt, erkennen wir die Trogsituation der „Deininger Filze", die in Verlängerung der „Ascholdinger/Eglinger Filze" als Nebenfurche des Loisach-Wolfratshausener Gletschers entstanden ist. Einen letzten Rest des ausgeräumten, dann wassergefüllten und verlandeten Beckens bildet an dessen einstigem NO-Rand der Deininger Weiher, dem anzusehen ist, wie er in der grünen Umarmung wuchernder Moorvegetation allmählich erstickt. Aus der Niederung öffnet sich ein betörender Blick zu den Alpen hin, der Nahes und Fernes großflächig aneinander schiebt und in einem aufsteigenden Horizontalgefüge von Linien und Konturen eine Vision aus grünblauem, dunkelschattiertem Farbengewoge entstehen lässt, in dem die Moosflora mit Schwert- und Ährenlilie, Wollgras und Tarant, Sumpfwurz und Knabenkraut leuchtende Signale setzt. Schutzmaßnahmen, erschwerte Zugänglichkeit und teilweiser

Am Deiniger Weiher

landwirtschaftlicher Nutzungsverzicht haben erfreulicherweise zu diesem Erhaltungszustand eines weiträumigen Biotops beigetragen.

Vom Gasthof „Waldhaus", wohin wir uns orientieren, folgen wir am Ostufer des Deininger Weihers dem Hinweisschild nach Ascholding, dann ab der Wegteilung nach **Aufhofen** (3,5 km) und umgehen somit nordöstlich das hügelige „Frauenholz". Nach Verlassen des Waldes, den Ort schon vor Augen, biegen wir vor der „Josefi-Kapelle" rechts in einen Fahrweg ab, der an das Nordufer des „Aufhofener Weiher" heranführt. Schon nach etwa 100 Metern treten wir wieder in die Baumzone ein und schwenken sogleich gegenüber einem eingezäunten Seegrundstück mit Hütte nach rechts in zunächst wegloses, dann von einer Wagenfährte schwach gezeichnetes, leicht ansteigendes Waldgelände ein. Die Spur weist strikt nordwärts zwischen ehemaligen Wölbäckerbeeten in etwa 200 Metern zu einem dickichtartigen Niedrigwaldbestand von dürren Fichten, innerhalb dessen Halbdunkel wir schräg rechts vor uns einen **Burgstall** ausmachen. Das eingemuldete, kreisförmige Kernwerk von knapp 30 Metern Durchmesser gehört zu einer ehemaligen Turmhügelanlage, welche das Umland auf mäßig geneigter Höhe nur geringfügig überragte, von einem doppelten Graben (an der Innenseite 1,5 m, außen 1 m tief, im SO zerstört) eingegrenzt. Der abgeschiedenen, versteckten Lage im „Frauenholz" nach zu urteilen, im O, N und W von Sumpfgebiet („Beim großen Moos") umschlossen, könnte es sich ebenso um ein Rückzugsareal (vielleicht Ungarnrefugium im 9./10. Jhd.) einiger weniger Dorfbewohner wie um den hochmittelalterlichen Sitz eines Kleinadeligen oder Ministerialen im Dienste etwa der Andechser Grafen oder der Edelfreien von Hechenberg, Sachsenkam usw. oder von

St. Sebald bei Egling

Klöstern wie Tegernsee oder Benediktbeuern gehandelt haben. Die düstere, unheimliche Atmosphäre des Ortes verrät jedenfalls noch heute seine eher distanzierende denn einladende Funktion. Frühmittelalterliche **Hochäckerfelder,** allgemein in die Epoche der Merowinger- und Karolingerherrschaft datiert, umgeben meist frühe Niederlassungen und Burgsitze. Sie stellen die ursprüngliche Form der Bodenbewirtschaftung mit Wölbbeeten dar, wie sie auch im modernen biologischen Landbau wieder eine Rolle spielen. Diese Bodendenkmäler begegnen gar nicht so selten in der Gegend von Egling bis Münsing und haben sich dort am besten erhalten, wo der durch anfliegende Baumsamen aufgekommene Waldbewuchs eine spätere landwirtschaftliche Nutzung verhinderte.

Nach Rückkehr zur „Josefi-Kapelle" begeben wir uns nach Aufhofen (-hofen- und -hausen-Orte weisen auf die Ausdehnung adeliger Grundherrschaften im 8./9. Jhd. hin), mit seiner zierlichen spätgotischen Valentinskirche und einigen barocken Bauerngehöften noch recht beschaulich wirkendes Dörfchen, von dort auf der Hauptstraße westlich nach **Dettenhausen** (1,5 km). Am Ortsende von Dettenhausen zweigen wir bei den letzten Häusern gleich links in das Fahrsträßchen („Kirchstraße") talwärts nach **Egling** ab (1 km). Sofern man einen Eindruck von den im 17. Jahrhundert blühenden Wolfratshausener Künstlerwerkstätten und barocken Arbeitsgemeinschaften gewinnen möchte, sollte man einen Blick in die St. Martin-Kirche tun, wo die Phil. Jakob Rämpl (von Joh. Baptist Straub und Ignaz Günther beeinflusst, im Bayer. Nationalmuseum präsent), Lukas Herle und Georg Wunderl mit ihren Bildhauer- und Altarschreinerarbeiten glänzend vertreten sind, in Egling v. a. mit einem kraftvoll-dynamischen Figurenprogramm und einer Rosenkranzmadonna.

Am Veiglberg

Diesen Künstlernamen begegnen wir wieder in der Wallfahrtskirche St. Sebald, die sich am südlichen Ortsrand von Egling hinter der heute noch funktionsfähigen barocken Angermühle an den Rand des Kraxenbichls schmiegt. Sie gehörte mit ihrem hier ungewöhnlichen Patrozinium, das sich auf einen persönlichen Aufenthalt des fränkischen Einsiedlers und Pilgerheiligen zurückführt, dreihundert Jahre lang zum Kloster Schäftlarn. St. Sebald („de Francis natus") könnte zusammen mit dem Schutzherren des Merowinger Königshauses St. Martin für die zentralistische Verankerung des fränkischen Reichsgedankens gegenüber einem allzu selbstbewusst gestimmten Bayern gestanden haben. Der agilolfingische Herzog Tassilo III. musste bekanntlich im Jahre 788 für seine Eigenmächtigkeit büßen. Entstehung und Entwicklung des Ortes Egling würden in diese Zeit passen.

Von der „Wolfratshausener Straße" links weg über die Angermühle führt unser Weg direkt neben der Sebaldkirche schräg hinauf nach **Veiglberg**. An den begleitenden Nagelfluhfelsen zeigt sich anhand des dicht verbackenen Gesteinsmaterials wieder die Arbeit des Loisachgletschers, wie auch an dem einzigartigen, weithin sichtbaren Kegel des steilen Moränenhügels, auf den wir nach Überwindung der Steigung treffen. Möglicherweise hat die Bezeichnung mit „Vigil" zu tun, oder aber mit dem bairischen Ausdruck für Veilchen („Veigal"), von denen vor allem das Hügelveilchen am begrasten Hang gedeiht, übertroffen nur von der Orchideenpracht langstieligen Knabenkrauts. Ein doppelter Lindenbaum, der aus der Ferne zu einem einzigen Stamm verwachsen erscheint, bildet den krönenden Abschluss der majestätischen Berginsel. Das vor den Bäumen aufgepflanzte Feldkreuz steigert gleichsam den transzendentalen, überzeitlichen Bezug dieses Natur-Kunstwerks als eines Sinnbilds elementarer erdhafter und himmlischer Vereinigung. Es wäre schon sehr verwunderlich, wenn eine so beeindruckende Topographie nicht schon in frühester Zeit kultische Beachtung gefunden hätte, zumal in hocharchaischer Umgebung!

St. Johann in Neufahrn

Diese zeigt sich sogleich in **Neufahrn**, wohin wir, den Bergkegel halb umrundend, auf schmaler Fahrspur Richtung SW gelangen. Am oberen Ortsrand dieses noch recht ursprünglichen, in offener Lage mit variabler Zuordnung der barocken Bauernhäuser ansprechenden Dorfes schwenken wir links in den „Schrammelweg" ein, der uns in die Nähe der sehenswerten, spätgotischen Kirche „St. Johann" bringt (mit freigelegten Wandmalereien aus dem 15. Jahrhundert, Hochaltar, Rosenkranzmadonna und Figurengruppen aus den Wolfratshausener Werkstätten). Von da orientieren wir uns südwestlich zur „Schanzenstraße" hinab, die am Gasthof „Vogelbauer" vorbei in ihrem Auslauf in einen Feldweg mündet und über diesen direkt auf die schon sichtbare, teilweise baum- und buschgesäumte **Keltenschanze** im Wiesengrund hinleitet. Die fast durchgehend erhaltenen 2 bis 3 m angeböschten, nur im N und S abgeschürften Wallzüge, von Grabenresten begleitet, umschließen ein außerordentlich großes Viereck von 130 x 180 Metern.

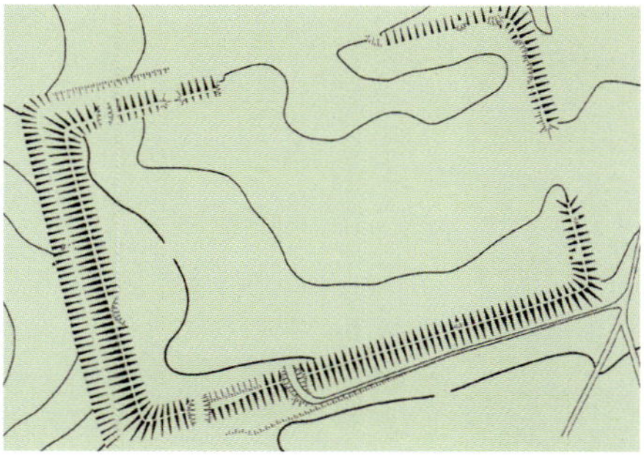

Neufahrn, keltische Viereckschanze

Da sich aus einem Luftbildbefund auch Anhaltspunkte für eine vorgeschichtliche Siedlung südöstlich von Neufahrn ergaben, dürfte es sich um eine durchaus bedeutende kultische Anlage gehandelt haben. Vielleicht ragten da auch schon in früher Zeit Bäume empor, so dass die Schilderung Plinius' des Älteren (23–79 n. Chr.) hierher passen könnte: „Wenn sie nach ihrem Brauch Opfer und Mahl gerichtet haben, führen sie zwei weiße Stiere herbei, deren Hörner sie bekränzen. Dann besteigt ein mit weißem Gewand bekleideter Priester den Baum und schneidet mit goldener Sichel die Mistelpflanze ab ... Daraufhin opfern sie die Stiere und beten, dass der Gott die Gabe glückbringend machen möge ...". Das würde immerhin die in Erdschächten gefundenen Tierknochen, vor allem von Rindern, Schweinen und Schafen erklären, die man als Überreste des Verzehrs von

Fleisch bei Opfermählern deutet. Vielleicht zeigt sich gerade in dieser Praxis, die im ländlichen Raum einigermaßen vermittelbar erschiene, eine Entwicklung zu mehr zivilisatorischer Gesittung unter dem Einfluss griechischer und römischer Vorstellungen.

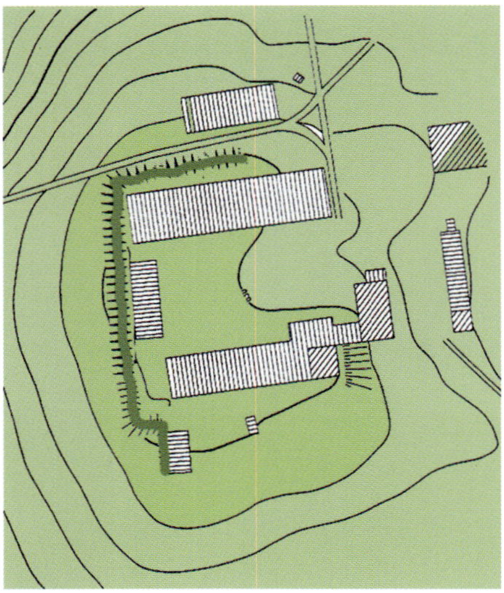

Keltische Viereckschanze vom Riedhof

Um noch eine weitere, ganz in der Nähe befindliche Keltenschanze anzusteuern, fahren wir am besten über die „Schanzenstraße" in den Ort zurück und biegen dort links in den westlich abzweigenden „Pupplinger Weg" ein. Dieser bringt uns hinab in die Talmulde bis kurz vor Eintritt in den Wald, wo die Brücke einen Bachlauf quert: diesen überschreiten wir nicht, sondern folgen nach rechts einer schwach ausgeprägten Wiesenfährte, die entlang dem Rinnsal verläuft, sich schließlich zu einem Feldweg auswächst, auf diesem zur anderen Bachseite und zuletzt nördlich zur Siedlung **Riedhof** führt. An einer Wegschranke vorbei und über die verkehrsreiche „Sauerlacher Straße" hinweg treffen wir auf die direkt gegenüber ansetzende Zufahrt zum Golfplatz. Dort ist zwar die Viereckschanze von ehedem 80 x 65 m Ausmaß durch Überbauung weitgehend zerstört, jedoch zeigen sich an der NW – Ecke noch etwa 30 und 60 Meter lange, nach O bzw. S gerichtete Restzüge von Wallflanken.

Anhand der Baulinie lässt sich der Verlauf der ursprünglichen Abgrenzungen relativ gut nachvollziehen, auch vermittelt die Lage inmitten eines lebhaft strukturierten, mit reizvollen Blickachsen und weiträumigen Perspektiven ausgestatteten Golfgeländes, dessen Hügelvarianten die Assoziation von Gräberfeldern wecken, eine durchaus phantasieanregende Aura. Ohnehin ist die Region um Wolfratshausen nicht gerade arm an Hügelgräbern aus der mittleren Bronzezeit (1600-1200 v. Chr.) und jüngeren Hallstattzeit (600-450 v. Chr.). In auffallender Weise befinden sie sich oft in räumlicher Nähe zu Keltenschanzen. Wenn wir auf unserer Route dennoch keine Hügelgräber entdecken konnten, so liegt das daran, dass die in der Gegend von Dettenhausen, Deining, Egling durchaus vorhandenen Bestände im intensiv genutzten Agrar- und Weidegelände bis zur Unkenntlichkeit verebnet sind, so dass sie meist nur noch im Luftbild hervortreten. Die scheinbare Lagebeziehung zu den Keltenschanzen hängt in aller Regel mit den gleichen Erhaltungsbedingungen in Wald- und Flureinsamkeit zusammen, zumal eine Zeitlücke von fast 400 Jahren zwischen Hallstatt- und La-Tène-Zeit, also zwischen den spätesten Grabhügelgruppen und den Vierecksheiligtümern, nicht ohne weiteres überbrückbar wäre.

Unsere Reise in die Vergangenheit endet nach wenigen Minuten Abfahrt auf dem Radweg neben der Staatsstraße wieder beim „Aujäger". Dort unten am grünen Isar-Gestade könnte uns der geheimnisvoll mur-

St. Nantwein, Wolfratshausen

melnde Fluss noch manches zuraunen von zweitausendjähriger Flößerei seit der Kelten- und Römerzeit, von Menschenopfern, ob in den Strudeln und Stromschnellen bei gefährlichem Tun, ob auf brennendem Holzstoß wie 1286 beim Martyrium des frommen Pilgers Nantwein, dessen vergoldete Hirnschale noch immer als Messkelch bei Wallfahrtsgottesdiensten in der nahen Kirche Verwendung findet, ob durch Brückensturz, wie es der bronzenen Madonnna von Anton Ferstl, weil von fanatischen Katholiken als zu provokant empfunden, beschieden war, samt anschließender Verbannung auf die Floßlände. Vieles wüsste die Isar auch von sich selbst zu erzählen, von erlittener Unbill durch Substanzentzug für Kraftwerke und Einzwängung in Betonkorsette, aber auch von einer Allianz der Vernunft, von

St. Nantwein, Innenansicht

Romanische Grabplatte des Hl. Nantwein

Renaturierung und wiedergewonnener Freiheit. Als zentrale Lebensader für das altbairische Kerngebiet bis zur Einmündung in die Donau bei „Pledlingen" (Plattling) im Nibelungenland, wo Königin Kriemhild einst mit ihrem bischöflichen Oheim aus Passau zusammentraf, hat sie seit frühester Zeit die Menschen in ihren Bann gezogen und zur Ansiedlung verlockt, die Region wie einen Organismus mit Blut und Energie durchpulst, somit einen unschätzbaren Beitrag zur geographischen, politischen und kulturellen Erschließung des Landes geleistet. Dafür allein schon gebührte ihr der Rang eines Nationalheiligtums mit lebenslanger Integritätsgarantie.

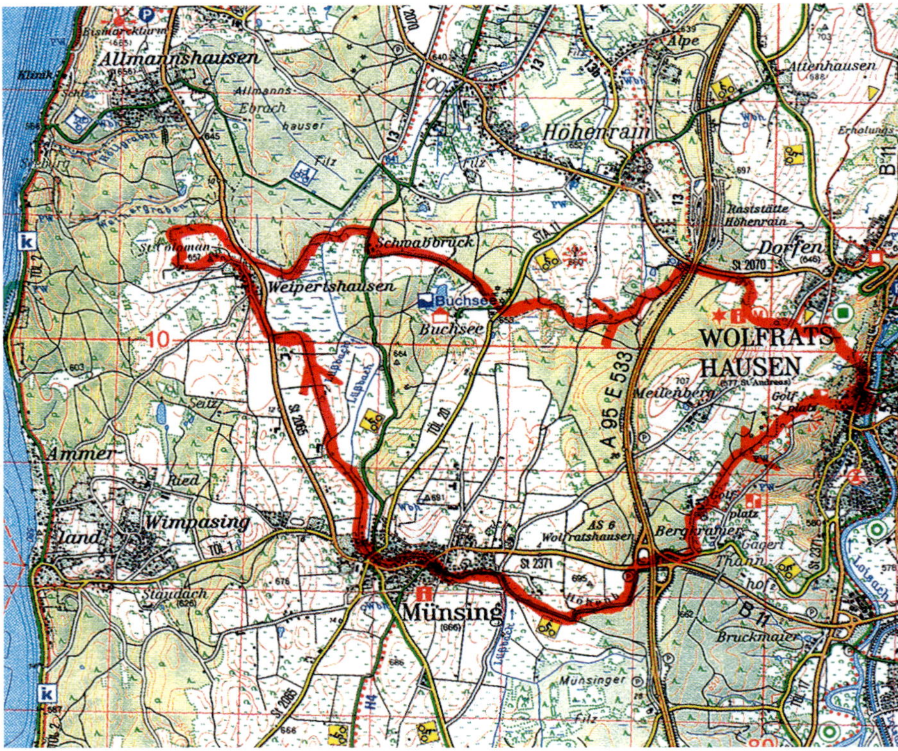

Wanderung X

Verlauf: Wolfratshausen – Meilenberg – Münsing – Weipertshausen – Schwabbruck – Buchsee – Dorfen – Wolfratshausen
Streckenlänge: 18 km
Dauer: 4 ½ Stunden, ohne Besichtigung
Einkehr: Wolfratshausen, Meilenberg, Münsing, Buchsee, Dorfen
Wanderkarte: UK 50-41 Ammersee-Starnberger See, München-Süd,
© by LVG, Gen.-Nr. 0416/07

Wanderung X

Gräbergang im Paradies

Gräber und Paradies – ein Oxymoron im Sinne von „jammervolles Glück" oder „süßes Leid"? Bekanntlich war dem von Gott selbst geschaffenen Garten Eden jegliche Ahnung von Endlichkeit und Vergänglichkeit fremd, vor dem Sündenfall wenigstens. Deshalb soll „Paradies" hier als schwärmerische Metapher herhalten für die Ideallandschaft des tertiären Naturraums vor den Alpen, an dessen gerade exponiertesten **Aussichtslagen** sich auffallenderweise die meisten frühgeschichtlichen **Grabhügelgruppen** finden lassen. Da sie im Moränen- und Moorgebiet um Wolfratshausen und Münsing besonders dicht auftreten, will diese Erkundung mit nicht nur archäologischer Schwerpunktsetzung einige der am besten erhaltenen Anlagen in Form einer Fußwanderung – wegen mitunter erschwerter Zugänglichkeit – aneinanderreihen.

Natur- und Menschheitsgeschichte haben es in langem Entwicklungsprozess vermocht, die jeweiligen topograhischen und kulturellen Eigenheiten in ein optimales Verhältnis zueinander zu bringen, als seien sie von Anfang an dafür bestimmt gewesen, sich in ihrer Wirkung gegenseitig zu steigern und im Angesicht einer traumhaften Szenerie die Jenseitserwartung ewiger Harmonie vorwegzunehmen. Ein wenig davon hat auch **Wolfratshausen** selbst abbekommen, wegen seiner pittoresken Lage zwischen Burgberg und Loisach, im weiteren zwischen Loisach und Isar bis zu deren Zusammenfluss, von Sommergästen und Erholungssuchenden viel besucht und gepriesen.

Eine ursprüngliche Straßenfurt durch die beiden Flüsse im Zuge einer uralten West-Ost-Verbindung bildete die wirtschaftliche Voraussetzung für die Entstehung eines Marktes, dessen Gründung und Ausbau von der Burg auf dem nordwestlichen Bergsporn ausging. Um 1100 hatte sich dort eine Zweiglinie der Grafen von Dießen-Andechs eine Festung zur Überwachung und Sicherung des Flussübergangs errichtet. Die früheste Siedlung freilich lag wohl auf der Höhe beim heutigen **Dorfen**, wo man jenen Platz vermutet, der in einer Urkunde von 1003 „Wolueradeshusun" genannt wurde, als König Heinrich II. einem seiner Getreuen das Jagdgebiet zwischen Isar und Loisach vermachte. Nachweislich haben dort oben schon seit dem frühen Mittelalter zwei Hofgruppen existiert, von denen auch zwei bajuwarische Reihengräberfriedhöfe

Wolfratshausen um 1585: Fresko von H. Thonauer, im Antiquarium der Münchner Residenz

zu Tage kamen. Mit dem Ende der **Dießen-Andechser-Wolfratshausener** Grafen gelangte der Ort 1248 in den Besitz der **Wittelsbacher** Herzöge, die nun mit der Verleihung zahlreicher Rechte und Privilegien die Anlage eines festen Marktplatzes unten an der Loisach forcierten. Damit verlagerte sich der wirtschaftliche Schwerpunkt hinab zur Marktstraße am Fluss, zugleich übertrug sich auch der Name auf die neue Siedlung, während die Hofgruppen als ehemalige Träger dieses Namens mit „Dorf", woraus sich „Dorfen" entwickelte, bezeichnet wurden.

Der Ortsname „Wolfratshausen" weist auf einen „Wolfrat" „(Uolfrat") als adeligen Grundherrn mit Sippenverband hin, gehört somit zu den frühen „patronymischen" Benennungen des 8./9. Jahrhunderts von -ing und -hausen-Siedlungen. Interessanterweise wird in einer Güterschenkungsurkunde von 1157, als die Wolfratshausener Nebenlinie ausstirbt und der Besitz wieder an die Andechser Hauptlinie zurückfällt, der Zusatz „urbs" (= Stadt, städtische Siedlung) für Wolfratshausen verwendet (das ja erst 1961 zur Stadt erhoben wurde). Daraus wäre zu schließen, dass möglicherweise bereits vor den Wittelsbachern eine Marktsiedlung im Tal existierte, deren Gründung dann auf die Grafen von Dießen-Andechs-Wolfratshausen zurückginge. Seit Übernahme der bairischen Herzogswürde (1180) waren die Wittelsbacher als hartnäckige Widersacher und Machtkonkurrenten der Andechser aufgetreten. Vor allem die feste **Burg Wolfratshausen** mit ihrer außerordentlichen verkehrsgeographischen und machtpolitischen Bedeutung hatte es ihnen angetan. Sie bildete einen wichtigen Pfeiler innerhalb der Andechser Territorialstrategie, die sich in den besten Zeiten zwischen Burgund und Donau, Main und Adria abspielte. Erst recht musste sie den Wittelsbachern im Wege stehen, die dabei

An der Loisach in Wolfratshausen

waren, sich entlang der Isar als Hauptachse einen geschlossenen Herrschaftsbezirk vom Karwendel bis zur Donau aufzubauen. Entsprechend blutig und verheerend, mit wiederholten Brandschatzungen, Plünderungen und Zerstörungen von Burg und Siedlung Wolfratshausen, fielen die dauerhaften Fehden, Kämpfe und Feldzüge aus, sie fanden erst mit dem Tod des letzten Andechsers (1248) ein Ende. Die Wittelsbacher übernahmen als die neuen Herren Ort und Festung, letztlich erwiesen sie sich als die Glücklicheren in der Durchsetzung ihrer Machtansprüche, mit dem Ergebnis immerhin einer mehr als 700 Jahre dauernden Regentschaft über Bayern.

An einstige Burgenherrlichkeit erinnern heute nur noch gewaltige Erdformationen und ein bescheidener Gedenkstein, deren Besichtigung wir uns für den Rückweg aufsparen. Folgen wir zunächst der **urbanen Leitlinie** durch den langgezogenen Straßenmarkt zwischen Loisachfluss und Steiluferhang, wo wir den eng gestellten Giebelfronten und gestaffelten Ensemblereihen der meist einfachen, aber charakterstarken Bürgerhäuser aus dem 17.-19. Jahrhundert noch etwas von vergangener Schicksalsprüfung, von Überschwemmungen und Brandkatastrophen, von Feindverwüstung und Alltagsnot anzumerken glauben. Recht wirkungsvoll kann die ehemalige Marktbefestigung, von der nichts mehr übrig ist, wohl nicht gewesen sein. Bei unserem Gang, beginnend beim Haderbräu am Untermarkt, von dort zum südlichen Obermarkt, biegen wir an der zentralen Übergangs- und Schnittstelle des Marienplatzes rechts zur Stadtpfarrkirche St. Andreas ab. Im Kern spätgotisch, aber nach Brand in der Zeit des 30jährigen Krieges erneuert, bietet sie in ihrer Barockausstattung ein Musterbeispiel der im 17. Jahrhundert blühenden Wolfratshausener Kunstwerkstätten (mit Namen wie Herle, Rämpl, Krinner, Wunderl).

Joh. Wolfgang von Goethe, der 1786 auf seiner Italienreise im ehemaligen Haderbräu logierte (jetzt Restaurant „Patrizierhof“, bis zur Säkularisation 1803 Brauerei des Klosters Beuerberg), hatte auf der Strecke von München hierher und weiter nach Mittenwald mit naturwissenschaftlichem Scharfblick notiert: „Der Weg geht auf der Höhe, wo man unten die Isar fließen sieht, über zusammengeschwemmte Kieshügel hin. Hier wird uns die Arbeit der Strömungen des uralten Meeres fasslich.“ In der Tat ist die Landschaft in und um Wolfratshausen das Ergebnis mehrerer Eiszeiten, deren Gletscher in den letzten zweieinhalb Millionen Jahren immer wieder von den Alpen in das Vorland drangen, zuletzt vor 15.000 Jahren in der Würmeiszeit, die das **Wolfratshausener Seebecken** aushobelte und es der Isar überließ, nach Verlagerung ihres Flussbettes diesen riesigen Wasserpool anzuzapfen und zum Ablauf zu bringen. Die gewaltigen Geröll- und Geschiebemassen schichteten die Höhenzüge u. a. westlich von Wolfratshausen auf, wohin unsere Wanderung über Meilenberg und Münsing nach Weipertshausen bis knapp vor den Ost-Rand des ebenfalls eiszeitlichen Würmseebeckens (Starnberger See) zielt. Die dazwischen verbliebenen Moore („Filzen“) sind wie der Buchsee, den wir auf dem Rückweg streifen, als Verlandungsrelikte des Gletscher-Schmelzwassers zu begreifen.

Hinter der Kirche steigen wir einige Stufen auf schmalem Fußpfad zum „Eichheimweg“ empor, um rechter Hand auf das „Lutz-Häuschen“ zu stoßen, das als Ferienaufenthalt und Liebesnest von **Rainer Maria Rilke** bekannt wurde. Hier hat der erst 21jährige Dichter mit der 15 Jahre älteren russischen Essayistin Lou Andreas-Salomé im Jahr 1897 stürmische Sommerwochen verbracht. Zugleich traf man sich im „Sternenhäuschen“ mit befreundeten Literaten und Künstlern aus der Münchner

Szene. Eigentlich hatte sich Rilke kurz davor im „Fahnensattlerhaus" eingemietet, das weiter oben am Hangende lag. Es wurde in den 70er Jahren abgerissen, zwei Eingangspfosten und eine Gedenktafel für den Maler Hermann Neuhaus zeugen noch vom einstigen Standort, der unsere weitere Route bergan, erst links, dann schräg rechts hinauf zum „Neuhaussteig" säumt. Bald war auch die Freundin für den Rest des Sommers ins Haus „Loufried", wie das bäuerliche Domizil fortan hieß, nachgezogen. Für Rilke waren es glückliche und inspirierende Wochen, in denen innige Liebesgedichte, Briefe und Erzählungen entstanden. Man sagt, „diese schimmernden Wolfratshausener Nächte", das intensive Erleben der Natur und des einfachen ländlichen Daseins hätten ihn auf der Suche nach neuen Farben, Formen und Tönen vom Großstadtliteraten ein gutes Stück näher zum lyrischen Poeten gebracht.

Nach Verlassen des Hangwaldes und Erreichen des Hochplateaus geht es am Rand des Golfgeländes zunächst links, dann rechts auf gewundenem, so bezeichneten „Wanderweg" mitten zwischen Greens und Spielbahnen hindurch bis zu einer einzelstehenden Eiche, bei dieser wieder links auf einen Waldspitz zu und dort in bogenförmigem Schwenk in das sog. „Burgholz" hinein. Fast unvermittelt stehen wir da vor mehreren runden Erdwölbungen, die sich

Grabhügelformation

zum sanft einfallenden Westhang hin aneinanderschieben. Etwa ein Dutzend mittelgroßer, meist baumbestandener, teils abgeflachter oder verstürzter, insgesamt aber recht gut erhaltener **Grabhügel** breitet sich auf dieser der Loisachterrasse aufgesetzten Höhenkuppe aus, 500 m südöstlich von **Meilenberg**. Aus einem näher untersuchten Grab barg man hallstattzeitliche Funde aus dem 6. Jahrhundert v. Chr., als nach der Urnenfelderzeit (1200-750 v. Chr.) mit ihrem Brauch der Totenverbrennung und Urnenbeisetzung wieder der Übergang zur Körperbestattung erfolgte. Bereits in der mittleren und späteren Bronzezeit (1500-1200 v. Chr.) war die Körperbestattung in künstlich aufgeschütteten Grabhügeln üblich gewesen, ein Kulturwandel jedoch, der vermutlich mit Kriegseinwirkungen und Wanderbewegungen zusammenhing, führte zu einer mehr als 500jährigen Unterbrechung dieser Sitte bis zur Hallstattzeit (750-450 v. Chr.). Einige der Hügel im Burgholz könnten durchaus noch der Bronzezeit entstammen, Reste eines Kesselbodens von einem vielleicht importierten Bronzegefäß legen das nahe. Es handelt sich hierbei wohl um Renommierstücke einer kleinen Oberschicht, wie überhaupt nur diese in solchen Grabhügeln mit Beigaben bestattet worden sein dürfte. Meist hat man Waffen, Gewandnadeln, Gürtelhaken und kleinere Gerätschaften gefunden, mit dem Beginn der frühen Eisenzeit im 8. Jahrhundert wandelte sich auch der Werkstoff entsprechend. Man kann davon ausgehen, dass das Areal am Burgholz ursprünglich einen weitdimensionierten Panoramablick bot, wie sich sogleich bei Fortsetzung unseres Weges an einem zur Linken befindlichen erhöhten Auslugposten des Golfplatzes zeigt, nur dürften die naturromantischen Empfindungen und Erwägungen, die hinter der Konzeption des 50 ha umfassenden Sportgeländes inmitten atemberaubender Landschaftskulisse standen, vor 3000

Jahren keine vergleichbare Rolle gespielt haben. Stark verebnete **Hochäckerspuren** im anschließenden Waldgelände verraten, dass noch im frühen und hohen Mittelalter der Baumbewuchs die Höhenkuppe nicht gänzlich überzogen haben kann. Wohl aber haben sich im Schutz des später angeflogenen und aufgekommenen Waldes die Bodendenkmäler am besten erhalten.

Wir folgen dem Weg weiter in bisheriger Richtung und erreichen den südwestlichen Teil des Golfareals, das wir zum „Bergkramerhof" hin überqueren. Am Ausgang der dortigen Zufahrtsallee, am Ende des großen Parkplatzes, gleitet unser Blick hangabwärts nach Süden hinüber zu einem dunkelgebräunten Holzhaus mit weiß leuchtenden Fensterrahmen, das uns unter grünen Laubdächern seine Giebelseite zukehrt. Im exakt dahinter versteckten „Hof Gagert" lebte und wirkte 1936-1948 der Erzähler und Dramatiker **Ernst Wiechert**, der zur damaligen Zeit zu den erfolgreichsten deutschen Schriftstellern gehörte und, obwohl vielfach missdeutet und ideologisch missbraucht, wegen seiner Opposition gegen das Hitler-Regime international hochgeachtet war. Nach seiner Entlassung aus dem Konzentrationslager entstanden in Wolfratshausen u. a. die Romane „Das einfache Leben" (1939) und „Die Jeromin-Kinder" (1945). Vielleicht lag es gerade an der ländlichen Idylle, dass er sich trotz der Schikanen der Nationalsozialisten zu einer romantisierend-mystischen Naturverherrlichung bekannte, zu einem Dasein, in dem alles „richtig ist, wie es war und werden würde".

Das hätte er dann mit dem englischen Romanautor und Dichter **D. H. Lawrence** („Lady Chatterley") gemeinsam, der sich in seinen letzten lyrischen Werken ganz dem natürlichen Kreislauf von Werden und Vergehen hingeben wollte, darin zum mythologischen Poeten wurde, der die

Harmonie einer Landschaft, bei Münsing

Rückkehr der archaischen Götter und Helden beschwor. In seinem späten Gedicht „Bavarian Gentians" hat er sich die Blüten des bayerischen Enzians zu symbolischen Wegweisern eines sanften Übergangs zum Jenseits erkoren. Daran dachte er wohl noch kaum, als er sich 1912 mit seiner Geliebten Frieda von Richthofen, die er 1914 heiratete, ebenfalls im Lutz-Häuschen einquartierte, die folgenden Jahre jedoch wiederholt in der „Villa Vogelnest" seiner nachmaligen Schwägerin Else Jaffé-Richthofen zubrachte. Nach eigenem Bekunden habe er sich hier von seiner Selbstfixierung befreit und über sich hinausgefunden. Im Zyklus „Look! We Have Come Through" (1917) widerspiegeln sich die Höhen und Tiefen dieses Prozesses. Wolfratshausen, im Roman „Mr. Noon" zu „Schloss Wolfratsberg" stilisiert, durfte sich also neben seiner Anziehungskraft auch einer offenbar kristallisierenden und verwandelnden Wirkung gewiss sein. Auch die „Villa Vogelnest" war einst an die bewaldete Anhöhe hingebettet, nicht weit unterhalb des Gagerthofes nahe der „Beuerberger Straße", ist heute aber einem modernen Neubau gewichen.

Alle drei Meister des Wortes (Rilke, Lawrence, Wiechert) waren auch Künder einer Natur- und Lebenssehnsucht, wie sie in der Spannung von menschlicher Begrenztheit und kosmischer Unendlichkeit spürbar wird. Diese Melancholie spielt für uns Heutige auch hinein in die Todeskultur der Grabhügelfelder inmitten weiträumiger Farbpanoramen von eruptiver, vitaler Leuchtkraft. Sie begleitet uns auch zur nächsten **Nekropole „Am Eckenkreuz"**, zumal auch hier die Totenstätte an hervorgehobener Position über der „Münsinger Filze" in eine Landschaftsarchitektur voller Harmonie und Strahlwirkung eingebunden erscheint. Wir gelangen dahin, indem wir uns ab Zufahrt „Bergkramerhof" rechts wenden und auf geteerter Fahrbahn die wenigen hundert Meter zur Münsinger Straße zurücklegen, die unter der Autobahn hindurchführt. Gleich danach befindet sich links, gegenüber der Auffahrt nach Garmisch, ein Parkplatz, von dem ein beschilderter Rad- und Wanderweg nach Münsing verläuft.

Hochäcker im Rechtlerholz bei Münsing

Auf diesem, der alten Wolfratshausener Straße, treffen wir mitten im Wald auf eine offene Nischenkapelle mit großem Kruzifixus, das von einem Kalkbrenner aus Icking, nachdem er es angeblich aus der Isar gefischt hatte, in Erfüllung eines Gelübdes hierher gebracht worden sein soll. Vermutlich gab es auf diesem Platz schon lange vor Errichtung der „Eckenkreuzkapelle" durch die „Ouschner Bauern" (Ortsteil von Münsing), die seit 1854 alljährlich mit einem Bittgang um gute Ernte anhalten, eine kultische Tradition, wohl auch schon in

Andacht an der Eckenkreuz Kapelle

Zusammenhang mit dem unmittelbar angrenzenden Gräberfeld im „Rechtler Holz“.

Links vor der Andachtsstätte führt eine Fährte über einige **Hochäckerwälle** hinweg, deren nördliche Ausdehnung uns bereits bei der Annäherung aufgefallen sein müsste, in den hochstämmigen Laubwald hinein. Dort reihen sich nicht weniger als 26 kleine bis mittelgroße, durchweg unbeschädigte Hügel in lockerer Folge aneinander. Ihre Zeitstellung ist ungewiss, sofern bisher keine archäologischen Sondierungen vorgenommen wurden. Da zu einer Nekropole in der Regel auch eine zivile Niederlassung gehörte, ist aus der Häufung der Grabhügelgruppen gerade zwischen Wolfratshausen und Starnberger See bzw. Berg und Eurasburg eine einigermaßen flächige Aufsiedlung dieser Region erschließbar. In ihr kennt man etwa zwei Dutzend Vorkommen vereinzelt oder massiv auftretender Erdwerke dieser Art. Grabhügel der Hallstattzeit mit einem Durchmesser von 15 m und mehr sowie einer Höhe von 1 bis 2 m erweisen sich als fast immer größer als solche der Bronzezeit, demnach könnte der Großteil des hiesigen Bestandes schon im 2. Jahrtausend v. Chr. angelegt worden sein. Bemerkenswerterweise sind Funde aus der Hallstattzeit östlich der Isar und im südlichen Tölzer Umkreis bisher nicht aufgetaucht. Dass Hoch- oder Wölbackerformationen, als spezifische Art der Feldfruchtbestellung mittels aufgeschichteter Hügelbeete allgemein der Epoche des ersten Landausbaus der Merowinger- und Karolingerzeit zugerechnet, in unmittelbarer Nachbarschaft mit frühgeschichtlichen Gräberfeldern auftauchen, darf als Merkmal friedlicher Siedlungskontinuität begriffen werden. Die Darbringung von Totenopfern auf heiligem Boden hat der angrenzenden landwirtschaftlichen Erschließung und Nutzung kaum im Wege gestanden, im Gegenteil wohl eher deren mystischen Zusammenhang symbolisiert: „Wenn das Weizenkorn in die Erde fällt und erstirbt, bringt es viel Frucht“ (Joh. 12, 24). Den Bajuwaren selbst waren mit der völligen Christianisierung ab dem 7./8. Jhd. n. Chr. flachsituierte, meist beigabenlose Reihengräberfelder mit Körperbestattung eigen, wie sie beispielsweise in Münsing, Degerndorf, Eurasburg oder Dorfen zutage kamen.

Mariae Himmelfahrt in Münsing

Von dem ehrwürdigen Ensemble, das unter dem grünen Zelt des Buchen- und Eichenhains eher einen verträumten Eindruck hinterlässt, als dämmere es einer nicht näher bestimmbaren Enderwartung entgegen, läuft die Strecke nun nach Westen gerade auf den schon sichtbaren Kirchturm von **Münsing** zu. Es bleibt der Findigkeit und Phantasie des Betrachters überlassen, inwieweit er in ferneren oder näheren, mal auffälligen, mal unscheinbaren Bodenprofilen seinerseits Spuren der Vergangenheit entdeckt, mit denen die Münsinger Flur nicht gerade geizt. Über die „Grondlergasse“ stoßen wir beim „Gasthof Limm“ auf die „Münsinger Straße“, auf der wir die Ortsmitte und Pfarrkirche „Mariae Himmelfahrt“ erreichen (ab Wolfratshausen 1½ Stunden). Der im Kern spätgotische, barockisierte Sakralbau, schon im 8. Jahrhundert genannt und von 1355 bis 1803 zum Kloster Beuerberg gehörig, birgt außen am nördlichen Chorschluss die Grabstätte der

Blick nach Münsing

Grafen Pocci, Herren auf dem nahen Schloss Ammerland, deren bekanntester Vertreter der Dichter und „Kasperlgraf" Franz von Pocci (1807-1876) war. Seine dem alten Volksmärchen entstiegenen koboldhaften, derb-drastischen wie romantisch-poetischen Figuren kann man sich im hiesigen Ambiente gut vorstellen. Vom Friedhof treten wir am westlichen Ende auf die Ringstraße „Am Kirchhof" hinaus, halten uns dort rechts, dann links zum „Angerweg" hin und auf diesem nach Norden ortsauswärts.

Die geteerte Trasse wird bald zum Feldweg, schließlich zur grasüberwachsenen Fahrrille, führt aber stets in gerader Richtung durch weit gestrecktes, sanft bewegtes Feuchtwiesen- und Weidegebiet, bald östlich, bald westlich an einzelnen Bauerngehöften vorbei, bis sie am Schluss wieder in ein ausgeprägtes Wagengeleise einmündet, das in einem Bogen nach links auf die Starnberger Chaussée ausleitet. Auf dieser sind es dann noch knapp 150 Meter bis zur links abzweigenden Ortszufahrt nach **Weipertshausen** (ab Münsing ½ Stunde). Das alte Straßendorf mit seinen stattlichen Bauernanwesen durchschreiten wir von Süden nach Norden, am Ortsende wenden wir uns sodann links und gleich wieder rechts zum Kapellenhügel **„St. Koloman"** hinauf.

Sofort fühlen wir uns umfangen von der mystischen Aura dieses archaischen Kulthügels über steil aufgeböschten Hangstufen, die eher an eine fortifikatorische Funktion im Sinne eines ehemals erdwallgesicherten Rückzugsareals für die bäuerliche Bevölkerung denn an einen Andachtsplatz denken lassen. Die Kapelle selbst, 1608 gestiftet, nach Einsturz 1985 in alter Form wiedererrichtet, teils neugotisch, teils noch barock (mit Schnitzfigur des hl. Koloman von Joseph Krinner) ausgestaltet, ist von urweltlichen, gigantischen Linden und Rotbuchen

St. Koloman bei Weipertshausen

wie von einem Peristyl umschlossen. Verstreut herumliegende oder zu einer Feuerstelle geschichtete, rund geschliffene Findlingsteine, wohl aus dem Geschiebematerial des Untergrunds hervorgescharrt, wecken die Assoziation einstiger Opferrituale unter freiem Himmel. Hier heroben, an diesem wirklich paradiesischen Flecken Erde, bietet sich ein sphärisch dimensionierter Ausblick, von den Uferhöhen des Starnberger Sees, dessen Nähe man förmlich riecht, hinüber zum Alpenkamm, mit gestaffelten Farbübergängen wie mit kräftigen Pinselstrichen nach Art der Primamalerei hingesetzt, vom schwelgerischen Wiesengrün über dunkelschattige Fichtenzonen bis zum tiefgrundigen Nah- und ätherischen Fernblau des Berghorizonts, aufgebaut über einer in sich ruhenden, bukolisch versonnenen, durch Baumhage harmonisch konturierten Weidelandschaft, bar jeglicher Kontaminationen. **„Blaues Land"** fürwahr: nur 20 Kilometer weiter südlich, um den Staffelsee und Kochelsee, entstand 1912 der „Blaue Reiter", der avantgardistische Almanach von Wassily Kandinsky und Franz Marc, vom blautonigen Hauch der Moore, Seen, Hügel, Berge inspiriert, in ersten Gemälden von abstrakter Klarheit mit hart aneinandergerückten, aus sich selbst leuchtenden Farbflächen eher Föhntagen entsprungen. Blaues Ross und blauer Reiter? Lange hat man das Visionäre der neuen Kunst, die veränderte Sicht auf die Dinge, auf das Innere, Wesentliche, Absolute, die Farbe als Bedeutungsträger, nicht verstanden, hier an diesem begnadeten Ort könnte etwas vom Sieg des Lichts über die Finsternis begreifbar werden.

St. Koloman, aus Irland stammender und auf Pilgerschaft in Österreich gemarterter Volksheiliger, dessen Verehrung sich ab dem 11./12. Jahrhundert auch nach Bayern und Schwaben verbreitete, stand in Verbindung mit einem Quellen- und Wasserkult, durch den man Heilung zu erlangen

„Blaues Land“

hoffte, sowie mit einem Umrittsbrauchtum am 13. Oktober als Todes- und Weihetag. Das „Heilwasser“ findet sich sogleich hinter dem benachbarten Waldsaum als geheimnisvoller „Schwarzer Weiher“. Von den Umritten weiß man, dass sie schon lange vor der Christianisierung als Ausdruck zeremonieller Kreisbewegung den Vorgang des Jahresablaufs und der kosmischen Erneuerung, von Werden und Vergehen, Aussaat, Wachstum und Ernte symbolisierten. Das passt dann gut zusammen mit dem in der Nähe des Wassers sich anschließenden Gräberfeld, zu dem wir über den direkt nördlich am Kapellenhügel vorbeiziehenden Feldweg finden, indem wir uns ab der Stelle, wo dieser im Westen links zum „Heißhof“ abknickt, rechts auf stark zugewucherter Fahrspur zum Waldrand durchschlagen. Wenige Meter dahinter begegnen schon die ersten von insgesamt 67 meist mittelgroßen, oft breit verflossenen **Grabhügeln im „Kohlmansfeld“** (500 m nordwestlich von St. Koloman), zwischen Sumpfniederungen und Moorpartien auf trockenen Erdrippen und Bodenrampen hingestreut. Die aus den wenigen geöffneten Gräbern hervorgegangenen hallstattzeitlichen Funde schließen eine ältere Zeitstellung der Erdwerke keineswegs aus. Insgesamt macht diese Konglomeration im mittlerweile stark eingewachsenen, schwer zugänglichen Fichtendickicht auf uns Heutige einen orkisch-düsteren Eindruck, ganz im Gegensatz zum Lichterlebnis des Kapellenbergs. Gerade in diesem scheinbaren Paradoxon vollzieht sich jedoch das ursprüngliche Ereignis des „Stirb und Werde“ auf fast magische Weise: immer wieder muss die fruchtbringende Persephone den Granatapfel aus der Hand des Totenkönigs Pluto entgegennehmen und sich seiner Umarmung ausliefern, anders bliebe das Füllhorn des Erntesegens und Reichtums auf Dauer verschlossen.

Aus dem unwegsamen Gelände lösen wir uns über eine schmale Pfadspur, die sich allmählich zu einem Waldweg auswächst, und oberhalb des „Schwarzen Weiher" nach Osten zur Starnberger Landstraße ausläuft. Auf dieser sind es dann nur etwa 200 Meter zurück zur nördlichen Ortseinfahrt von Weipertshausen, an der vorbei wir nach kurzer Distanz links auf eine Schottertrasse abbiegen, die ostwärts ins nahe „Schwabbrucker Holz" und zum Weiler **Schwabbruck** führt (20 Min). Beim Eintritt in den Wald, vorbei an einem Weiher, fallen uns links und rechts des Weges im ansonsten flachen Feuchtgebiet seltsame Hügelwölbungen mit Mulden und Gruben auf, die möglicherweise mit einer östlich von Weipertshausen festgestellten **frühbronzezeitlichen Siedlung** zu tun haben. Hüttenlehmreste, mit Kohle vermischte Keramikscherben, Spinnwirtel und Reibsteine bestätigen den Befund früher menschlicher Niederlassung in dieser Region. Im weiteren Verlauf des Weges über den Lüsbach hinweg, in dessen Senke etwas oberhalb im „Münsinger Feld", nicht weit vom Bogenansatz unserer ursprünglichen Wanderroute auf Weipertshausen zu, einzelne Grabhügel aus dem Wiesengrund ragen, streben wir im allmählichen Übergang vom Nadel- zum Laubwald über eine prächtige Buchenallee zuletzt rechts hinauf zum Hof Schwabbruck. Dieser thront, abgeschirmt von einem imposanten Eichenhain, auf einer flach aufgesetzten Schotterhaube über nassen Mooswiesen. Von der dortigen Wegkreuzung mit Hinweisschildern führt ostwärts ein geteertes Sträßchen in zehn Minuten an den **Buchsee** heran, der bald rechter Hand durch die Bäume glitzert, genau gegenüber einem verebneten Hochäckerfeld links unseres Weges, mit dem wir direkt in eine **Grabhügelgruppe** hineingeraten. Diese ist mit 36 nicht allzu ausladenden, aber recht gut erhaltenen Aufschüttungen überwiegend im schützenden Laubholz platziert. Aus einigen Gräbern hat man Fundgut aus der Hallstattzeit geborgen, neben Keramik auch die Reste eines vierrädrigen Wagens, dessen Beigabe eher für den westlichen Kulturkreis mit seinen mächtigen Fürstensitzen (Heuneburg, Hohenasperg, Hochdorf) und Kontakten zur antiken Mittelmeerwelt kennzeichnend war. Es muss sich demnach um eine Persönlichkeit von besonderer Stellung und Geltung gehandelt haben. Auch 500 m südöstlich vom Buchseehof in der Flur „Ödplatz" gingen aus einem Ensemble von einem großen und fünf verflachten Hügelgräbern Schwerter, Dolche, eiserne Lanzenspitzen und Bronzegefäße, darunter ein Kessel mit 30 Litern Fassungsvermögen, hervor, die nicht zu den typischen Funden der hiesigen Gegend zählen. Diese Gegenstände sind als Würdezeichen einer einflussreichen, **elitären Oberschicht** zu deuten, die vordem, an der Dominanz der Schwertfunde ablesbar, eine Art „Schwertadel" bildete, ab etwa 600 v. Chr. aber, als immer mehr eiserne Lanzenspitzen auftauchen, sich offensichtlich auf eine speertragende Gefolgschaft stützen konnte, die durch eine Änderung der Kampfestaktik zu Bedeutung gelangt war.

Hügelgrab nahe Buchsee

Grabbeigaben und Totenbrauchtum sind immer Hinweis auf eine **Jenseitsvorstellung**, einen Glauben an ein Weiterleben nach dem Tod. Darüber ist natürlich kaum etwas bekannt, am allerwenigsten aus der Bronzezeit. Berichte aus der antiken Ethnographie erwähnen mehrfach die Vorstellung von einer Wiedergeburt, womit aber keine Seelenwanderungslehre, sondern schlichtweg die Existenz im Totenreich als Fortsetzung des irdischen Lebens gemeint sein dürfte. In den homerischen Epen der Ilias und Odyssee, die ja die Welt der späten Bronzezeit reflektieren, ist bei aller märchenhaften Phantasie und schmückenden Poesie davon auszugehen, dass die Darstellung des Hades auf allgemein geläufigen Anschauungen fußt. Als Odysseus in das Totenreich hinabsteigt, trifft er auf die verstorbenen Angehörigen, Frauen und Helden, die er als Schattenwesen ohne weiteres identifiziert, denen auch selbst die Erinnerung an ihr irdisches Leben nicht geschwunden ist. Obwohl jede Art Vergeltung, ein Gericht fehlt, Gute und Schlechte nicht unterschieden werden, begleitet sie das Leid des Lebens auch in die Unterwelt. Mit der Hauptfigur schauen wir in einen modrigen, freudlosen Raum, der keine Zeit kennt, uns wie eine Traumszenerie begegnet. Die „Seele" selbst ist nur ein Traum, ein Bild, eine Maske dessen, der das Leben verloren hat. Natürlich gibt es auch ein Elysium, die Insel der Seligen, wohin aber nur Götterverwandte und einige auserwählte Helden entrückt werden.

Über die altkeltische Religion der Hallstattzeit vermerkt der römische Dichter Lucan (1. Jhd. n. Chr.), dass die Geister der Verstorbenen „orbe alio", also eigentlich „in einer anderen Gegend" weiterlebten. Diese **„Anderswelt"** wurde von den Kelten oft ganz konkret auf real existierenden Inseln Britanniens oder in fern entrückten Gegenden der bekannten Welt als Totenreich lokalisiert. Vielleicht sind die mitunter in Gräbern gefundenen Schiffchen (z. B. das Goldschiffchen vom Dürnberg) als Totenschiffe für die Überfahrt zu verstehen. Demnach handelte es sich nicht eigentlich um ein Jenseits als andere Welt im Gegensatz zum Diesseits, sondern eher um einen Versammlungsort an entlegener Stelle. Dieser galt als „angenehmes Gefilde", als Lustort schlechthin, keinesfalls als Schreckensreich grausiger Dämonen. Jeglicher moralische Gedanke an Vergeltung, Strafe, Schicksalsmacht fehlte wie in der Bronzezeit auch hier. Im Grunde hat sich die Stellung der Toten, die sie unter den Lebenden innehatten, in der „Anderswelt" nicht geändert. Die beigegebenen Waffen hatten oft nur repräsentative Funktion, wie beispielsweise die zierlichen, absolut kampfuntauglichen Dolche verraten. Der Wagen war als Gefährt wohl für die Überreise gedacht. Beim Fürstengrab von Hochdorf (Baden-Württemberg) hat man die schmückende und steigernde Überhöhung des Verstorbenen mit kostbaren Materialien zur Vorbereitung auf ein Dasein voller Freuden und Wonnen überzeugend nachweisen können. Eine derart positivistische Jenseitsauffassung steht in der Frühgeschichte einzigartig da!

Keltisches Goldschiffchen (Londonderry)

Wir verlassen das Gräberfeld zur angrenzenden Höhenrainer Straße hin, in die unser Weg einmündet. Direkt gegenüber setzt eine wenig ausgeprägte Trittspur an, die schräg in das Fichtenholz zieht, nach etwa 100 Metern aber schon in einen veritablen Waldweg übergeht, der nun auf einem Moränenrücken über Sumpfniederungen in östlicher Richtung bis zu einer Gabelung am Waldrand verläuft. Dort wenden wir uns rechts, um nunmehr stets innerhalb der Baumzone und an der Grenze zum Moos, mal auf schmaler Fährte, mal auf bequemem Steig, dabei meist im Blickkontakt mit dem Höhenrainer Kirchturm, unter mehrmaligen Richtungsänderungen bei Wegknickungen auf die Autobahn zuzuhalten, wobei wir bei Verästelungen immer links bleiben, damit wir schließlich bei der Unterführung der Starnberger Landstraße Richtung Dorfen / Wolfratshausen ankommen. Nach etwa 300 Metern jenseits der Autobahn, wo der Wald am Ende gänzlich zurücktritt und sich freie Wiesenhänge nach Dorfen hinaufschwingen, treten wir am äußersten Rand zwischen Waldsaum und Weide rechter Hand in eine Fahrspur ein, die uns unter dem Laubdach bergan zur **„Dorfener Höhe“** bringt. Diese bemerken wir auf der linken Seite als struppigen Baumschopf aus Eichen und Föhren an oberster Stelle des Wiesenhangs, wir gelangen dorthin, indem wir noch vor Ankunft auf dem Scheitel über den Trampelpfad einer Viehtrift unsere bisherige Route verlassen. Auf 671 m über Meeresniveau haben wir damit nicht nur eine köstliche Aussichtswarte erobert, sind vielmehr auch wieder beim Golfgelände von Meilenberg angekommen.

Wieder stehen wir aber auch vor einem faszinierenden Rätsel: Was hat es mit diesem urtümlichen **Baum- und Wiesen-„Krater“** auf sich? Handelt es sich einfach um eine Doline, eine muldenförmige Trogschüssel, die sich über eingesunkenen unterirdischen Hohlräumen gebildet hat? Um steinzeitliche Wohngruben, wie sie anhand von Herdfeuer-Brandschichten da oder dort in solchen Erdtrichtern festgestellt wurden? Oder um eine prähistorische Kult-

An der „Dorfener Höhe“

stätte, in der Phase christlicher Missionierung mit einem Feldkreuz akzentuiert, dadurch von immer noch spürbarer numinoser Präsenz? Kaum anzunehmen, dass diese packende Örtlichkeit am obersten Ende des alten Dorfen und in auffälliger Geländeposition vor weiträumiger Kulisse der spirituellen Imagination unserer Urahnen entgangen wäre! Von hier gleitet der Blick auch nach Osten zum **Wolfratshausener Burgberg**, der sich durch erhöhte Baumsilhouetten an der Hangkante abzeichnet. Aus gleicher Richtung, wo die sanft sich absenkenden Grasmatten an den Waldgürtel stoßen, sticht ein gelbes Wegschild hervor, das zu unserem nächsten Richtpunkt wird. Hierzu queren wir etwas unterhalb das vorbeiziehende Meilenberger Sträßchen und steigen entlang dem Wiesenrain hinab zum „Schlossweg“, der von Dorfen kommend an die beschilderte Abzweigstelle Richtung Wolfratshausen heranführt. Über eine markante Bachsenke hinweg erreichen wir zwischen nördlicher Golfplatzgrenze und tief eingeschnittenen Erosions-Gräben nach einem Weidestück mit zwei Gatterpassagen in kurzer Distanz das Burgareal, das sich mit massigem Südwall am Auslauf des Wiesenplans ankündigt.

Die Eingangspforte dorthin bildet ein weiteres Weidegatter, über das wir in ein topographisch ideal definiertes Graben-

Wolfratshausen, Stich von Wening, 1701

und Wallsystem gelangen. Hier zeigt sich, wie klug und effektiv der **Burgplatz** ausgesucht wurde. Halten wir uns an die offizielle Beschreibung des Bayer. Landesamts für Denkmalpflege: „Dreigliedrige Anlage mit Hauptburg im NO und zwei Vorburgarealen, die sich im SW anfügen. Zungenförmiges, etwa 80 m langes Kernwerk mit stark verwühlter Oberfläche, auf der in mehreren Gruben Wandverputz, Ziegel, Mörtelbrocken und Tuffsteine zutage treten. Der nach SW vorgewölbte Abschluss wird durch einen oben etwa 40 m breiten und 6-9 m tiefen Graben begrenzt, dessen 15-20 m breite Sohle sich zu den Hängen absenkt. Auf der ersten, etwa 65 x 80 m großen Vorburg liegen gewinkelte und geradlinige Wallzüge in unregelmäßiger Anordnung. An der Westseite öffnet sich ein Terraineinschnitt nach Norden, der einer alten Auffahrt als Trasse dient und ein schmales dreieckiges Vorwerk (L. 70 m) abtrennt. Das Vorwerk und die Vorburg umführt ein 30-35 m breiter und 6-8 m tiefer Graben mit einem in der Mitte stehen gebliebenen Erdrücken. Die zweite, etwa 120 x 130 m große Vorburg nimmt eine unregelmäßig viereckige Fläche ein, die durch Dämme, Rinnen und Rampen in drei von WNW nach OSO verlaufende Abschnitte untergliedert wird. An der westlichen Hangkante niedrige Rundwallstücke mit inseitigen Materialgruben. Den Schutz des Burgstalls gegen das Hinterland im SSW übernahm eine das Plateau überquerende Abschnittsbefestigung aus einem steil geböschten Wall mit breiter Krone und vergleichsweise engem Sohlgraben (Wallabfall nach innen 3 m, nach außen 4-5,5 m)".

Gerade dieser Außenwall, parallel begleitet von weiter südlich verlaufenden verebneten Geländeprofilen, lässt es vorstellbar erscheinen, dass auf dem Wiesenplateau schon in der Frühzeit ein Rückzugsareal für Mensch und Vieh samt Hausrat bei

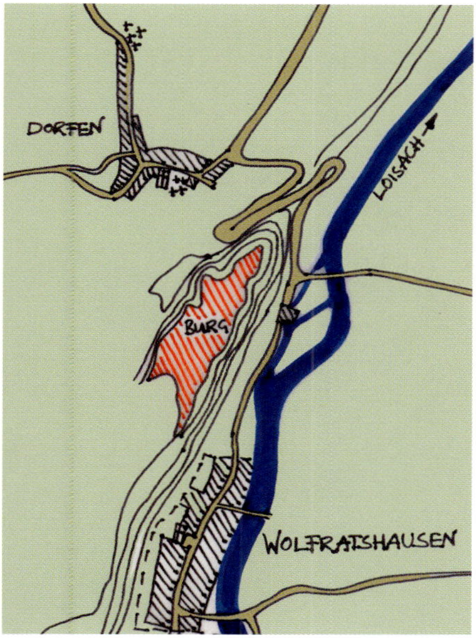

Wolfratshausen: Altsiedlung, Burg und Markt

Kriegs- und Gefahrensituationen bestanden hat, wie wir es von anderen Plätzen (Fentbachschanze) wissen. Die **Burg** selbst hat nach Übernahme und Wiederaufbau bzw. Ausbau durch die Wittelsbacher noch fünf Jahrhunderte überdauert, wurde unter den neuen Regenten Pflege- und Gerichtssitz und diente im 17./18. Jahrhundert, schon reichlich heruntergekommen, als Pulvermagazin, was ihr schließlich zum Verhängnis wurde.

Durch Blitzschlag und Explosion des ballistischen Zündstoffes wurden 1734 die Festungsaufbauten fast gänzlich zerstört, was übrig blieb, wurde abgetragen und zum Bau des Hoftheaters in München verwendet. Dieser unrühmliche Ausgang ändert nichts an der Tatsache, dass auf dieser Anhöhe für kurze Zeit einmal europäische Geschichte geschrieben wurde.

Am Ende begeben wir uns wieder auf unserer Zugangsroute zurück bis zu der Stelle, wo sich der Weg teilt und vom Höhenrand nunmehr nach Osten hangabwärts über einen Treppensteig nach Wolfratshausen weist. Auf halber Strecke begegnen wir dem Oktogon (mit später angebautem Betraum) der **Frauenkapelle**, aus deren Gewölbezentrum uns Gott Vater, der Schöpfer aller Dinge, wie zur Mahnung eines „Siste Viator" als einhaltsgebietender Besinnung auf unsere irdische Wanderschaft entgegenblickt. Über einen Figuren-Kreuzweg (mit Krinnerschen und Rämplschen Stilelementen) steht der Bau in Verbindung mit dem südlich oberhalb platzierten **Dreifaltigkeitskirchlein**. Hier wird zum sinnenfälligen Ereignis, wie in der kostbaren Ausstattung der Sakralräume mit Gold, Stuck und Malerei etwas von der erlesenen Qualität eines Jenseits mitschwingt, auf das auch der keltische Mythos anspielt, wenn er aus seiner „Anderswelt" einen wundersamen silbernen Zweig erwachsen lässt, der zauberhafte Musik verströmt, sobald er geschüttelt wird. Auch das berühmte Kultbäumchen von Manching mit seinen goldenen Blättern und Rispen ist dieser Sphäre verhaftet. Darin läge dann die wahre paradiesische Aussicht inmitten all der über das Land gestreuten Gräberfelder.

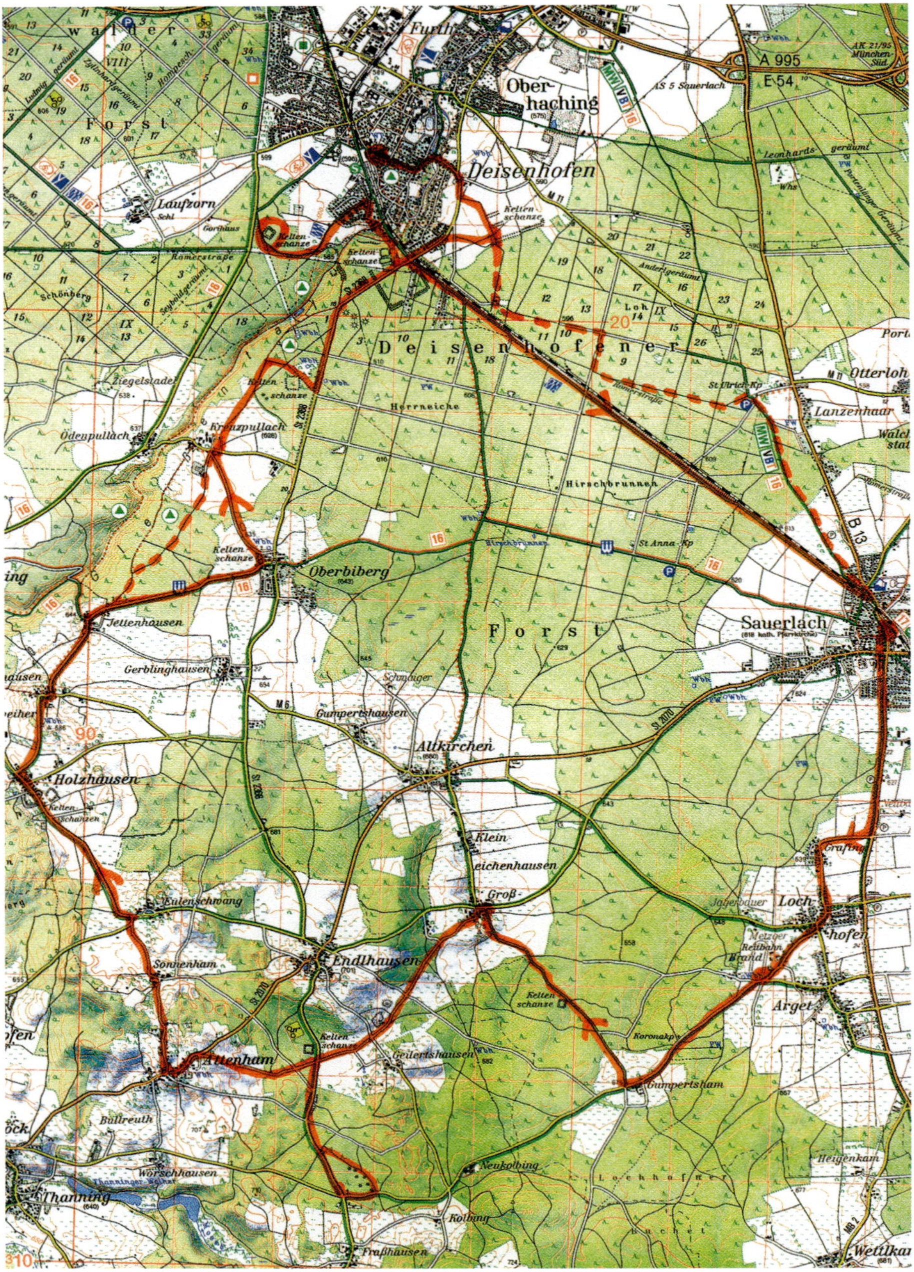
Furth
Ober-
haching
Deisenhofen
Laufzorn
Forst
Deisenhofener
Ziegelstadel
Ödenpullach
Kreuzpullach
Oberbiberg
Jettenhausen
Gerblinghausen
Gumpertshausen
Altkirchen
Holzhausen
Eulenschwang
Sonnenham
Endlhausen
Attenham
Großeichenhausen
Gumpertsham
Sauerlach
Otterloh
Lanzenhaar
Grafing
Lochhofen
Arget
Bullreuth
Thanning
Neukolbing
Kolbing
Fraßhausen
Heigenkam
Wettlkam
Hirschbrunnen
A 995
E 54
B 13

Wanderung XI

Im Banne der Druiden

Keltische Viereckschanzen im Gebiet der mittleren Isar

Keltische Viereckschanzen – etwa 250 gibt es in Bayern, die meisten davon in Wald- und Feldeinsamkeit abseits heutiger Besiedlung – bewahren immer noch ein Numinosum und Fascinosum, das auch der moderne Besucher unmittelbar empfindet, „starke" Orte mit Energien, die einen in Bann ziehen, aber auch unheimlich anmuten beim Gedanken an blutige Opferrituale und mysteriöse Kultpraktiken. Kaum ein Bodendenkmal hat in der Forschung so vielfältige Interpretationsversuche erfahren wie diese aus der Spät-Latène-Epoche (2. bis 1. Jhdt. v. Chr.) stammenden rätselhaften Anlagen mit Wall und Graben. Sicher scheint lediglich, dass es sich hierbei nicht um Fliehburgen vom Typus des bekannten Fentbach-Oppidums oder um Erdwerke handelt, die als Verteidigungs- und Rückzugsareale zum Schutz der Bevölkerung dienten. Insofern könnte der Begriff „Schanze" Anlass zu Missverständnissen geben. Seit fast 50 Jahren steht die Deutung der keltischen Viereckschanze als **Kult- und Versammlungsplatz („Temenos")** im Vordergrund, erst in jüngster Zeit wurden wieder ergänzende oder alternative Aspekte einer profanen Nutzung ins Spiel gebracht. Bezeichnend immerhin, dass so gut wie keine fortifikatorischen Einbauten, wohl aber Grundrisse von Umgangstempeln und vereinzelt auch Zweckbauten sowie Relikte von Opfer- und Brunnenschächten ausgemacht wurden.

Richtungsweisend waren die Grabungen von Karl Schwarz 1957-1963 in Holzhausen, Lkr. München, das wir als 3. Station aufsuchen. An allen Plätzen sind übrigens Informationstafeln des Bayer. Landesamts für Denkmalpflege angebracht, die zu den jeweiligen Gegebenheiten und Deutungen Auskunft erteilen. Durch neuere Befunde aus Grabungen in Baden-Württemberg (ab 1990/91) wird in Einzelfällen eine Interpretation als **Rechteckhof („Herrenhof")** oder geschützter Speicher- und Stapelplatz für Erntevorräte reklamiert. Es mag ja sein, dass dergleichen Nutzungen dazu kamen, kultische und profane Aspekte müssen sich

Wanderung XI

Verlauf:	Radwanderung von Arget über Groß-Eichenhausen – Endlhausen – Attenham – Sonnenham –Eulenschwang – Ebertshausen – Jettenhausen – Holzhausen – Oberbiberg – Kreuzpullach – Deisenhofen – Laufzorn, zurück mit S-Bahn bzw. Fahrrad von Deisenhofen über Sauerlach zum Ausgangspunkt
Streckenlänge:	35 km (gestrichelte Linien = Alternativrouten)
Dauer:	4 Stunden, einschl. Besichtigungen
Einkehr:	Arget, Deisenhofen, Sauerlach
Wanderkarte:	UK 50-41 Ammersee-Starnberger See, München-Süd, © by LVG, Gen.-Nr. 0416/07

nicht zwangsläufig ausschließen, zumal Funde aus römischer Zeit in und an den Schanzen eine Siedlungs-Kontinuität erkennen lassen. Immerhin befinden sich nicht wenige Viereckschanzen in der Nähe von Römerstraßen, stehen aber auch vielfach in Lagebeziehung zu älteren Grabhügelgruppen, also zum Totenkult.

Keltischer Grabhügel

Zwar gibt es in Bayern mehrere Ansammlungen von Viereckschanzen, z. B. bei Erding, Fürstenfeldbruck, Kaufbeuren, Krumbach, Kelheim, eine solche Ballung aber wie im Gebiet der mittleren Isar bleibt unerreicht. Topographische Untersuchungen, wonach es sich angesichts der geologischen, hydrologischen und klimatischen Bedingungen in der diluvialen Kies- und **Schotterebene** vor München um Orte abseits von Siedlungs- und Wohngebieten gehandelt haben müsse, verweisen wiederum auf die religiöse Bedeutung, erklären aber nicht die außergewöhnliche Konzentration gerade in dieser Gegend. Das braucht es, genau genommen, auch gar nicht, wenn wir uns nur auf unser Sensorium verlassen! „Uralt und von der Axt seit Jahr und Tag nicht gelichtet, ragt da ein Hain – man spürt, dass hier ein Göttliches west" (Ovid, Amores, III, 1). Auch die machtvollen **Druiden**, zuständig für den Vollzug der Opfer, die Entscheidung über Krieg und Frieden, die Verhängung des Banns und die Rechtsprechung, besaßen wohl ein Wissen um Kraftorte und kosmische Energien. Man muss sich nicht der Esoterik oder dem Okkultismus verschrieben haben, um deren Wirkungen intuitiv wahrzunehmen. Fritz Fenzl hat in seinem Buch „Magische Orte in Bayern" (rosenheimer 2000) hierzu wertvolle Anleitungen geliefert.

Die weitgehende Befundarmut innerhalb der umwallten Freiflächen legt die Vermutung nahe, dass Viereckschanzen als Versammlungsplätze, Gerichtsorte und Zeremonialräume der Druiden dienten, wie Caesar es von Gallien berichtet, zumal die keltische Kultplatzbezeichnung „Nemeton" sowohl Heiligtum wie Versammlungsort bedeutet. Im **geweihten Bezirk** („locus consecratus"), meist akzentuiert durch ein Heiligtum vom Typ des hölzernen gallischen Umgangstempels, wurden in blutigen Opfern Tier und Mensch, in unblutigen Opfern Waffen, Geräte, Schmuck, Münzen, Brot und Wein dargebracht sowie das Festmahl eingenommen. Caesar (100-44 v. Chr.) weiß von grausamen **Menschenopfern**, die regelmäßig stattfanden (De bello Gallico VI, 13-18), nach Lucan (39-65 n. Chr.) wird vor allem der Gott Teutates „mit schrecklichem Blut" besänftigt (Bellum civile I, 445).

In den Heiligtümern von Gournay, Ribemont und Saint-Maur (Picardie) wurde durch neueste Ausgrabungen nachgewiesen, dass ganze Kampfformationen von gefallenen Kriegern und getöteten Gefangenen in einem grausigen **Trophäenkult** zur Schau gestellt wurden, indem sie zu Hunderten als enthauptete, verstümmelte Leichen, meist ohne obere oder untere Körperhälften, aber in voller Waffenrüstung auf überdachten Terrassen postiert wurden. Sie blieben dort so lange, bis sie infolge Verwesung oder Mumifizierung nach Jahren auf den Erdboden sanken, wo sich ihre Überreste zu gewaltigen Ossuarien häuften. Die bereits vorher in der Schlacht abgeschlagenen Köpfe wurden an Torbauten und Pfählen aufgespießt, ein schauriges Szenarium, das auch seinen Einfluss auf die spätere künstlerische Gestaltung archaischer Portale und Kapitelle nicht verfehlt haben dürfte. Zwar ist die makabre „Wacht der kopflosen Krieger“ mit Sicherheit nicht auf die hiesigen Örtlichkeiten übertragbar, sie lässt jedoch hinsichtlich ihres Zumutbarkeitscharakters durchaus Rückschlüsse auf Weltsicht und Ethik der Kelten zu. In einem Drittel der zahlreichen Opfer- und Brunnenschächte – die wenigsten Viereckschanzen sind allerdings bisher untersucht – wurden neben verbrannten oder unverbrannten Rückständen und Überresten von Objekten und Tieren auch menschliche Knochen entdeckt. Es liegt nahe, darin die Relikte von Menschenopfern, die sich an die chthonischen Gottheiten richteten, zu sehen.

„Temenos“ meint eigentlich ein abgeschnittenes (griech. temno = ich schneide), abgesondertes Stück Land, einen gottgeweihten Bezirk und heiligen Hain, vom Profanbereich meist durch Umwallung oder Mauer wie unsere Kirch- und Friedhöfe getrennt. Vermutlich aus derselben sprachlichen Wurzel stammt **„templum“**, ursprünglich fest umrissener Beobachtungskreis eines Auguren, ein abgemessenes Areal, das man auf einmal überschaut, somit ein „Schaugebiet“. „Contemplatio“, sowohl innere Schau wie äußeres Sehen, hat unmittelbar damit zu tun: eine ideale Disposition zur Annäherung an mysteriöse und mystische Phänomene!

Beginnen wir unsere Radtour am Parkplatz bei der Kirche St. Michael in **Arget,** einem noch ursprünglichen Straßendorf in auffälliger West-Ost-Ausrichtung an der alten Tegernseer Landstraße zwischen Otterfing und Sauerlach. Der abgelegene, noch intakte Kirchhofbereich unter dem

Arget, St. Michael

Patronat des Drachentöters erscheint als Ausgangspunkt geradezu idealtypisch für unsere Unternehmung.

St. Michael, meist mit Lanze und feurigem Schwert im Kampf mit dem Bösen (Satan) dargestellt, Krieger und Feldherr, Engel des Gerichts, Geleiter der Seelen ins Jenseits, gemahnt uns nicht nur an den Drachenkult der Kelten, an die Sphäre von Rechtsprechung und kriegerischem Heldentum, auch bei den christianisierten Germanen war er nie ganz von ihrem Sturm-Dämon Wotan, dem Führer der Toten und der Wilden Jagd, zu trennen. Nicht wenige auf Höhen und Hügeln befindliche Kultplätze wurden in christlicher Zeit schlichtweg beibehalten. Das Christentum hat nicht einfach das „Heidnische" radikal beseitigt, vielmehr bestehende Traditionsformen behutsam geprüft, z. T. aufgegriffen, neu interpretiert und neu ausgestaltet, wie auch heute noch in einer Vielzahl brauchtumsbezogener religiöser Abläufe erkennbar und greifbar. Rudolf Reiser hat sich in seinem Buch „Die Kelten in Bayern und Österreich" (rosenheimer 1992) mit dem Phänomen der **Kultkontinuität** näher befasst.

Wir verlassen den Ort in südwestlicher Richtung auf der Straße nach Gumpertsham/Thanning. Nach knapp 2 km, kurz vor Austritt aus dem Wald beim Weiler Gumpertsham, erreichen wir rechter Hand die einsame, seltsam anrührende **Kapelle der hl. Corona**. Der Legende nach soll die Heilige als 16jähriges Mädchen unter Kaiser Antoninus Pius (138-161 n. Chr.) verurteilt und grausam hingerichtet worden sein. Man habe zwei Palmen zu Boden gebogen und die junge Frau an deren Spitzen gebunden, beim Zurückschnellen der Stämme sei ihr Körper in der Mitte auseinandergerissen worden. Eine solche Grausamkeit hat wohl selbst keltisches Vorstellungsvermögen strapaziert. Vermutlich ist dieser Zerreiß-

Kapelle der Hl. Corona

Hl. Corona

Kult unter dem Einfluss des römischen Militärs hierher gelangt. Er steht auch mit dem Kult der „heiligen drei Jungfrauen" in Zusammenhang, wie Beispiele aus dem südlichen Alpenbereich zeigen (vgl. Wanderung Nr. XIII).

Direkt gegenüber dem **Hof Gumpertsham** führt rechts ein gut sichtbarer Feldweg über einen freien Wiesenplan in den Wald. Hier biegen wir ein, bis nach ca. 1 km linker Hand unvermittelt unsere erste **Keltenschanze** auftaucht. Sie erscheint mit ihrem rechteckigen Grundriss von 100 m Seitenlänge in NS-Richtung und 85 m in WO-Richtung sowie ihrem steil einfallenden umlaufenden Spitzgraben und 4 m hohen Wall mächtig und eindrucksvoll. Sie ist kaum untersucht, eine Info-Tafel gibt knappe, nüchterne Auskunft. Über dem Platz liegt eine dichte, feierliche Stimmung, eine meditative Stille, die anregend wirkt.

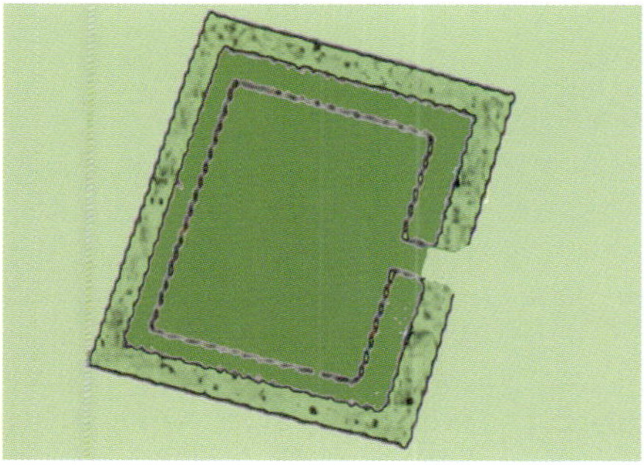

Viereckschanze von Eichenhausen 85 x 100 m

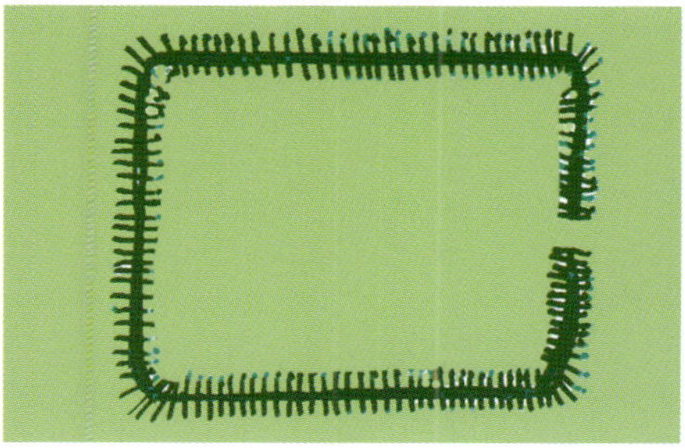

Viereckschanze von Endlhausen, 110 x 130 m

Wir setzen unseren Weg in der eingeschlagenen NW-Richtung fort, verlassen den Wald und gelangen nach **Großeichenhausen**. Bei der Dreifaltigkeitskapelle wählen wir links die Eichenhausener Straße (nicht die geradeaus nach Endlhausen führende Allee!) und folgen ihr ca. 3 km nach SW – Endlhausen bleibt rechts liegen – bis zur Einmündung in die Landstraße **Endlhausen** – Dietramszell/Bad Tölz. Dort stoßen wir direkt schräg gegenüber (rechter Hand) auf die nächste **Viereckschanze**: ebenfalls mit rechteckigem Grundriss, 130 m (WO-Richtung) x 110 m (NS-Richtung), mit vorzüglich erhaltenen Wallböschungen samt umlaufendem Spitzgraben von 3,70 bis 4,50 m Höhenunterschied. Das Areal im leicht geneigten Waldgelände wirkt urtümlich, düster und ernst, beschwört vorrangig Assoziationen von Opfer- und Totenkult herauf.

Nicht von ungefähr: Gleich in der Nachbarschaft, wenn wir uns auf die Hauptstraße Richtung Bad Tölz nach Süden begeben und ca. 1 km bis zur nächsten Kreuzung kurz vor **Fraßhausen** fahren, dort links in die von Arget kommende Straße abbiegen , dann gleich wieder links in den Wald treten, stoßen wir auf eines der größten **Grabhügelfelder** der Region mit mehr als 90 kleinen bis mittelgroßen Hügeln in lockerer Streuung. Dieses durchstreifen wir

Grabhügelfeld nahe Fraßhausen

Geheimnisvolle Vergangenheit im Wald bei Endlhausen

in Richtung Norden und kehren zurück zum Ausgangspunkt (Kreuzung bei der Keltenschanze). Dort setzen wir unseren Weg in Richtung Westen nach Attenham, Sonnenham und Eulenschwang fort (beschildert).

In der näheren Umgebung wurden noch weitere zahlreiche Grabhügel durch die Luftbildarchäologie ausgemacht, viele auf freier Feldflur bis zur Unkenntlichkeit eingeebnet. Sie gehören in der Regel der mittleren Bronzezeit (1600-1300 v.Chr.) an. Ganz sicher ist das allerdings nicht, weil erst ganz wenige Grabhügel eingehend untersucht wurden. Die Forschung hat sich viele Gedanken gemacht über die auffällige „Beziehung von Grab- und Kultbezirk" (Kurt Bittel 1978). Dabei dachte man in erster Linie an die **Grabhügelbestattungen** 400 Jahre zuvor (Ba.-Württemberg: Hohmichele, Hochdorf, Kleinaspergle), in denen man eine kontinuierliche Nachwirkung der Hallstatt- auf die Latène-Periode zu erkennen glaubte, zumal sich zahlreiche Nachbestattungen späterer Generationen bis hin zu den Römern in den Hügelschüttungen fanden. Was die bronzezeitlichen Grabhügel anlangt, so ist einmal von den gleichen Erhaltungsbedingungen wie bei den Viereckschanzen im wenig genutzten Gelände (Wald, Weideland) auszugehen, zum anderen war wohl der sakrale Charakter dieser stets sichtbaren Grabhügel über die Jahrhunderte so stark im Bewusstsein der Menschen verankert, dass man für eigene religiöse Anlagen und Handlungen, gerade die hohe Bedeutung des Totenkults und der Ahnenverehrung betreffend, die Nähe dieser Aura des Sakralen suchte, umso mehr, als es sich um einsame, numinose Areale gehandelt hat.

St. Georg in Eulenschwang

Bei **Eulenschwang** sticht schon von weitem ein Höhenrücken, genannt „Schanzberg“ mit seiner **Georgskapelle** auf uraltem Kulthügel ins Auge. Der „Schanzberg“ zieht sich von Endlhausen her, wo sich auch ein vermutlich namengebender Burgstall 150 m nördlich des Ortes befindet. St. Georg gilt im Bewusstsein des Volkes als der Drachentöter schlechthin: Hoher Offizier im römischen Heer, unter Diokletian um 305 enthauptet, wurden seine Reliquien schon bald in Gallien verehrt, die Merowinger führten ihren Stammbaum auf ihn zurück. Seit alters hatte er in den Drachenstich-Mysterienspielen einen festen Platz, viele Frühlingsbräuche aus heidnischer Zeit – er stirbt dreimal unter grausamen Martern und erwacht ebenso oft wieder zum Leben – wurden durch sein Patronat verchristlicht. Nach der Legenda Aurea tötet Georg den Drachen, dem jeden Tag ein Mensch geopfert werden muss, und versenkt ihn im See – ganz nach dem Vorbild St. Michaels, der lt. Geh. Offb. 12 den Drachen zur Erde stürzt, als er das Kind der Frau verschlingen will, auf 1000 Jahre fesselt und schließlich in den See von Schwefel und Feuer hinabwirft (20,1-10). Das Chaos wird niedergehalten, die Menschheit erlöst, die Weltordnung wiederhergestellt: Welch eine Einstimmung auf Holzhausen, das wir in 2 km Entfernung erreichen!

Keltenschanzen von Holzhausen,
l = 130 x 150 m, r = 100 x 120 m

Die beiden spätkeltischen Viereckschanzen von **Holzhausen**, links und rechts der Attenhamer Straße sind nur noch teilweise erhalten. Die westliche große Schanze ist im NO überbaut, bei der kleineren östlichen Schanze ist der Wallkranz an der NO-Seite niedergepflügt, der NW-Wall partiell abgetragen, der Außengraben völlig eingeebnet, gleichwohl ist diese fast quadratische Anlage mit ca. 110 x 120 m die bisher in Bayern am besten untersuchte. K. Schwarz konnte drei Bauphasen erschließen, dazu den Grundriss eines Holztempels in der W-Ecke sowie drei unterschiedlich tiefe verfüllte Schächte (18,35 m; 6,5 m; 35,6 m) ergraben, die u. a. Abbauprodukte organischer Substanzen wie Blut und Fleisch, auch einen doppelzinkigen Fleischhaken und Holzgegenstände enthielten. Diese Ergebnisse wiesen erstmals deutlich auf eine kultische Funktion hin. Die Untersuchung von Holzhausen zählt daher bis heute zu den forschungsgeschichtlich bedeutendsten.

Vor dem Verlassen des Ortes in Richtung Ebertshausen (nach rechts am nördlichen Ortsende) erinnert uns St. Martin als Patron der kleinen Dorfkirche noch daran, dass auch er römischer Soldat war, der seinen Militärdienst in Gallien (4. Jhd.) absolvierte, und dass er die keltischen Stämme der Senonen und Häduer missionierte, bevor er durch Chlodwig zum Schutzherrn der fränkischen Könige wurde, die seinen Mantel in der Schlacht mitführten. Wo passte er besser hin als in eine Umgebung, wo keltisches und christliches Heiligtum eng beieinander stehen im Zeichen friedlich und tolerant verlaufener Kultentwicklung?

Über **Ebertshausen** (der Name der „Herren von Ebertshausen" ist mit der uralten Burg bei Kaltenbrunn am Tegernsee verbunden, ehe das Kloster Mitte des 13. Jhd.s seinen ursprünglichen Besitz wieder selbst übernahm) gelangen wir nach **Jettenhausen**. Alte gusseiserne Wegweiser von 1860/70 leiten links nach Großdingharting/Straßlach, rechts nach Oberbiberg/Sauerlach. Wenige Meter in Richtung Oberbiberg biegt vor den letzten Häusern links ein Waldweg (mit verdecktem Hinweis) nach Kreuzpullach (2 km) ab, vorbei an einer pfeilergestützten Waldkapelle aus dem 18. Jhd. und entlang einer ausgedehnten Strecke von **Hochäckern**, z. T. verflacht, meist aber infolge des angeflogenen Waldes noch gut erhalten. Die Hochäcker weisen in die Zeit der bajuwarischen Landnahme im 6.-8. Jhd. und zeigen ehemals gerodete Kulturflächen an, die in Form langgezogener, hoch aufgeschütteter Hügelbeete bewirtschaftet wurden, um solchermaßen auf kiesigem Untergrund Ackerboden zu schaffen. Hochäcker sind gerade im Raum Straßlach, Oberbiberg, Deisenhofen und auf beiden Seiten des Hachinger Baches anzutreffen.

Würden wir den Weg nach Großdingharting/Straßlach wählen, kämen wir unmittelbar in die Senke des Gleißentals und über dieses direkt nach Deisenhofen.

Das Gleißental, das bei Ebertshausen und Jettenhausen beginnt und bei Deisenhofen ausläuft, ist nichts anderes als eine trockengefallene Vertiefungslinie des Hachinger Baches. Die Münchner Schotterebene wird durch langgestreckte eiszeitliche Abflussrinnen gegliedert, die im Bereich der Würm, der Isar und des Hachinger Baches wasserführend sind. Der Hachinger Bach ist eine Fortsetzung der Abflussrinnen, die an die Endmoräne bei Dingharting/Endlhausen anschließen, er tritt unterirdisch versetzt erst wieder am Ausgang des Gleißentals bei Deisenhofen in zahlreichen Grundwasserquellen zu Tage und versickert im Kiesgeröll bei Ramersdorf. Der allmähliche Zerfall des Gletschereises nach der letzten Eiszeit (Würmeiszeit) vor rund 10.000 Jahren führte dazu, dass gewaltige Schottermassen in breiten Stromtälern in Gefällerichtung nach

NO mitgezogen wurden, bis sich die Urströme auf die genannten schmalen Flussbette reduzierten. Wegen der Durchlässigkeit der Kiese in der Münchner Schotterebene versickern die Niederschläge fast vollständig bis zum Flinz, auf dessen Stauschicht ein mächtiger Grundwasserstrom aufschwimmt.

Eben diese Schottermassen bildeten auch die Voraussetzung dafür, dass in Holzhausen der große Opferschacht bis 35,6 m abgegraben werden konnte, ohne auf Wasser zu treffen, wobei er die Kiese der Würmeiszeit durchstieß und bis in die Decke der Mindeleiszeit vordrang. Für den Archäologen lag es somit nahe, einen Zusammenhang zwischen Ortswahl und Geomorphologie zu vermuten.

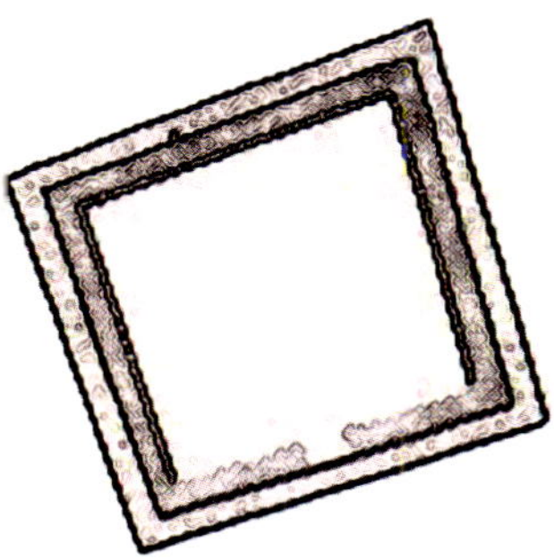

Keltenschanze von Oberbiberg 100 x 115 m

Zum Besuch der Keltenschanze von **Oberbiberg** ist es vonnöten, ab Jettenhausen dem entsprechenden Wegweiser zu folgen, um dann von Oberbiberg auf einem ausgeschilderten Radweg nach Kreuzpullach zu gelangen (gegenüber der skizzierten Waldstrecke kein nennenswerter Umweg). Die Viereckschanze von Oberbiberg präsentiert sich unmittelbar nach der Kirche als umwalltes Areal ohne Graben, das vollständig von einem Bauernhof eingenommen wird. Dieser neuzeitliche Befund assoziiert durchaus die Vorstellungsmöglichkeit, dass auch in der römischen Spätzeit in Einzelfällen profane Einbauten von „Herrenhöfen" vorgenommen worden sein könnten.

Wallfahrtskirche „Hl. Blut" in Kreuzpullach

In **Kreuzpullach** wird unser Interesse auf die Wallfahrtskirche „Hl.Kreuz" und das zugehörige „Schlösschen" (Benefiziatenhaus) gelenkt, ein bemerkenswertes Beispiel für fein ziselierte, dynamisierte, einheitlich durchgestaltete Barockarchitektur namhafter Meister (G. A. Viscardi, J. G. Bader, J. G. Bergmüller). Auch dies ein „starker Ort" in seiner lichten Heiterkeit und transzendentalen Klarheit, Präsenz des Göttlichen in der erlesenen Kostbarkeit von Material und Kunst – welch ein Kontrast zur Wahrnehmung des Göttlichen in archaischer Zeit! Dennoch erinnert der ummauerte Kirchhof wieder unmittelbar an die Temenos-Situation. Im übrigen war das „Kreuz" auch in der Frühzeit nicht unbekannt: Wahrscheinlich als abstrakte Reduktion des Sonnenrades!

Wir setzen unsere Radtour direkt hinter der Kirche in nö Richtung fort über einen Feldweg zum nahen Deisenhofener Forst, wo wir nach etwa 800 m bei Ankunft am Waldrand die erste Einbiegung nach rechts nehmen. Nach wenigen Metern begegnen wir mitten im Wald wieder einer Ansammlung von **Hügelgräbern** zu beiden Seiten, kurz danach stehen wir auch schon

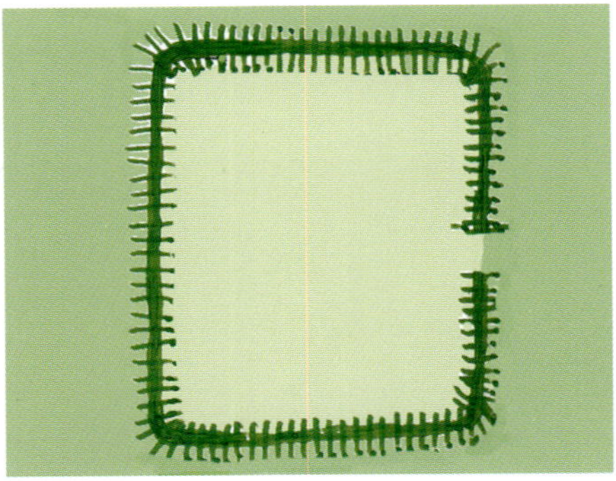

Kreuzpullacher Viereckschanze, 100 x 125 m

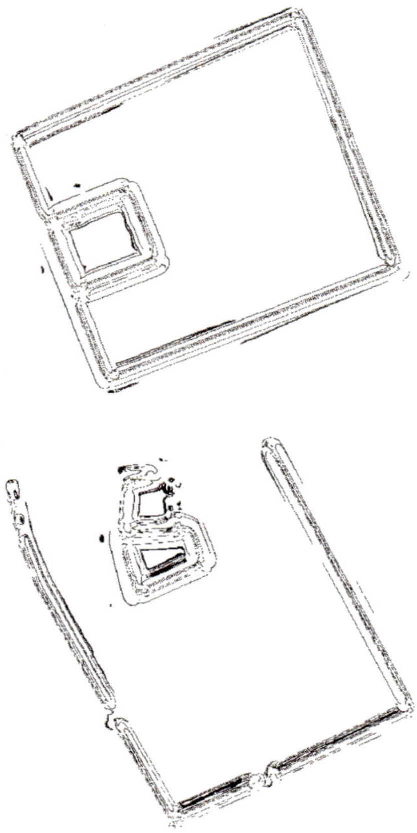

Deisenhofener Schanzen, oben: 480 x 540 m, unten: 450 x 650 m (offen)

vor der Informationstafel samt zugehöriger **Kreuzpullacher Viereckschanze**, deren Areal von dichtem Baumbestand verstellt ist. Die Torlücke befindet sich im Osten wie bei den meisten anderen Schanzen (seltener im Westen oder Süden, so gut wie nie im Norden). Die Kreuzpullacher Anlage wird auch als die südlichste von sechs Deisenhofener Viereckschanzen bezeichnet. Auch hier eine fast gravitätische Atmosphäre, die spürbar inspirative Potentiale freisetzt!

Wir bleiben auf dem eingeschlagenen Waldweg und stoßen nach 200 m auf die Tölzer Landstraße, in die wir links nach **Deisenhofen/Oberhaching** einbiegen (Radweg) – vorbei am Wasserhochbehälter (bezeichnend für die hydrologische Situation in dieser Zone!), bis wir nach ca. 500 m jenseits einer langgezogenen Rechtskurve, sofern wir den Radweg verlassen und auf der gegenüberliegenden Straßenseite den Wald betreten, wieder ein **Grabhügelfeld** antreffen. Weiter auf dem Radweg, befinden wir uns schon nach ca. 300 m an der Römerstraße Augsburg – Salzburg, die hier in W-O-Richtung querte, indem sie links und rechts ein Keltenschanzen-Areal anschnitt (Infotafel direkt am Radweg). Diese Deisenhofener Westschanze unterscheidet sich vom Grundschema durch einen der Kernschanze vorgelagerten zweiten Kultplatz derselben Art (Doppelschanze) und durch den Anbau eines großen rechteckigen Bezirks von jeweils ca. einem halben Kilometer (!) Seitenlänge, der über die Tölzer Straße hinweg in das östl. gelegene Waldgebiet reicht. Die Annahme einer militärischen Nutzung schien plausibel, zumal Größe und Art der Anlagen fast genau dem Lager der III. italischen Legion in Regensburg entsprachen. Die Ausgrabungsergebnisse schließen diese Möglichkeit inzwischen aus, **Kernschanzen und Vorbezirk** stehen in einheitlicher

Zuordnung zueinander und in kultischem Bezug miteinander, im Kernbezirk wurde zudem wie in Holzhausen ein hölzerner Umgangstempel in der Westecke festgestellt. Insgesamt wird man an einen großen Versammlungs- und Zeremonialraum mit einem Prozessionsweg von Tor zu Tor denken dürfen, vergleichbar etwa antiken Heiligtümern in Griechenland.

Römerstrasse „Via Julia" bei Laufzorn

Oft hat die auffällige Nähe von Keltenschanzen zu **römischen Straßen**, wie hier in Deisenhofen, zur Annahme verleitet, diese Anlagen seien nichts anderes als mit Wall und Graben umgebene römische Gutshöfe. Auch diese Theorie ist durch die Ausgrabungsbefunde widerlegt. Vielmehr ist davon auszugehen, dass bereits seit der Bronzezeit mit der Blüte des Metallhandels ein Netz fester Verkehrswege bestand, das sich auch die Kelten zunutze machten und weiter ausbauten, und erst recht die Römer, die Meister der technischen, administrativen und militärischen Organisation. Warum sollten sie den Verlauf der Handels- und Verkehrswege, die sich an natürlichen Profilen wie Tälern, Höhenzügen und Flussniederungen ausrichteten, gewaltsam verändern? Wenn Römerstraßen an Viereckschanzen vorbeiführen, dann eben deshalb, weil dort schon die Keltenstraßen bestanden.

Um die **Laufzorner Schanze** zu erreichen, biegen wir nach wenigen Metern von der Tölzer Straße links zum Bahnhof Deisenhofen ab (beschildert) und vor dessen Erreichen nach etwa 200 Metern gleich wieder links in die Stefaniestraße, die kurz darauf direkt ins Gleißental mündet. Dem dortigen Wanderweg folgen wir etwa 200 Meter in SW-Richtung bis kurz vor eine Weggabelung (mit Verbotsschild für Reiter), wo sich am rechten Hang (W) zwei Fußpfade abzeichnen, die bergwärts führen. Wir wählen den rechten Pfad, der in einen tief eingeschnittenen Hohlweg übergeht und sichelförmig nach oben verläuft, ebenso wie sein Pendant gegenüber auf der anderen Seite des Hügels. Wir befinden uns auf der Originaltrasse der Römerstraße, die an der Gefäll- bzw. Steigungsstrecke am Prallhang des Gleißentals wegen mangelnder Ausweichmöglichkeit wohl zweibahnig angelegt war. Der Hohlweg führt in gerader Linie an die „Via Julia" heran, jenen Radwanderweg, der den Verlauf der Römerstraße Augsburg – Salzburg nachzuvollziehen sucht. Wir brauchen jetzt nur deren Beschilderung entlang einer Lichtung nach Westen zu folgen, um etwa 200 m nach Eintritt des Weges in den Wald (die Römerstraße verrät sich schon an den Materialgruben zu beiden Seiten) unmittelbar den Laufzorner Kultplatz (Informationstafel am Weg) zu erreichen. Auffälligerweise präsentiert sich dessen Grundriss in Form

Laufzorner Schanze in Form eines Trapezes bzw. Rhombus', 130 x 170 m

eines Trapezes, als stünde er in direktem Konnex zum Sternbild des Großen Wagens.

Zwar verfügen wir über keine allzu konkrete Kunde vom **Himmelskult** der Kelten, es scheint jedoch gesichert, dass die **Druiden**, dem Namen nach eigentlich „Eichenkundige", „geistige Führer", also Philosophen und Theologen, deren Befugnisse von Priestern, Propheten, Barden und Magiern bis zu Lehrern, Heilern und Richtern reichten, ein tiefes Wissen über Mensch, Erde, Gott und Kosmos besaßen, das sie allerdings streng geheim hielten. Anhand der Bilder des berühmten **Kessels von Gundestrup** wurde nachgewiesen, dass es sich hier um verschiedene Schulungsstufen und Einweihungsgrade der Mysterien handelt. Die meditative Sitzhaltung des Gottes mit dem Hirschgeweih zeigt die geistige Verästelung und Verzweigung zur himmlischen Sphäre, die Öffnung nach oben, der Druide als geschulter Eingeweihter wurde im nördlichen Europa auch Cernunnos (= Hirsch) genannt.

Auf dem Stierhaupt des Deckelaufsatzes werden Sonnen- und Mondkult miteinander verbunden, indem der Strahl der Sonnenswastika unter dem kosmischen Dreieck in die Mondsichel hinuntertaucht. Der **Sonnen- und Lichtgott Lug** überwindet im Mythos die finsteren Fomors, die mit

Keltischer Silberkessel von Gundestrup, wohl 1. Jhd. v. Chr.

Hirschgott Cernunnos mit Geweihkrone (Gundestrupkessel)

Verbindung von Sonnen- und Mondkult (Gundestrupkessel)

„Donnergott" Taranis (Gundestrupkessel)

ihren Schatten die Erde verdunkeln. Gerade er ging später in der christlichen Gestalt des Erzengels Michael auf, des Lichtkämpfers gegen die abgefallene Dämonenwelt. Während sich beim keltischen Fest des Lugnasad im Zeichen des Erntebeginns Anfang August Sonnengott und Erdenmutter vermählten, führte zum Jahresbeginn Samain am 1. November Sirius, der „federgeschmückte Sternentänzer", den Sternenreigen an, wenn die Mächte der finsteren Unterwelt aufbrachen und über die frostige Erde zogen.

Die Begegnung der kosmischen Mächte wird auch in **Taranis** (ir. torann = „Donner") verkörpert, der sich mit dem Symbol des feurigen Sonnenrads ebenfalls auf dem Gundestrup-Kessel findet. Die Pferdegöttin **Epona** war zugleich Herrin des Lichts und der Toten: das Pferd als Symbol der Fernenbeherrschung ist sowohl auf den Himmel wie das Jenseits bezogen. Die Götter des himmlischen Geistes und der Finsternis, die uranischen und tellurischen Mächte, befanden sich in ständiger Auseinandersetzung miteinander, ihre Versöhnung führte stets zur Wiederherstellung des universalen Gleichgewichts. Opferblut und

Pferdegöttin Epona, gallo-röm. Statuette aus Alesia/Burgund

Sternenglanz waren Ausdruck ein und desselben Vorgangs, dessen religiöse Dimension im Viereck des Kultbezirks durch die Druiden vermittelt wurde. Im übrigen bezeichnete ein **Rhombus** stets den zu- und abnehmenden Rhythmus des Sonnenjahres. Sollten trapezoide und rhomboide Grundrisse von Keltenschanzen darauf anspielen?

Dagda, der „gute Gott", gallo-röm. Bronzeplastik aus Premeaux/Frankreich

Für den Rückweg halten wir uns am besten an die „Via Julia", die das Gleißental umgeht und geradeaus auf den Bahnhof zuführt, dann rechts entlang dem Schienenstrang (Sauerlacher Str.) wieder zur Tölzer Straße leitet. Wir biegen nun links in diese ein, überqueren die Bahn und blicken nach 200 m auf eine große freie Fläche zur rechten Seite, wo sich in etwa 150 m Entfernung die östliche Doppelschanze von Deisenhofen abzeichnet, auch **Lanzenhaarer Schanze** genannt. Man kann auf Wiesenwegen zu ihr gelangen. Auch diesmal ein großer Vorbezirk mit Kernwerk, allerdings durch die umgebende landwirtschaftliche Nutzung in Mitleidenschaft gezogen. Anlagen wie die beiden gestaffelten Schanzenwerke von Deisenhofen sind im gesamten bayerischen Verbreitungsgebiet dieser Denkmäler ohne Beispiel. Möglicherweise wird man sich künftig u. a. durch Ausgrabungen im gallischen Bereich, wo mehrfach Heiligtümer in einem Ensemble verschachtelter Einfriedungen anzutreffen sind, weiteren Aufschluss erhoffen dürfen. (Zum „type picard" vgl. „Die Heiligtümer und Opferkulte der Kelten", 1995 Theiss, hrgb. von A. Haffner).

Die Kelten wären indes nicht die Kelten, wenn sie uns nicht eine Menge Rätsel mit auf den Heimweg gäben. Diesen treten wir nun entweder mit der S-Bahn vom Bahnhof Deisenhofen an oder mit dem Fahrrad über die Altkirchener Straße, die im spitzen Winkel von der Tölzer Straße nach Süden in Richtung Bahnstrecke abzweigt und diese auf dem „Holzwiesenweg" unterquert, um dann wieder auf die „Via Julia" und in der Folge auf ein kurzes Stück Römerstraße zu treffen. Die Römerstraße, aus dem Gleißental und großen Vorbezirk der westlichen Deisenhofener Schanze kommend, schneidet hier diagonal den Schienenstrang und läuft in schnurgerader sö Richtung weiter durch den Hofoldinger Forst auf Helfendorf zu. Wir halten uns an den Parallelweg rechts der Bahn, 5 km bis **Sauerlach**. (Natürlich wäre es auch möglich, von der zuletzt besichtigten östlichen Deisenhofener Schanze über Lanzenhaar nach Sauerlach zu fahren.) Von Sauerlach sind es dann noch 3 km auf dem Radweg

Keltische Viereckschanze im Lanzenhaarer Feld bei Deisenhofen

neben der Holzkirchener Landstraße zurück nach **Arget**.

Insgesamt haben wir damit zehn Keltenschanzen besucht, wobei die größte Konzentration in Deisenhofen/Oberhaching – auch sonstiger archäologischer Denkmäler, z. B. eines Herrenhofes auf dem Kyberg – erreicht ist. Von den 14 Viereckschanzen an der Mittleren Isar verbleiben somit noch Neufahrn, Riedhof und Deining, auch die weitgehend verebnete Anlage von Dettenhausen gehört dazu, die man mit der „Römerschanze“ bei Grünwald, der „Birg“ bei Schäftlarn und der ehemaligen Burg von Wolfratshausen zu einer eigenen Radrundtour verbinden kann (vgl. Touren Nr. IX und Nr. XIII). Nicht zu vergessen die Viereckschanze von Buchendorf, die jedoch schon zum Würmbereich zählt, mit wiederum zahlreichen Bodendenkmälern um Gauting und Leutstetten (Nr. XIII). Unter all diesen archäologischen Befunden zeigen vor allem die Kultplätze, dass es nicht nur auf das Datieren und Registrieren von authentischem Material ankommt, sondern dahinter die Dimension des Geistes, transzendentale Erfahrung, mythisch-magisches Welterleben steht, das in die Deutung einzubeziehen ist. Gerade an Orten, wo wir einen intensiven Austausch von Erd- und Himmelskräften wahrnehmen, mag dies auch unser individuelles Vorstellungsvermögen beflügeln.

Vielleicht hat uns St. Corona, die Patronin der Schatzsucher, die eine oder andere freudige Entdeckung beschert!

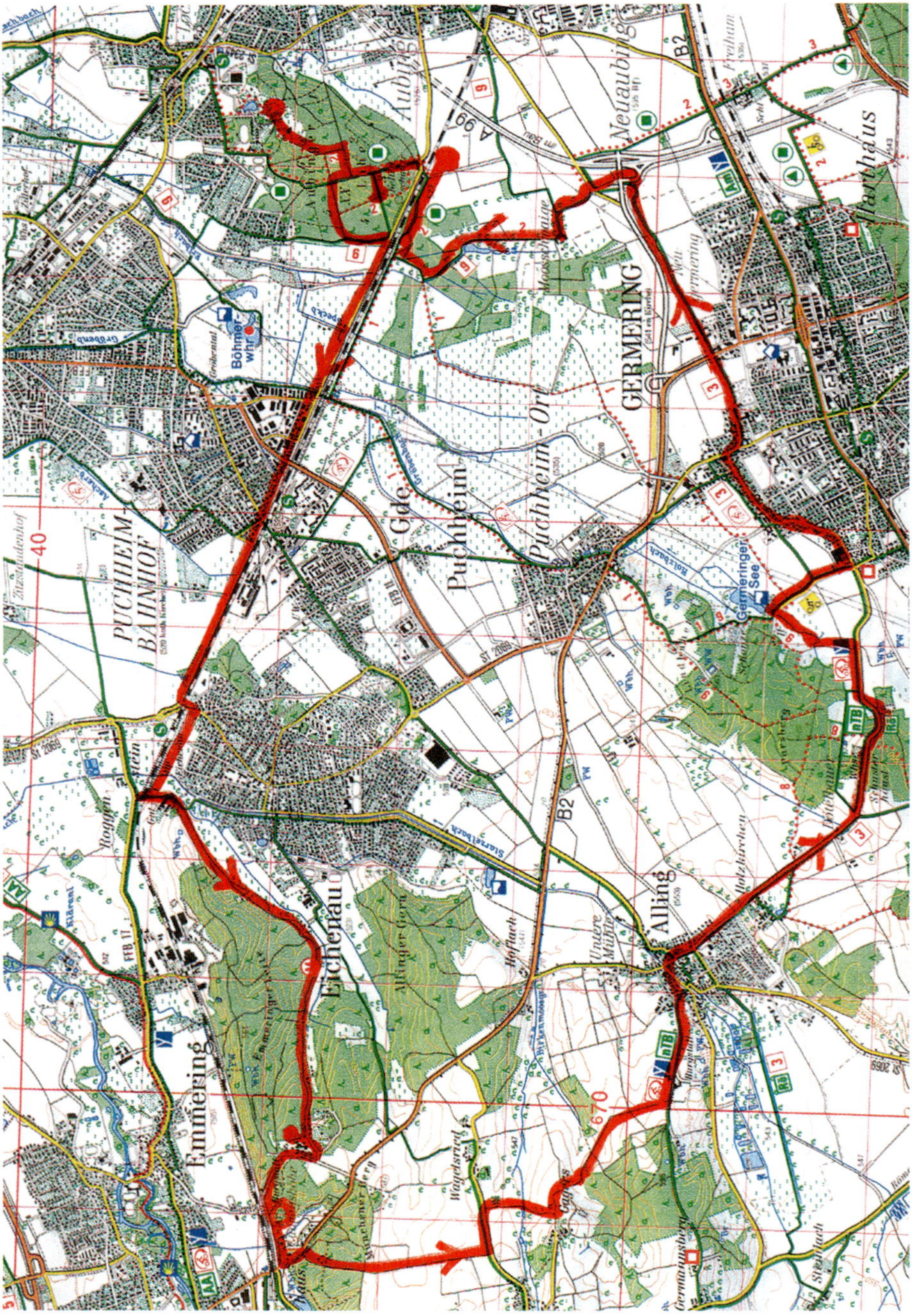
GERMERING
PUCHHEIM-BAHNHOF
Gde. Puchheim
Puchheim-Ort
Eichenau
Emmering
Alling
Neuaubing
Harthaus
Germeringer See
A 99
B2
40
670

Wanderung XII

Zwischen Teufelsberg und Ludwigshöhe: Von Jungfernsang und Waffenklang

In der Aubinger Lohe

Wer heutzutage das von Teichen, Bächen, Wiesen und Buschzonen durchzogene Wald-Hügelgelände der **„Aubinger Lohe"** im Nordwesten Münchens durchstreift, bedarf schon eines geübten Blicks, um hinter manch angeböschten, aufge-

Wanderung XII	
Verlauf:	Radwanderung Aubinger Lohe – Puchheim Bahnhof – Eichenau – Roggenstein – Emmeringer Leite – Tonwerk Emmering – Gegenpoint – Biburg – Gagers – Alling – Hoflach – Alling/Holzkirchen – Germeringer See – Unterpfaffenhofen – Germering – Moosschwaige – Aubinger Lohe
Streckenlänge:	40 km
Dauer:	6 Stunden, einschließlich Besichtigung
Einkehr:	Puchheim, Eichenau, Biburg, Alling, Schusterhäusl, Unterpfaffenhofen, Germering, Lochhausen, Aubing
Wanderkarte:	UK 50-40 München, Dachau, Fürstenfeldbruck, © by LVG, Gen.-Nr. 0416/07

wölbten oder eingetieften, graben- und muldenförmigen Bodenstrukturen dieser vielgestaltigen Natur- und Erholungslandschaft die Zeugnisse uralter Siedlungs- und Kulturgeschichte wahrzunehmen. Immerhin lässt diese sich mit Relikten aus der Bronzezeit, zwei keltischen Viereckschanzen, Spuren von keltisch-römischen Gehöften, Befunden früher Eisenverhüttung, Schürfgrubenfeldern, Hochäckern und mittelalterlichem Burgareal mehr als drei Jahrtausende zurückverfolgen. Offensichtlich bot die fruchtbare Lößterrasse, die sich als flacher Tertiärrücken zwischen Aubing und Lochhausen aus der Münchner Schotterebene erhebt, günstige Voraussetzungen zur Sesshaftmachung. In die von den Schmelzwasser-Strömen der letzten Eiszeit vor 10.000 Jahren (Würmeiszeit) hinterlassenen Urtäler gruben sich zwischen den Geröllmassen u. a. Würm und Isar ein, an denen sich später wiederum die ältesten Verkehrs- und Handelswege ausrichteten.

Von den **Römerstraßen**, die häufig schon vorher bestehende Verbindungen nachzeichneten und erweiterten, zog die Hauptachse Augsburg (Augusta Vindelicum) – Salzburg (Iuvavum) durch den Münchner Raum, unter Querung der Amper bei Schöngeising (Ambre) und der Würm bei Gauting (Bratananium). Dort knüpfte eine von Bregenz (Brigantium), Kempten (Cambodunum) und Epfach (Abodiacum) kommende Route an, deren Fortsetzung bis zur Aubinger Lohe gesichert scheint. Man nimmt an, dass sie bei Aubing die Würm überschritten und im Süden des Dachauer und Erdinger Mooses zum Isartal geführt hat. Nicht von ungefähr wurden auch zahlreiche Reihengräberfelder aus der Zeit der bajuwarischen Landnahmezeit (6.-8. Jhd.) in der Nähe von Würmübergängen entdeckt, an Orten wie Pasing, Ober- und Untermenzing, Allach, Aubing, Planegg, Krailling, Gauting, die sich allesamt entlang dieser Leitlinien dicht aneinander schließen.

Lichtungen und Randzonen von Laub-Nadel-Mischwäldern im Einzugsgebiet von Altstraßen bildeten von Anfang an bevorzugte Siedlungsplätze. Am Grenzsaum zwischen Schotterebene und Moorgebieten entwickelte sich von Aubing über Allach und Eching der **Lohwaldgürtel**, dessen natürliche Vegetation mit lockerem, lichtdurchlässigem Baumbewuchs sich auch zur Weide eignete. Nach Ausweis der Etymologie wird „Lohe“ als altertümliches Appellativ für „Wald, Hain“ (lat. lucus, davon „loh“) gebraucht, wohin auch Ortsnamen wie Eschenlohe, Keferloh, Perlach, Straßlach (auch Hohenlohe, sogar Waterloo) gehören. Demnach konnte die Aubinger Lohe schlichtweg als ideale Topographie für eine frühgeschichtliche Niederlassung gelten.

Übersichtsplan Aubinger Lohe

Vom Autoparkplatz in der Südostecke des Lohegebietes (an einer Doppelkurve neben der Brucker Bahnlinie befindlich, ab Aubing über die „Ubo-" und „Eichenauer Straße" erreichbar) führt schnurgerade und leicht ansteigend Richtung Norden der „Aubinger Lohweg", der, nach ca. 200 Metern auf der Höhe angelangt, zwei kaum merkliche Geländestufen überspringt. Diese entpuppen sich bei näherem Zusehen als die beiden etwa 100 Meter voneinander entfernten Schenkel einer quer zum Weg liegenden **Keltenschanze**. Dabei zeigt sich der Nordwall noch besser profiliert als der Südwall, das gesamte Viereckplateau, aus dem von Birken und Sträuchern überwucherten Umgebungsgelände leicht hervorgehoben, ist als solches kaum mehr auszumachen. Nach gängiger Forschung handelt es sich bei derlei Anlagen um Kultbezirke, in denen Opfer dargebracht und Versammlungen abgehalten wurden, mit Sicherheit nicht um Nutzungs- oder Fortifikationsbauten („Schanzen"). (Näheres dazu bei Wanderung Nr.11 „Im Banne der Druiden") Sie gehören im wesentlichen der Spät-Latène-Periode des 2./1. Jahrhunderts vor Christus an (wie auch in der Nähe Holzhausen, Buchendorf, Biburg, Aufkirchen) und üben noch heute, meist in Wald- oder Flureinsamkeit gelegen, eine eigenartig faszinierende, geheimnisvolle Wirkung aus.

Keltenschanze II, Aubinger Lohe

Dies gilt vor allem für ein weiteres Bodendenkmal dieser Art, zu dem wir unmittelbar über einen vor dem Südwall links abzweigenden Forstweg kommen. Nach etwa 200 Metern biegen wir von diesem schräg links in südwestlicher Richtung in einen Fußpfad ab, der uns mitten im hohen Fichtenwald nach 100 Metern zur zweiten Keltenschanze bringt. Gerade in der Abgeschiedenheit dieses etwa 80 x 50 m großen, gut ausgeprägten Gevierts wird die Atmosphäre eines **Temenos** spürbar, eines Zeremonialraums, in dem zu Gericht gesessen, über Krieg und Frieden befunden sowie nach Aussage antiker Autoren die Götter durch grausame Opfer „mit schrecklichem Blut" besänftigt wurden. Im Gelände ringsum zeichnen sich zahlreiche Grubeneintiefungen und Erdaufschüttungen ab, von denen es heißt, sie stammten vom Sandabbau durch Aubinger Bauern aus den letzten Jahrhunderten. Dies scheint jedoch in Anbetracht des sumpfigen Untergrunds mit zahllosen Wasserlöchern schwer nachvollziehbar, viel eher denkt man da an frühe **Erzverhüttung**, die durch Schlackenfunde aus keltisch-römischer Epoche samt entsprechenden Limonitvorkommen vor allem im Norden der Aubinger Lohe erwiesen ist. Über die **Schürfgrubenfelder** hinaus stößt man im gesamten Waldgebiet immer wieder auf die Reste von **Hochäckern**, die seit der Bajuwarenzeit die bevorzugte Form des Früchte- und Feldanbaus ausmachten. Als Hügelbeet wurde diese Kultivierungsmethode in der modernen Bio-Landwirtschaft wieder aufgegriffen und neu belebt.

Bei der ersten Keltenschanze, wohin wir zurückkehren, wurden im östlich angrenzenden Terrain zeitgleiche Siedlungsreste entdeckt. Auch in der Nähe unseres Ausgangspunktes sowie der vom S-Bahnhof Lochhausen erreichbaren Waldpfade (jenseits der Fußgängerunterführung entweder über Federsee- und Ziegeleistraße oder

Federseestraße/Bienenheim oder Fuß-/Radspur entlang der Altostrasse bis zur ersten, noch besser zweiten Abbiegung „Fichtenhof" rechts in den Wald mit Zielpunkt der großen Lichtung über hügeligem Wiesengelände, wobei das Verbindungsstück zum „Moossteiggeräumt" und „Aubinger Lohweg" stets der „Burgstallweg" darstellt) waren insbesondere in den jetzt teilweise überbauten oder privat genutzten Randzonen gallorömische Zivilisationsschichten festzustellen.

Burgstall am Teufelsberg

Wenn wir nach dem Nordwall der ersten Keltenschanze rechts in das „Moossteiggeräumt" abbiegen, gelangen wir von dort über den zweiten Weg links („Burgstallweg") und über diesen bei der nächsten Gabelung (nach 120 m) rechts, dann nach 200 m nochmal rechts auf einer Trittspur über eine Waldlichtung zur mittelalterlichen **Turmhügelburg am „Teufelsberg"**. Diese an höchster Stelle durch eine Bauminsel indizierte , von Wall und Graben umgrenzte Erdformation, von einem Ortsadeligen (Aubing von Ubing, Ort eines Ubo, vgl. Ubostraße) zwischen 1000 und 1100 geschaffen, verbreitet noch heute den Eindruck von Düsternis, Unheimlichkeit und Unnahbarkeit. War diese Ringanlage mit ursprünglich hölzernem Wohnturm über aufgeschüttetem Gelände, Motte genannt (von terra mota), als „Einschüchterungsbau" gedacht, wie ab der Jahrtausendwende nicht unüblich, als mit dem hochmittelalterlichen Feudalwesen der Aufstieg der lokalen Kleinadeligen und Ministerialen begann, somit das Bedürfnis nicht nur nach wehrhafter, sondern auch sozialer Distanz entstand? Als Lehensleute edelfreier Grafengeschlechter waren sie in zahlreiche Fehden verwickelt, als weltliche Verwalter, kirchliche Vögte und Gerichtsherren auf Hoheit bedacht – in ihren Ritterburgen sollten sich wohl topographische, defensorische und gesellschaftliche Besonderheit gleichermaßen respektgebietend ausdrücken. „Teufelsberg" als Ort der Abschreckung, Beklemmung und Verwunschenheit passte also ins System, auch anderweitig verbürgte Sagen von magisch-dämonischer Verstrickung, gar eines Pakts mit dem Höllenfürsten, der schon bei der Gründung seine Hände im Spiel hatte, erfüllten allemal ihren machtideologischen Zweck. Verödung und Verfall dieser kleinräumigen Erdkegelburgen im 13. und 14. Jahrhundert sind auf das Ende der historischen Rolle des Rittertums zurückzuführen, auf das Aussterben ihrer Geschlechter oder Aufgehen der Ministerialen im Bauern- und Bürgertum, vor allem aber auf die Ausbildung des herzoglich-bairischen Territorialstaates, der die kleinen Adelssitze verdrängte, stattdessen städtischen Schichten zur Geltung verhalf.

Wieder zurück an der „Keltenkreuzung", setzen wir am besten den „Aubinger Lohweg" nordwärts fort bis zur Abzweigung in das „Buchgeräumt", folgen diesem links hinab zum „Schwojerweg", der uns wiederum nach links zur „Eichenauer Strasse" ausleitet. Auf dieser halten wir uns jetzt stets Richtung Westen entlang der Bahnlinie, bis wir nach ca. 2 km nach „Puchheim Bahnhof" kommen. Dort bleiben wir auf der rechten Seite, biegen nach 150 m links in die „Lußstraße" ein, die uns wieder unmittelbar an den Schienenstrang, sodann diesen entlang weiter zum Bahnhof Eichenau führt. Anhand der Restbestände baumgesäumter Flurränder erhalten wir einen Begriff vom einstigen ausgedehnten Buchenwaldgürtel, der **Puchheim** den Namen gab („Buchen-Hain") und sich ehedem von Maisach über Grünwald bis Sauerlach hinzog. Bei **Eichenau** standen entsprechend namensgebend die Eichen Pate, die den dortigen ehemaligen Auwald dominierten, bevor die Gartenstadt zu beiden Seiten des Starzelbachs 1957 als eigene Gemeinde aus einer Teilung von Alling hervorging. Die Entstehung des Ortsteils Puchheim-Bahnhof auf einstigem Moor- und Heidegelände, deutlich abgesetzt vom alten Dorf Puchheim, das über einen ansässigen Kleinadel 948, durch eine erste Kirchenweihe sogar schon 770 genannt ist, hat mit der Verlegung der Altstraße München – Augsburg im Jahre 1839, insbesondere aber mit dem Bau der Bahnstrecke München – Lindau (1896) zu tun. Bekannt wurde Puchheim durch den nördlich des Bahnhofs 1910 errichteten Flugplatz, einen der ersten der Welt, mit eigener „Akademie für Aviatik", im Weltkrieg 1914 überbaut von einem Gefangenenlager, das in der bayerischen Revolution von 1918 eine höchst tragische Rolle spielen sollte.

Nach Passieren eines Verkehrskreisels erreichen wir den Bahnhof Eichenau, queren die dortige Fußgänger-Unterführung und schwenken dann nach rechts in den Radweg ein, der parallel zur Schiene nach etwa 500 Metern an die Zufahrt zu **Gut Roggenstein** anschließt. Dieses, ehemals Meierei der Abtei Fürstenfeld, nach der Säkularisation 1803 zunächst privat, dann staatlicher Militärfohlenhof, schließlich wittelsbachisch und heute landwirtschaftliches Forschungsinstitut der Hochschule Weihenstephan, weist eine Kulturkontinuität bis in prähistorische Zeit nach. Unterirdische Gänge, St. Georgskapelle und Burgstall bilden eine Trinität hoher Altertümlichkeit und magischer Verflochtenheit. Der Standort der im gotischen Stil des 14./15. Jahrhunderts erhaltenen St. Georgskapelle, am Steilabfall über den Gutsgebäuden deutlich konturiert und wie in einem Hohlspiegel stereoskopisch verdichtet, befindet sich exakt im 50 m langen Kernwerk des Burgstalls, der ehemaligen Abschnittsbefestigung von „Ruckenstein", die wahrscheinlich von Agnes von Gegenpoint 1317 in die Ehe mit „Engelmar dem Chuchenmaister" eingebracht wurde. (Die Stammburg der Gegenpointer am anderen Ende des bewaldeten Höhenzugs der Emmeringer Leite stellt unser nächstes Ziel dar).

Roggenstein, ehem. Burgkapelle St. Georg

Nach mehrmaligen Verkäufen und Besitzerwechseln kam die Burg samt Hofgut 1371 an Kloster Fürstenfeld und verblieb dort nahezu viereinhalb Jahrhunderte. Antike Keramikfunde, wohl aus Brandgräbern, signalisieren schon frühe Besiedlung. **„St. Georg"** selbst erhielt sich mit seinen Fresken von 1400 als letzter Rest des Wehrbaus. Die Bilderfolge mit überlebensgroßem Christophorus und der Passion Christi (Gethsemane, Gefangennahme, Kreuzigung, Auferstehung) könnte, auch hinsichtlich ihrer künstlerischen Qualität, als für die Zeit typisch gelten, wenn sie nicht mit ihren weiteren Darstellungen des Patrons St. Georg und der drei heiligen Jungfrauen

Katharina, Margaretha und Barbara in Verbindung mit den unterirdischen Gängen („Erdstall"), die sich unter der Kirche und Burg ausbreiten, und der daran anknüpfenden Sagenüberlieferung in einen matriarchalischen Kontext chthonischer (erdkultischer) Rituale, d. h. buchstäblich in den Schoß von Mutter Erde hineinführen würden. Zwar sind heute die Zugänge zum **Erdstall** wie dieser selbst weitgehend verschüttet, jedoch sollen nordöstlich des Burgareals in einer Mulde hinter den Hofgebäuden und in dem 4 m tiefen Graben, der die etwa 40 m lange Vorburg von der Hauptburg trennt, Einstiege vorhanden gewesen sein. Auf Grund früherer Untersuchungen kennt man den Grundriss vom „Labyrinth" mit seinem auffälligen Rad-Ring-Kreuz ziemlich genau. Die Erdstallforschung sieht darin das Symbol zeremonieller Drehbewegung als Ausdruck kosmischer Erneuerung, womit auch das Sonnenrad zusammenhängt. Noch in christlicher Zeit bedeutet das Radkreuz (vgl. Irland) – neben dem einfachen Kreuz – ewiges Leben.

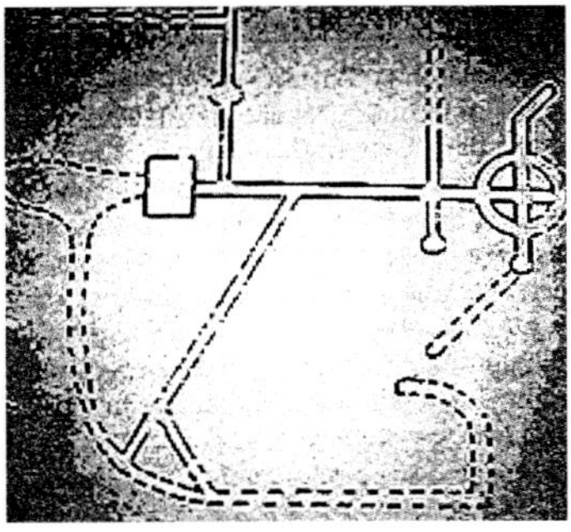

Erdstall von Roggenstein, Grundriss

Der Sage nach „sah man am Allerseelentag auf „Rockenstein" Geister gehen. Diese Geister waren **drei Jungfrauen**; zwei weiße Jungfrauen gingen voran, ihnen folgte eine schwärzliche Jungfrau mit Hund. Man hieß sie die drei Schwestern und hörte oft ihren schönen Gesang" (F. Panzer, Bayer. Sagen und Bräuche, 1954, S. 17). Unweigerlich denkt man da an die griechische Hekate, die chthonische Urgöttin und schwarze Frau, oft dreigestaltig dargestellt, und ihren Begleiter, den schwarzen Höllenhund Kerberos. Die Ambivalenz des Todes äußert sich im Wechsel der Trauerfarbe von Schwarz als Zeichen des irdischen Endes zu Weiß für Neubeginn und neues Leben, den ewigen Kreislauf von „Stirb und Werde". Ihre Präsenz zeigen die Jungfrauen im Gesang, letztlich aber auch in den Gestalten der „heiligen drei Madln" in der Burgkapelle, abgebildet mit ihren typischen Insignien: Katharina mit dem Rad – eigentlich Sonnen- und Lebensrad, wie es sich architektonisch im Erdstall findet –, Margaretha mit dem „Wurm" – dem Drachenungeheuer als Symbol der alles verschlingenden Unterwelt –, Barbara mit dem Apfelzweig (statt Turm oder Kelch) für Wachstum und keimendes Leben, allesamt angerufen bei Todesnot und Geburt. Die christliche Legende stellt Margareth in die Nähe des hl. Georg, sie soll sogar jene Prinzessin aus Libya gewesen sein, die der Drachentöter aus der Gewalt des Untieres befreite, bevor er dieses tötete und für immer in einem See versenkte. Er selbst fand ein grausiges Ende, wurde nach zahlreichen Foltern von Pferden durch die Stadt geschleift und lebendigen Leibes zerrissen. Dreimal soll er gestorben und wieder auferstanden sein! Mit seinem Fest am 23. April steht er für Aufbruch und Fruchtbarkeit, Aussaat und Ernte, Geburt und Kindersegen. Interessanterweise war die Kapelle von Roggenstein ursprünglich St. Margareth geweiht, wurde erst später auf St. Georg umgewidmet. Im übrigen weiß man, dass die Verehrung der drei Jungfrauen auf den Kult von Einbet, Warbet, Wilbet (auch Ambet, Fürbet, Borbet u. ä.) zurückgeht, die in vorchristlicher Zeit mit Mond, Erde, Sonne assoziiert wurden (vgl. Leutstetten oder Reichersdorf). Im Tiroler

Bereich als die „Drei Saligen“ bekannt, wurden im christlichen Gewande daraus andernorts Spes, Fides, Caritas (Hoffnung, Glaube, Liebe) in Gestalt einer schwarzen und zweier weißer Frauen, den Geistern also von Roggenstein! Diese kommen zwar heute sympathischerweise katholisch-bairisch daher, können aber im Verein von „Unterwelt“ und „Gottesburg“ ihre Herkunft als Göttinnen von Tod und Leben nicht ganz verleugnen (Zu weiteren Aspekten der Erdgänge vgl. Ausführungen zu Reichersdorf bei Wanderung Nr. V).

Burg Roggenstein (nach Apian)

Nach dem Abstieg vom Burgstall halten wir uns an den Waldweg entlang der Emmeringer Leite Richtung Westen, bis das später „Heuweg“ geheißene geteerte Sträßchen nach ca. 20 Minuten das Tonwerk Emmering (ehemalige Ziegelei, 1974 stillgelegt) erreicht. An der Kreuzung geht es nach rechts, an den Gebäuden vorbei, nach dem Ortsschild „Fürstenfeldbruck 1 km“ an der nächsten Weggabelung links und etwa 150 m weiter, wo die Strecke talwärts abfällt (in Sichtweite eines Feldkreuzes am rechten Böschungsrand), wieder links auf einem gut erkennbaren Fußpfad in den Wald hinein. Dieser Spur folgen wir, immer auf der Höhe bleibend, etwa 300 m nach SW, bis wir fast unvermittelt vor dem Burgareal von **Gegenpoint** stehen. Dessen werden wir spätestens bei Querung eines ersten Grabens mit dort angebrachtem Gedenkstein des Histor. Vereins Fürstenfeldbruck gewahr. Demnach saßen auf „Kekkenpeunt“ von 1147 bis 1340 die ersten nachweisbaren Herren von Bruck, wo sie Markt-, Gerichts-, Zoll- und Vogteirechte ausübten. Die früheste Erwähnung als „Kekinpiunt“ geht allerdings schon auf 800 zurück. Die Gegenpointer traten zuerst als Lehensleute Heinrichs des Löwen hervor. Der Welfenherzog gilt als Gründer des Marktes Bruck am Ampersteg der alten Salzstraße, bald nach seiner ebenfalls 1158 bezeugten Gründung Münchens. Nach seinem Sturz stiegen seine ehemaligen Ministerialen zu den neuen Machthabern von Bruck auf.

Gegenpoint „Kekinpiunt“, nach Apian (um 1500)

Auch auf Gegenpoint gab es eine Burgkapelle, beim zweiten Quergraben gelegen und dem **Hl. Nikolaus** geweiht, wie Georg als eine Art Ritterheiliger angesehen, weil er als Schutzherr u. a. der Pilger und Kreuzfahrer, bezeichnenderweise auch des Gerichtswesens fungierte. Sein Kult erfuhr gerade im 13./14. Jahrhundert eine Hochblüte. Das Burgareal war 1340 an das Kloster Fürstenfeld verkauft worden, das im 15. Jahrhundert die Festung schleifen ließ, den Sakralbau aber beibehielt, der erst nach der Säkularisation verfiel. Das Geschlecht der „Watten“ von Gegenpoint, so nach einem innerfamiliären Personen-

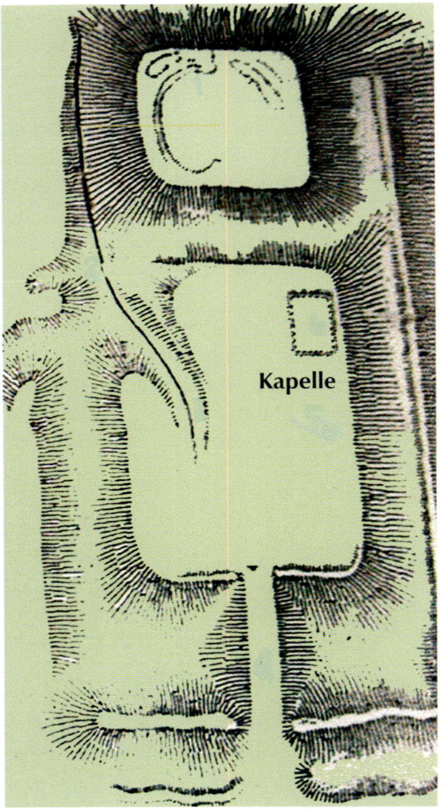

Lageskizze von Gegenpoint

namen „Wat" alternativ geheißen, erlosch im Mannesstamm 1391. Ihr Wappenbild mit zwei gekreuzten Halparten, mittelalterlichen Wurfbeilen, hat in das Gemeindewappen von **Emmering**, dessen Grundherren sie im 12. Jahrhundert waren, Eingang gefunden. Der Bajuwarenort taucht schon in Urkunden um 739/40 auf und steht in enger Beziehung zur Gründung des Klosters Benediktbeuern. Bodenfunde belegen jedoch bereits eine frühgeschichtliche Besiedlung, gerade auf der Emmeringer Leite wurden aus Hügelgräbern der Hallstattzeit (750-450 v. Chr.) zahlreiche Urnen geborgen.

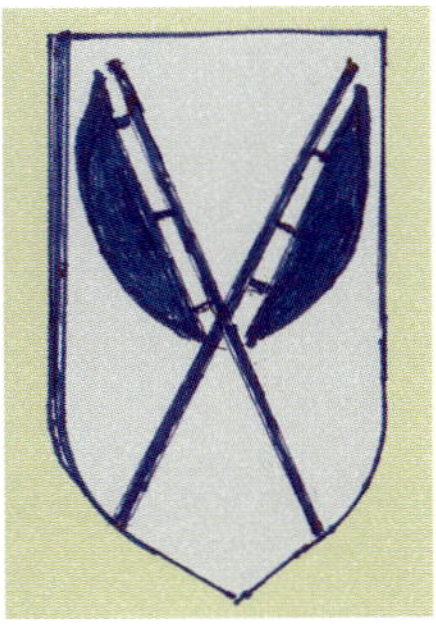

Wappen der Gegenpointer

Die eiszeitliche Endmoräne der **Emmeringer Leite**, die topographisch an das Tertiärhügelland am Rande der Schotterebene anschließt, endet beim Burgstall und senkt sich von da ziemlich steil hinab zum Ampertal bei Fürstenfeldbruck. Etwa 50 Meter vor dem Gedenkstein am Burgeingang folgen wir einer gut ausgetretenen Fährte nach unten, bestaunen dabei die gewaltigen Erdaufschüttungen und Wälle ausgerechnet gegen N und W, also zur Stadtseite hin, und lassen die Frage offen, ob in sehr viel früheren Epochen als dem Mittelalter nicht ein sehr viel höheres Schutzbedürfnis bestanden habe, um einen so enormen Aufwand zu tätigen. Relativ rasch kommen wir in der Villenzone **„Ludwigshöhe"** neben der Bahnlinie an[1]. Das parallele Teersträßchen bringt uns westwärts zur verkehrsreichen Münchner Chaussée, neben der wir auf dem Radweg links bergauf streben. Wo dieser die Autostraße unterquert, steigen wir jenseits

1 So benannt in Erinnerung an den Bahnbau unter König Ludwig II. von einem Bierbrauer Gerbl, der sich hier 1873 eine erste Villa errichtete. Nach deren Abbruch entstand an gleicher Stelle die dreigeschossige Villa Kolb mit zugehöriger Kapelle, welche an die Tradition der nach 1803 verfallenen und beseitigten Burgkapelle der Gegenpointer anknüpfen soll.

über einige Treppenstufen nach rechts zum Parkplatz des „Trimm-Dich"-Geländes empor und begeben uns in gerader Richtung südwärts auf der Hauptspur den Berg hinan, bis wir am Waldrand in ein Wagengeleise finden, das in südlicher Richtung auf die freie Flur und schnurstracks auf die schon sichtbaren Behausungen von **Biburg** zuführt. Auch dieser alte Flecken, mit einer Kirchenweihe im 8. Jahrhundert nachgewiesen, trägt schon im Namen das Wallburgen-Leitwort[2] vor sich her, verweist damit u. a. auf einen frühen Ortsadel, der schließlich im 14. Jahrhundert, als er von den Gegenpointern als Gerichtsherren verdrängt wurde, im Bürgerstand aufging. Besitznachfolger der „Watten" war auch hier, wie schon in Roggenstein und Gegenpoint, das aufstrebende Kloster Fürstenfeld.

Biburg

Am östlichen Ortsende von Biburg orientieren wir uns zur Fahrstraße nach Wagelsried, von der wir beim entsprechenden Hinweisschild nach rechts zum Weiler Gagers fahren, eine abfallende „Grashalde" fürwahr, wie es der Flurnamentyp (mhd. gâhgras) verrät. Von dort geht es auf eher ebenen als „gachen" Wegen südöstlich nach **Alling**, das wir somit von der Bergseite her im Westen erreichen. Rechter Hand auf erhöhtem Niveau genießen wir bei der Kirche „Mariae Geburt" einen weiten Blick in die Ebene zwischen Puchheim und Gilching, von den Waldrücken des Parsbergs im Osten begrenzt, in ihrer nördlichen Partie einst Schauplatz dramatischer Auseinandersetzung unter Angehörigen des Hauses Wittelsbach, der Schlacht von Alling (1422).

Die exponierte Lage unseres Spähpostens scheint schon im Hochmittelalter ausschlaggebend gewesen zu sein für die Errichtung von **Burg und Kirche**. Diese war wohl als Eigenkirche der „Allinger" begründet und, wie in Roggenstein und Gegenpoint, in das Burgplateau einbezogen worden. Das Zentrum des Burgstalls hinter dem Friedhof (230 m südwestlich der Kirche) präsentiert sich heute als wuchtige Motte, die einen Wohnturm getragen haben wird sowie von einer sichelförmigen Grabenanlage und nach zwei Seiten hin von Steilhängen gesichert war. Im Süden wurde einst sogar Wein angebaut, die darunter

[2] Ähnlich wie Biberg, Biber, Piburg dgl bezeichnet Biburg mit der ersten Silbe bi-, die als Restbestand von lat. ambi (vgl. ambi - valent) auch im griech. Amphi = ringsum (vgl. Amphi - theater) steckt, das rings Geborgene, Geschützte, Umwallte (nach K. Finsterwalder, Tiroler Ortsnamenkunde 1995, S. 1003). In Südbayern heißen auch mehrere Orte nach keltischen Anlagen Biburg (Ed. Wallner, Bayer. Siedlungsgeschichte 1924, Nr. 285) In der Tat wurde ca. 600 - 700 m südwestlich der Kirche von Biburg eine stark verebnete Viereckanlage im Luftbild entdeckt.

„Mariae Geburt" in Alling

verlaufende Straße heißt noch „Am Weinberg".

Keineswegs auszuschließen ist, dass hier oben schon in grauer Vorzeit ein befestigter Herrensitz existiert hat, wie Grabhügel der Umgebung mit entsprechendem Fundmaterial nahe legen, auch reichen Grundmauerreste der Kirche wesentlich weiter zurück als es das jetzige spätgotische Erscheinungsbild verrät. Immerhin ist Alling

Burgstall hinter der Allinger Kirche

bereits um 780 als Schlehdorfer Besitz bezeugt. Trotz Barockisierung hat sich der grazil-filigrane Gesamteindruck des Sakralraums bewahrt. Die gotischen Baumeister der Silvester und Jörg Schöttl aus Holzkirchen sowie der barocken Bildhauer- und Malerfamilie um Franz und Matthias Schmidt aus Alling haben es auch im weiteren Umkreis zu einiger Bedeutung gebracht.

Wer mehr über die **Schlacht von Alling** erfahren möchte, sollte sich die kunsthistorisch wertvolle Votivkapelle „St. Maria und St. Georg" in **Hoflach** nicht entgehen lassen, in knapp einem Kilometer auf der Landstraße Richtung Eichenau („Hoflacher Straße") erreichbar (allerdings wie auch St. Georg auf Roggenstein nur zu bestimmten Anlässen geöffnet). Sie wurde zum Dank für die Rettung und den Sieg gegen mehrfache militärische Übermacht von Herzog Ernst von Bayern-München gestiftet. Fatalerweise hieß der Gegner Ludwig „der Gebartete", wittelsbachischer Vetter aus dem Teilherzogtum Ingolstadt, der schon mit seinem weiteren Vetter Herzog Heinrich von Bayern-Landshut wegen dessen vermeintlicher Bevorzugung bei der Erbvergabe von 1397 in Konflikt geraten war. Der Bärtige, eine ebenso glamouröse wie talentierte, letztlich tragische Figur, Bruder der französischen Königin Isabeau de Bavière, der „wütenden Megäre", wie Schiller sie sah, nach Shakespearscher Version sogar gerüchteweise die Mutter der Jeanne d'Arc, verfolgte, angesteckt von der Weltläufigkeit des französischen Königshofs, seine eigenen großspurigen Machtpläne, brachte es dabei durch ständige Übergriffe und Bedrückungen ganzer Landstriche dahin, dass sich ein Aufstand auf breiter Ebene gegen ihn formierte. Als er 1421 in nieder- und oberbairisches Gebiet einbrach, erklärten ihm auch die beiden Münchner Herzöge Ernst und Wilhelm, die in Eintracht gemeinsam regierten, den Krieg. Zwischen Menzing und

„St. Maria und St. Georg“ in Hoflach

Pasing kam es zur ersten Feindberührung, wobei sich der Herzogsohn Albrecht besonders kühn in die Schlacht warf und nur durch beherztes Eingreifen seines Vaters Ernst gerettet werden konnte (Die Dynastie schien freilich mindestens ebenso gefährdet, als sich der jugendliche Heißsporn partout die Augsburger Baderstochter Agnes Bernauer als Ehefrau in den Kopf setzte!). Der Aggressor musste sich nach Alling zurückziehen, wurde aber am folgenden Morgen, dem 22. September 1422, vom Heer aus München, rekrutiert auch aus Bürgern und Patriziern der Stadt, besonders unterstützt von den Handwerkerzünften, in die sumpfige Flur zwischen Hoflach und Parsberg abgedrängt und nach hartnäckiger Gegenwehr in die Flucht geschlagen. In einem Wandfresko von unbekannter Hand von 1425, das mit sieben Metern fast die gesamte Nordinnenwand der gotischen Kirche einnimmt, ist die siegreiche Heerschar unter dem Banner des Hl. Georg, des Schutzpatrons der Wittelsbacher, versammelt, angeführt von den Herzögen Ernst, Albrecht und Wilhelm, allesamt knieend vor Maria und Mutter Anna dargestellt. Die Gottesmutter stand den Wittelsbachern ganz besonders nahe, „Maria, reine Maid“ musste sogar als Schlachtruf herhalten. Auch das gotische Skulpturenprogramm (Maria mit Kind, Anna Selbdritt, Rosenkranzmadonna, St. Georg) betont diese „heilige Allianz“, wie sie auch im Doppel-Patronat der Kirche zum Ausdruck kommt. Wenn die Geschichte des blutigen Wittelsbacher Familienzwists eines lehrt, dann dieses, dass Zerstrittenheit und Machtgier allzu ehrgeiziger Mini-Souveräne ein ganzes Land ruinieren können. Offensichtlich war aber die Zerstückelungs- und Teilungsepoche sowohl vor wie nach Kaiser Ludwigs des Bayern Regierung (1314-1347) ein notwendiges Durchgangsstadium für eine endgültige Wiedervereinigung Bayerns ab 1505 unter Herzog Albrecht IV.

Burgstall von Germering/Puchheim

„dem Weisen“, somit Voraussetzung für eine kontinuierliche staatliche Entwicklung in weiteren 400 Jahren unter der Ägide desselben Hauses. Die Schlacht von Alling mag hierfür ein historisches Ausrufezeichen gesetzt haben!

Von der „Hoflacher Straße“ führt etwa 50 Meter nördlich der Allinger Hauptkreuzung ein beschilderter Radweg über die Brücke des Starzelbachs in südöstlicher Richtung nach **Holzkirchen**. 1½ km sind es bis zur Kirche „St. Peter und Paul“ inmitten ungestörter Dorfidylle auf der Parsberger Höhe, wo es im 13. Jahrhundert auch einen eigenen Ortsadel gab. Dessen Ansitz befand sich wohl an der Stelle des ehemaligen Hofmarkschlosses, heute landwirtschaftlicher Betrieb beim „Schlossbauer“. Erst 1687 erfolgte die Erhebung zur Hofmark mit Verleihung der Niedergerichtsbarkeit und Steuergewalt an einen kurfürstl. bayer. Hofkammerrat Joh. von Hufnagel, der damit die staatlichen Hoheitsbefugnisse auf unterer Ebene wahrnahm, während die Landgerichte und zuoberst das Herzogl. Hoch- und Schrannengericht vorgeordnet waren. In der sehenswerten Kirche von 1520 mit gotischer Ausstattung sowie Barockaltären von Franz Jakob Schwanthaler aus München begegnen wir wieder der Baumeister- und Maurerfamilie Schöttl (Jörg d. Ä. und Jörg d. J.), deren Meisterzeichen sich an den Kapitellen der Runddienste und in vier Wappenscheiben eines spätgotischen Glasgemäldes im Chor erhalten haben.

Die weiteren vier Kilometer nach Germering absolvieren wir auf meist abschüssiger Radbahn neben der Landstraße. Sobald das Parsberger Forstgebiet zurückweicht, schlängelt sich links ein Feldweg hinüber zum optisch gut fixierbaren, laubbaumgesäumten **Germeringer See**, auf den von Westen her ein Waldkeil zuläuft. Knapp hinter dessen Rand zur südlich angrenzenden Wiese hin, somit westlich oberhalb des Freizeitparks, verbirgt sich auf hügeligem Terrain ein ausladender **Burgstall** mit Kernwerk sowie frontalem und rückwärtigem Sicherungssystem, von mächtigen Wällen und Gräben umzogen. Zwar wird die im Volksmund „Kelten"- oder „Römerschanze" genannte Anlage als mittelalterlich eingestuft, auf Grund ihrer auffälligen Gliederung spricht jedoch auch einiges für die Annahme, dass ein früheres Schutzareal mit einer späteren, größeren Konstruktion überzogen und kombiniert wurde.

„Vergessene Zeit" im Parsberger Forst

Immerhin blicken nicht nur Germering, Puchheim, Alling, Aubing usw., sondern das gesamte Gebiet um die Altmoräne des Parsbergs mit seinen zahlreichen Funden und Bodendenkmälern auf eine sehr lange Tradition bis in die Römer-, Latène-, Hallstatt-, Urnenfelder-, Bronze- und Jungsteinzeit zurück. Nur vier Kilometer südlich lief die Römerstraße Salzburg – Augsburg vorbei, die entlang von drei Keltenschanzen im Heiligkreuz-Holz bei Schöngeising die Amper überschritt. Im benachbarten Weiler Nebel wurde ein römischer Ziegelbrennofen, in Germering an der „Oberen Bahnhofstraße" eine Hügelgrabgruppe aus der frühen Bronzezeit freigelegt. So wirkt denn der Eintritt in die tiefgeschnittenen Gräben der Germeringer (eigtl. Puchheimer) Schanze wie die Begehung eines magischen Kreises, zumal es scheint, als wolle sie ihr Geheimnis auf ewig behalten.

Bei der Weiterfahrt Richtung Germering orientieren wir uns auf den Kirchturm von **Unterpfaffenhofen** hin, der schräg rechts vor uns auftaucht. Fast zwangsläufig fädeln wir so in die „Nebeler Straße" ein, von der nach kurzer Distanz rechts die „Alte Kirchstraße" abzweigt und in wenigen Metern zur **Pfarrkirche „St. Jakob"** leitet. Auch diese steht auf altem Boden, erhebt sich über den Fundamenten eines ehemaligen römischen Gutshofes des 2./3. Jhd. n. Chr., von dem u. a. Reste einer Hypokaustenheizung zutage gefördert wurden. Zugleich konnte bei Grabungen an dieser Stelle eine kleine Steinkirche aus dem 9./10. Jhd., sodann ein spätromanischer Bau mit Rundapsis und einschiffigem Langhaus aus dem 12./13. Jhd. nachgewiesen werden. Die Errichtung des heutigen spätgotischen Chors mit seinen Netzgewölben um 1500 ist wiederum Mitgliedern der Schöttl-Familie zuzuschreiben. Sie sollen sogar aus der eigenen Ziegelei die Bausteine geliefert haben, deren Mauerwerk im östlichen Teil des 1665 barockisierten Kirchenschiffs noch auf romanischen Tuffquadern aufruht. Wahrscheinlich lag Unterpfaffenhofen schon früh am Jakobs-Pilgerweg nach Santiago de Compostela, im hiesigen Gebiet ausgehend vom Angerkloster St. Jakob in München als 1. Station und weiterführend zum Bodensee. Der Pfarrpatron, dessen Festtag am 25. Juli einst den Erntebeginn verkündete, wird ebenso als barocke Sitzfigur am Hochaltar wie auch am Dorfbrunnen vor der Kirche in zeitgenössischer Gestaltung vergegenwärtigt.

Nach einem fast ungebremsten Bevölkerungswachstum – 1945/46 durch Zuzug von Heimatvertriebenen sowie in den 60er und 70er Jahren durch Ausweisung neuer Baugebiete – entstand 1978 aus den selbständigen Kommunen Unterpfaffenhofen und Germering die neue Großgemeinde

Germering, die mittlerweile, nach einer Phase der Konsolidierung, zu den fünf größten Städten Oberbayerns zählt. Wir tun gut daran, das moderne Zentrum mit seinen Hochhäusern rechts liegen zu lassen, indem wir uns weiter über die „Nebeler Straße" nordostwärts bewegen, sodann auf der schräg rechts davon abzweigenden „Kirchenstraße" schnurgerade den schon sichtbaren Turm der Friedhofskirche **„St. Martin"** anpeilen, die wir am Ende neben Mehrzweckhalle und Schule über einen kleinen Fußweg erreichen.

Der älteste durch Grabungen festgestellte Sakralbau an dieser Stelle entstammt ungefähr der Zeit der Ersterwähnung des Ortes „Kermaringen" (d. h. „bei den Leuten des Germar") um 860 in einer Freisinger Urkunde. Zuunterst gefundene Gräber legen nahe, dass hier möglicherweise schon eine Holzkirche gestanden hat. Nach der Schlacht von Alling (1422), als Germering (wie auch Pasing, Aubing, Gauting) vom Ingolstädter Ludwig dem Gebarteten eingeäschert worden war, erfolgte im 15. Jahrhundert die Errichtung eines Neubaus (wieder unter Beteiligung der Schöttls), in desssen Mauerwerk noch ein gut Teil der romanischen Substanz aus dem 12./13. Jhd. steckt. Dass sich dem heutigen Betrachter infolge einer tiefgreifenden , auch architektonischen Umgestaltung von 1896 / 98 ein geschlossenes neugotisches Erscheinungsbild darbietet, ändert nichts an der Tatsache, dass wir uns hier an einem altehrwürdigen Kultplatz aufhalten, der noch an die bajuwarische Siedlungsepoche anknüpft. Das Patronat des merowingisch-karolingischen „Hausheiligen" St. Martin mag programmatisch für den zentralistischen Machtanspruch des fränkischen Königtums stehen, vor dem schließlich der allzu selbständig und aufmüpfig gewordene letzte bairische Agilolfinger-Herzog Tassilo III. 788 auf tragische Weise kapitulieren musste. In St. Martin spiegelt sich aber auch die fromme Verehrung des römischen Heidenbekehrers und Volksarztes, der mit seinem Fest am 11. November im Zusammenhang

St. Martin, Germering

von Vegetationsende und Winterbeginn den lärmenden und vermummten Dämonen der „wilden Jagd" widerstehen und Wotan als Ernte-, Kriegs- und Gerichtsgott ablösen sollte. Durch die verlängerte Achse der „Kirchenstraße" sind somit „St. Jakob" und „St. Martin" als die beiden ältesten Gebäulichkeiten der Stadt nach Art eines „ideologischen" Leitsystems zusammengespannt. Als gewachsene, tiefgründig verankerte Glaubensinseln zeugen sie von der organischen Entwicklung des Christentums mit all den übernommenen und tolerierten Eigenarten vorausgegangener Kulturphasen. Mithin gründete der Erfolg der neuen Religion nicht zuletzt darin, dass sie die Bemühungen früherer Generationen um Weltdeutung und Lebenssinn respektierte und integrierte.

Vom Kirchhof treten wir nördlich auf die „Augsburger Straße" hinaus, auf der wir in östlicher Richtung die vielbefahrene B 2 an der Ampel überqueren, dann in den „Aubinger Weg" überwechseln und von diesem nach etwa 800 Metern links in eine landwirtschaftliche Zufahrt abbiegen, die unter der Autostraße hindurch wiederum links zum schon sichtbaren Gut **„Moosschwaige"** hinüberführt. Im Schatten einer geradlinigen, variantenreichen Laubbaumallee (u. a. mit der seltenen Schwarzpappel) tauchen wir ein in eine idyllische Auenlandschaft, wie es sie in dieser Unversehrtheit und Natürlichkeit nur noch selten gibt. Auf schmaler Spur steuern wir Richtung Norden auf die „Aubinger Lohe" zu, halten uns bei Wegteilungen rechts und erreichen in Kürze den Schienenstrang neben der „Eichenauer Straße". Hier biegen wir in die querlaufende Wanderroute („Germeringer Weg") nach rechts ein und stoßen auf einen verträumt, geradezu entrückt wirkenden, halblichten **Buchen- und Eichenhain**, eingehüllt in ein schleierartiges, flaumiges Grün, das man eher in Passatregionen vermuten würde, durchsetzt von recht wunderlichen, mit hohem Riedgras und Frauenfarn überwucherten Bodenwellen, Podien und Mulden, die auf ursprünglichen menschlichen Eingriff schließen lassen. In der Tat befinden wir uns im Bereich ehemaliger keltisch-römischer Hof- und Wohnbebauung in unmittelbarer Nachbarschaft des Lohwald-Parkplatzes, zu dem wir nun als unserem Start- und Ausgangspunkt zurückkehren.

Wie wir uns hier zwischen Schiene und Fichtenholz ganz eigenartig berührt fühlen mochten von dem kleinen Stück Zauberwald, das dem Bühnenbild einer Märchenoper entlehnt sein könnte, so wird es uns wohl an manch anderer Stelle unserer Rundtour ergangen sein, etwa auf der Emmeringer Leite, im Parsberger Wald oder in bestimmten Winkeln der Aubinger Lohe, wo Erdformationen, Gräben, Wälle, Trichtergruben, unterirdische Gänge und Kultplätze den Eindruck erweckten, als habe die Zeit jegliche Bedeutung verloren, sei sogar die Zeit selbst verloren gegangen. Zwar gezeichnet von Vergänglichkeit und Veränderung, scheinen diese Gegenstände einer unbestimmten Vergangenheit irgendwann aus dem Ablauf der Geschichte gefallen zu sein, vor Jahrtausenden vielleicht oder Jahrhunderten, liegen geblieben zu sein, wie sie waren. Sie haben sich seither dem Zugriff der Zivilisation entzogen, und das inmitten ihres Verbreitungs- und Verdichtungsgebietes. Dem Betrachter eröffnet das die Möglichkeit, in dieser Welt des ewig Gleichen und ewig sich Wandelnden auch jenen inneren Tönen und Bildern nachzuspüren, wie sie im Szenarium von Teufelspakt und Geisterbeschwörung, Ritterburgen und Adelsfehden, Todes-, Geburts- und Fruchtbarkeitsriten, Vetternzwist und singenden Jungfrauen angelegt sind. Denn Wandern ist allemal auch ein geistiger Spaziergang im Reich der Phantasie.

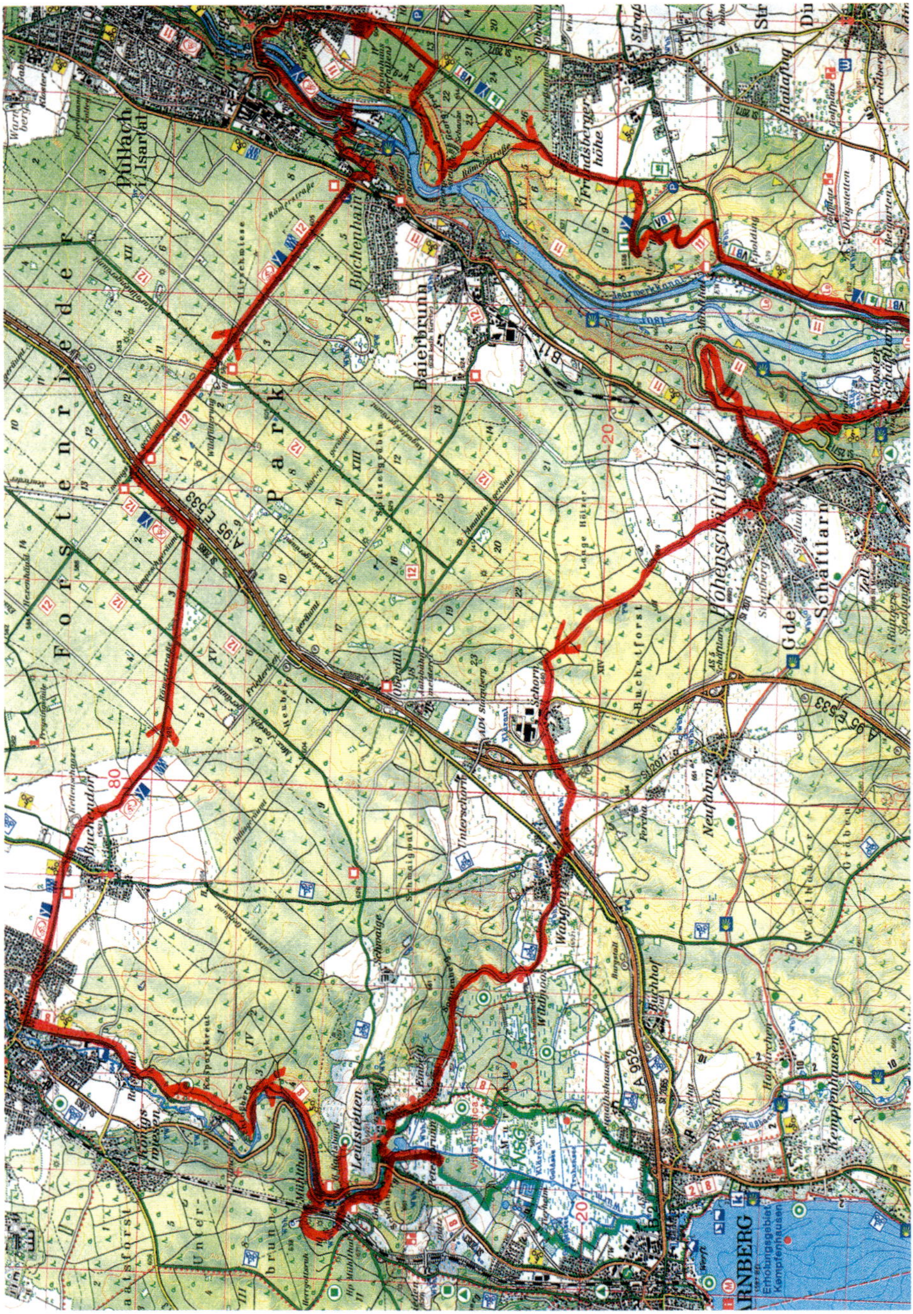

Wanderung XIII

Versunkene Stadt, vergrabene Schätze, heilige Frauen

Unsere Route beginnt mit der „Via Bavarica Tyrolensis" und endet mit der „Via Julia", nähert sich also auf speziellen Radwegen teils authentischer Streckenführung der römischen Antike an, aber nicht nur dieser: Erst im Zusammenklang mit Frühzeit, Mittelalter und Barock kommt der Akkord bayerisch-geschichtlicher Identität zum Tragen. Die Sage von einer versunkenen Stadt heftet sich an die Römerschanze von Grünwald, nur wenige Hundert Meter von unserem Start- und Zielplatz entfernt, wandelt sich bald zur Legende vom finsteren Bannfluch auf der Birg oberhalb Schäftlarn, deutlich abgesetzt von der lichten Heiterkeit des Barockjuwels der Klosterkirche am Fuße des Waldhangs, und geht schließlich jenseits des Schorn-Buchets über in den Geistergesang der drei weißen Schlossfräulein, die von verborgenen Schätzen auf dem Karlsberg bei Leutstetten künden. Ganz in der Nähe waltet die Göttinnen-Trias von Petersbrunn über heiliger Quelle, weist uns den weiteren Weg zum Grab der keltischen Seherin oberhalb Mühltal. Hier auf der westlichen Höhenterrasse über der Würm verlief einst die Römerstraße von Bregenz nach Gauting, wo sie sich mit der Verbindung Augsburg – Salzburg, der „Via Julia", kreuzte. Zum größeren Teil auf deren Originaltrasse treten wir ab der Keltenschanze Buchendorf unseren Rückweg durch den Forstenrieder Park an, vorbei an Zeugnissen alter Kulturlandschaft und mitten durch historisches Wittelsbacher Jagdgebiet, und erreichen nahe dem einstigen römischen Isarübergang wieder unseren Ausgangspunkt.

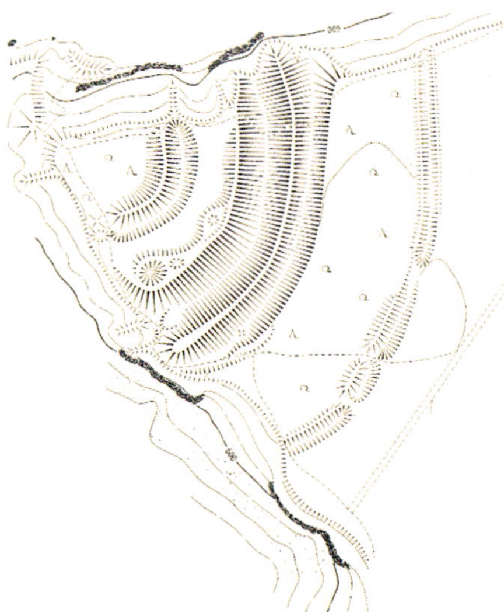

Römerschanze in Grünwald (nach K. Popp, 1894)

Wanderung XIII

Verlauf:	Radwanderung Grünwald/München – Mühlthal/Epolding – Kloster Schäftlarn/Hohenschäftlarn – Schorn/Wangen – Leutstetten – Gauting – Buchendorf – Buchenhain/Baierbrunn – Grünwald
Streckenlänge:	46 km
Dauer:	4 ½ Stunden, mit Besichtigungen ca. 6 - 7 Stunden
Einkehr:	Grünwald, Mühlthal, Schäftlarn, Leutstetten, Gauting, Buchenhain
Wanderkarte:	UK 50-41 Ammersee, Starnberger See, München Süd © by LVG, Gen.-Nr. 0416/07

Die „Via Bavarica Tyrolensis" startet beim Parkplatz gegenüber dem Friedhof an der „Tölzer Straße", wohin wir ab der Ortsmitte von Grünwald in südlicher Richtung gelangen, und führt sogleich schnurgerade in den „Grünwalder Forst" hinein. Bereits bei der dritten Wegkreuzung biegen wir rechts in das „Montgelas-Geräumt" ein und streben dem Hochuferrand der Isar zu, an dem entlang wir flussaufwärts schon nach kurzer Distanz auf die Wälle und Gräben der **„Grünwalder Schanze"** stoßen. Als 1893/94 der bayerische Generalmajor Karl Popp eine dreieckige, kreissegmentförmige Anlage von 75 m Schenkelmaß ergrub, die mit drei konzentrischen Wallzügen von 220, 120 und 70 m Länge im Bogen von Nord nach Süd an den Steiluferrand der Isar anschließt, stellte er im innersten Abschnitt die Fundamente mehrerer Gebäude und die Reste einer massiven, turmbewehrten Mauer mit Tordurchlass fest.

Jedem der Wälle lag ein einzügiges bzw. doppelzügiges 5 bis 8 m tiefes Grabensystem vor, wobei zwischen den Gräben ein natürlicher Spitzdamm gleichsam als weiterer Wall stehen geblieben ist. An die Mauer lehnten sich einst im Innern mehrere Steinsockel- und Lehmfachwerkbauten an, in deren Bereich Bruchstücke von Reibschalen. Kochgeschirr, Terra–Sigillata-Ware, Bronzebleche, Hufeisen usw., vor allem aber das Inventar einer Schmiede u. a. mit eisenbereiften Eimern, Amboss, Hämmern, Dechseln, Zangen, Pickeln, Schmelzpfanne, Gießlöffel, Meißel, Sense, Sichel, dreizackiger Gabel, Brecheisen, Achsen- und Stabringen zutage traten.

Diese Befundsituation weist in die mittlere bis späte römische Kaiserzeit des 3. bis 5. Jahrhunderts n. Chr., legt aber hinsichtlich der Erdwerke die Annahme hochmittelalterlicher Eingriffe und Veränderungen nahe. Überhaupt hat die neuere Forschung die Wälle und Gräben der nachrömischen Epoche zugeordnet, selbst die Zeitstellung der Mörtel- und Tuffsteinmauer des Walles hinter dem Doppelgraben wurde angezweifelt. Ein „Römerkastell" im klassischen Sinn wird es hier nie gegeben haben, eher eine Mansio oder einen kleinen befestigten Vicus, eine militärische Straßenstation, die den Flussübergang, ob Brücke, Furt oder Fähre, der wichtigen Verkehrsverbindung Augsburg – Salzburg am Fuße des Felssporns sicherte. Die Abschnittsbefestigung wäre dann erst ein Werk späterer Generationen, möglicherweise aus der Zeit der Magyareneinbrüche, als die Bedrohung und somit das Schutzbedürfnis der Bevölkerung zunahmen, ganz sicher aber war sie Sitz eines Potentaten zur Wahrnehmung machtpolitischer und ökonomischer Interessen im höheren herrschaftlichen Auftrag.

Eine **zivile Siedlung** mit Gewerbetreibenden, Handwerkern, Kaufleuten und Händlern, Wohngebäuden, Stallungen und Herbergen dürfte sich am ehesten im unteren Hangteil unweit der Isarquerung befunden haben, zumal dort mehrere Quellen entspringen, vielleicht auch auf der westlichen Flussseite. Zwar sind Dammreste der Römerstraße am Beginn des Abstiegs bzw. am Ende des Aufstiegs, wo heute Trockentäler, von Hohlwegen überlagert, schräg in die Hochufer einschneiden, noch erkennbar, jedoch haben sich in den tieferen Zonen jegliche Spuren durch Nagelfluhabstürze, Steinbruchausbeutung und Kraftwerksbau verflüchtigt. Dass die im Flussbett liegenden Felsblöcke des Georgen- und Michaelsteins verwitterte Überreste der Römerbrücke darstellen sollen, ist sicherlich abwegig, schließt aber nicht aus, dass sie als natürliche Übergangshilfen in irgendeiner Weise eingebunden gewesen sein könnten. Die befestigte Straßenstation auf dem Hochuferrand ist nach dem Abzug der Römer im 5.Jahrhundert durch Brand zerstört worden. Das zugehörige Gräberfeld, das an der Südseite teils innerhalb, teils außerhalb der Schanze lokalisiert wurde, ist bei Steinbrucharbeiten in den 70er und 80er Jahren des 19. Jahrhunderts verschwunden. Römerstraße und Flussübergang blieben bis ins hohe Mittelalter in Gebrauch, ihre Kontrolle und Nutzung unterstanden nachweislich dem Freisinger Bischof, ab 1040 dem Kloster Schäftlarn. Die Exekutive wird wohl in der Hand eines Ministerialen gelegen haben, der mit seinem Tross von sicherer Warte aus das Geschehen überwachte. Mit der bekannten gewaltsamen Verlegung der Oberföhringer Isar-Brücke flussaufwärts durch Heinrich den Löwen und der damit 1158 erfolgten Gründung Münchens dürfte auch der Verfall der Pullacher Brücke und der „Römerschanze" besiegelt gewesen sein.

Die Sage von einer **versunkenen Stadt** reflektiert ganz gewiss historische Verhältnisse. Ob schon eine vorrömische Siedlung bestand, ist ungewiss, aber insoweit nicht undenkbar, als römische Straßen häufig an vorhandene Wegführungen aus keltischer und vorkeltischer Zeit anknüpften. Immerhin könnte eine im Bereich der Schanze gefundene Bronzenadel als Indiz hierfür gelten. Der Grabungspionier selbst meinte, „eventuell mag eine vorher an dieser Stelle schon bestehende Wallburg der Kelten von den Römern für ihre Zwecke adaptiert worden sein, was sich aber in Ermangelung diesbezüglicher signifikanter Funde nicht nachweisen lässt". Die von ihm entdeckten Knochenbruchstücke, Gebisse von Hirschen, Wildsauen, Ziegen und Schafen reichen dafür wohl nicht aus. Hangrutsche und Felsabstürze haben das Ihre dazu getan, dass sich der Steilrand der Schanze immer mehr nach innen verschob, mögliche Siedlungsreste in einem heillosen Gewirr von Steinblöcken, Erosionsschutt, Abraumhalden, Schluchten und Trichtern wie in einem Orkus verschluckt wurden. Was römisches Leben ausmachte, davon kann man sich einen Eindruck im Museum der **Burg Grünwald** im Ort verschaffen, u. a. mit einer Präsentation von Funden aus der „Römerschanze". Dass auch diese einst von den Andechsern errichtete Festung auf dem Boden eines Römerkastells stehe, geht sicher auf eine Verwechslung mit der südlich gelegenen Ausgrabungsstätte zurück. Wie so oft, traten die rivalisierenden Wittelsbacher in die Rechte der Grafen von Andechs ein, spätestens 1293 brachte Herzog Ludwig der Strenge den strategisch bedeutsamen Vorposten über dem östlichen Isarhochufer, der durchaus schon in römischer Zeit mit einem Wachtturm gesichert gewesen sein könnte, in seine Verfügung, baute ihn aus und nutzte wie die nachfolgenden Familiengenerationen die „purch" zur Jagd und „anderen churtzweil". Mit dem Bau der Barockschlösser in Nymphenburg und Schleißheim war die gotische Feste aus der Mode gekommen, musste in der Folgezeit als Pulvermagazin und Staatsgefängnis herhalten, bis sie, nach mehrmaligem Verkauf und in den 60er Jahren sogar drohendem Abriss, 1977 in das Eigentum des Freistaates Bayern überging.

Burg Grünwald, Michael Wening, 1701

Mit dem „Raubritterlied" von Grünwald hat der Komiker Karl Valentin das Gedächtnis der Burg, auf der es nie Raubritter gab, gleichsam als inspiratives Nebenprodukt einer von ihm in den Kellergewölben veranstalteten „Schatzsuche" für die Nachwelt bewahrt.

Nach den Römern haben die Bajuwaren im Zuge der Landnahme den Ort im 6./7. Jahrhundert unter einem Sippenführer Derbo besiedelt, wie der ursprüngliche Name **„Derbolfing"** noch verrät – „Grünwald" kam als Ortsbezeichnung erst durch Übertragung von der Burg „Gruon im Walde" zustande. Archäologische Funde dokumentieren freilich, dass das Gebiet bereits lange vorher bewohnt war. So weisen u. a. mehrere Grabhügel der Bronze- und Hallstattzeit neben unserer Anfahrtsroute auf der „Tölzer Straße", bei der Abzweigung „An den Römerhügeln" (wo einige davon, in eine Grünanlage eingebunden, noch erhalten sind), auf das 2./1. vorchristliche Jahrtausend hin. Dies könnte dann wiederum die Annahme, dass sich beim Isarübergang eine schon vorgeschichtliche Niederlassung befand, erhärten. Auch Straßlach (mit seiner einstigen Mühle im Mühltal), Pullach, Baierbrunn und Schäftlarn sind sehr alt bezeugt. Die Spuren von zahlreichen, meist stark verebneten **Hochäckerbeeten**, wie sie als typische Feldbauform für die Bajuwarenzeit kennzeichnend waren, begleiten allenthalben unsere Weiterfahrt durch den „Grünwalder Forst".

Nach Rückkehr zur Abzweigung am „Montgelas-Geräumt", über das vielleicht einmal die „Via Julia" ostwärts hinüber nach Deisenhofen, Hofolding, Helfendorf zog, führt unser Radweg weiter nach Süden an den westlichen Ortsrand von Straßlach heran und senkt sich dann in der beschilderten Großrichtung „Wolfratshausen" mit mehreren Serpentinen hinab nach **Mühlthal/ Epolding**. Die dortige Ulrichskapelle aus dem 17. Jahrhundert ersetzt eine bei Grabungen weiter südwestlich festgestellte kleine Steinkirche, die zusammen mit einem Friedhof zur 762 genannten merowingischen Siedlung „Ehapoldinga" gehörte. Deren Spuren sind durch den Bau des Isarkanals unwiederbringlich verloren gegangen. Das Gotteshaus, vermutlich das älteste der Umgebung Münchens, war Eigenkirche des adeligen Presbyters Waltrich, der sie u. a. mit seinem Epoldinger Besitztum dem von ihm gegründeten **Kloster Schäftlarn** vermachte. Dieses steuern wir als nächsten Zielpunkt an, entlang dem Mühlthal-Kanal, der sieben Kilometer südlich in der Pupplinger Au als Ausleitung aus der Isar seinen Lauf beginnt, um das Wasserkraftwerk Mühlthal zu betreiben, einen klassizistischen Bau aus den 20er Jahren des letzten Jahrhunderts. Nach etwa zehn Minuten verlassen wir beim „Bruckenfischer" die „Via Bav. Tyr." und queren über die Dürnsteiner Isarbrücke hinüber zur Abtei Schäftlarn.

Besagter Angehöriger des fränkischen Hochadelsgeschlechts der **„Waltriche"** war zwischen 760 und 764 nicht nur Gründer und Stifter des Benediktiner-Klosters „Am Peipinbach", wie es damals noch hieß, bevor der Name „Sceftilari" (eigtl. „Schaftmacher", Lanzenhersteller) von Hohenschäftlarn auch hierher überging, sondern auch erster Abt, der die Niederlassung als bischöfliches Eigenkloster dem Bistum Freising übertrug. In den Ungarnwirren zerstört, wurde das zwischenzeitliche Kanonikerstift durch Bischof Otto von Freising 1140 als Prämonstratenserpropstei neu gegründet, die, 1598 zur Abtei erhoben, bis zur Säkularisation 1803 bestand. Danach sogar zur Fabrikanlage profaniert – mit Ausnahme der Abteikirche, die Pfarrkirche wurde – übergab König Ludwig I. das Kloster 1866 wieder in die Obhut der Benediktiner, die nun ein Gymnasium mit Internat einrichteten und seit 1910 auch wieder die Abtei-Pontifikalien erhielten. Die heute so viel bewunderte barocke **Abteikirche** „St. Dionysius und St. Juliana" ist in Korrespondenz zu den

Klostergebäuden des Giovanni Antonio Viscardi nach Plänen des Münchner Hofbaumeisters François Cuvillies ab 1733 völlig neu erstanden, nach längerer Unterbrechung infolge des Österreichischen Erbfolgekriegs 1760 durch Joh. Bapt. Gunetzrhainer und seinen Schwager Joh. Michael Fischer vollendet worden. Deckenfresken und Stuckierung stammen von Joh. Bapt. Zimmermann, Altäre, Figurenprogramm, Chorgestühl und Kanzel von Joh. Bapt. Straub. Es waren also die gefragtesten Meister der Zeit, die sich hier zu einem kongenialen Gesamtkunstwerk zusammenfanden.

Sie alle waren im Umkreis des Münchner Hofes tätig, so dass es nicht verwundert, wenn von fachlicher Seite „die vornehm heitere Kühle der Stimmung" und „die von gemessener Klarheit geprägte Raumwirkung" (Dehio/Gall) hervorgehoben werden, die mehr dem Stilempfinden der Residenzen als dem tradierten sakralen Formengut nahe stünden. Die Sequenz hintereinander gestaffelter Kuppelhauben und Gurtbögen deutet auf das Weltengebäude hin und führt jenes „tabernaculum dei" der Hauptfront-Inschrift aus, wonach der Herr und Schöpfer aller Dinge im „Zelt Gottes" bei den Menschen wohne. Dem Licht und der Erleuchtung, vielleicht schon ein wenig aufklärerisch angehaucht, kommt eine sichtlich tragende Rolle zu in einem himmlischen Festsaal, der mit seiner höfisch erlesenen, kostbaren und harmonischen Ausstattung in eine andere Welt hinüberzureichen scheint. Die Musikalität der Architektur wird nicht von ungefähr alljährlich im Konzertsommer zum Klingen gebracht. Was Josef Hofmiller über die Wieskirche sagte, könnte auch und gerade für Schäftlarn gelten: „Ein Innenraum von Mozartischer Vollkommenheit".

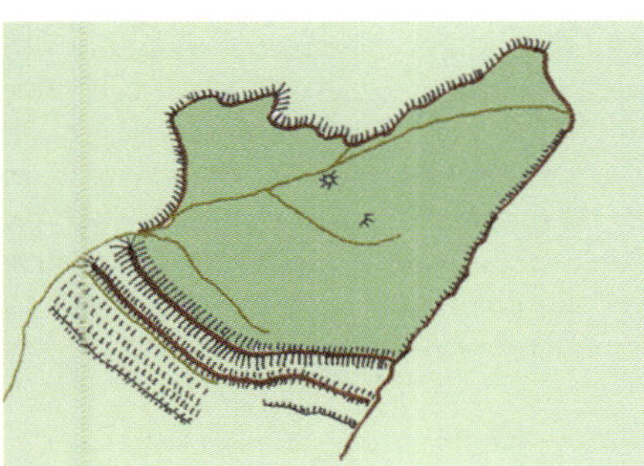

Die Birg bei Hohenschäftlarn

Einen ganz anderen Eindruck vermittelt uns die **Birgschanze** auf einem Bergsporn der würmeiszeitlichen Moräne nordwestlich oberhalb des Klosters. Schließlich soll da, von einem finsteren Fluch getrieben, die Birghexe herumgeistern. Wir gelangen dorthin auf der sanft ansteigenden Fahrstraße nach **Hohenschäftlarn**, ab der ersten Kehre, an der sich rechter Hand ein Parkplatz befindet, über einen hier abzweigenden, beschilderten Fußweg, zuletzt mit einigen Treppenstufen hinauf zur Ortsgrenze. Bevor wir den Laubwald verlassen, folgen wir rechts dem an seinem Rand nordwärts verlaufenden Radweg Richtung Baierbrunn. Wo dieser sich nach wenigen Minuten absenkt und nach rechts in ein Seitental biegt, zweigt wiederum davon rechts ein Fußpfad ab, der unmittelbar an die Birg heranführt. Sogleich stoßen wir auf einen mehrere Meter breiten und knapp zwei Meter hohen Wall ohne vorgelagerten Graben, der lange Zeit als Rest einer keltischen Wehrmauer angesehen wurde, demnach erst später in das mittelalterliche Verteidigungssystem eingebunden worden wäre. Zwar ist diese Annahme neuerdings stark in Frage gestellt, jedoch haben aktuelle Funde, die in die mittlere Bronzezeit weisen, den vorgeschichtlichen Aspekt wieder nähergerückt. Insgesamt hat man wohl von drei verschiedenen Burganlagen auszugehen, möglicherweise einem keltischen Oppidum sowie Befestigungen aus karolingischer und ottonischer Zeit. Auf Grund der topographischen Gegebenheiten musste ein Sicherungssystem nur zur flachen SW-Seite hin errichtet werden, während nach Osten ein Steilabfall zum Isartal und im NW eine markante Hangböschung über einer Erosionsrinne natürlichen Schutz boten.

Als im 9. und 10. Jahrhundert das karolingische Großreich zerbröckelte, nahmen die Einfälle, im Westen der Normannen und Wikinger, im Osten der **Ungarn** beträchtlich zu. Von letzteren war vor allem Bayern betroffen. Nach dem Ende der Agilolfinger hatte das Land den aus den Steppen Asiens vordringenden magyarischen Reiternomaden, die es auf rasche Beute abgesehen hatten und langwierige Belagerungen vermieden, dabei rücksichtslos plünderten und mordeten und ganze Landstriche dezimierten, herzlich wenig entgegenzusetzen, erst mit dem Sieg auf dem Lechfeld 955 gelang König Otto I. der entscheidende Schlag. Bis dahin versuchte die Bevölkerung, so gut es ging, sich selbst zu behelfen, indem man sich hinter eilends errichteten „Ungarnwällen" verschanzte, sich dabei schon bestehende Erdwerke zunutze machte. Auch die alte Burg von „Sceftilari", die vermutlich als Besitz der „Waltriche" im 8. Jahrhundert an das Kloster Schäftlarn gekommen war, vordem vielleicht zur Kontrolle eines Isarübergangs*, auch als Versammlungsplatz und Gerichtsstätte gedient hatte, wurde nun als Refugium für Kloster und Umland ausgebaut. Die auf den Vorwall folgende etwa 50 Meter breite Zone von gegeneinander versetzten Mulden und Erdrippen in vier Reihen, sog. Annäherungs- oder Reiterhindernisse, leitet auf das eigentliche Kernstück der Bewehrung, einen aufgeschütteten Abschnittswall von 5 m Innen- und 10 m Außenabfall über. Diesem ist ein doppelter Graben vorgelegt, dessen dazwischen stehengebliebener Erdrücken wie ein zweiter Wall wirkt. Mit dieser ottonischen Anlage, der eigentlichen „Ungarnfestung", wird der gesamte Bergsporn in seiner dreieckigen Grundform von etwa 300 Metern Breite und 400 Metern Länge abgeriegelt. An der Nordwest- und Nordflanke des Plateaus verläuft zudem ein einigermaßen profilierter, aus verfallenen Resten einer früheren Holzerde- und Trockensteinmauer bestehender Wall, von einem parallelen Hanggraben etwa 5 m unterhalb begleitet: Kennzeichen karolingischer Befestigungen des 8./9. Jahrhunderts, wozu im Zuge des heutigen Wegverlaufs auch eine ehemalige Tordurchfahrt hinter dem Ungarnwall gehörte.

Der Birg dürfte also schon vor der Ungarnzeit einige Bedeutung zugekommen sein. Dass sie heute zu den imposantesten Bodendenkmälern des Voralpenlandes zählt, hängt mit ihrer einzigartigen Topographie und ihrer immer noch rätselhaften Vielschichtigkeit zusammen.

Der Sage nach hat auf der Burg einmal ein Raubritter gesessen, der die Menschen quälte und mordete. Als er durch eine Belagerung zur Aufgabe gezwungen werden sollte, erwies er sich als unerwartet widerstandsfähig, weil er mittels einer eigenen **Quelle** über genügend Wasser verfügte. Eine Hexe gab den Belagerern den Rat, ein Pferd halb verdursten und dann die Wasserader finden zu lassen. Das gelang, der Brunnen wurde daraufhin vergiftet, die Burg erobert. Die Alte aber muss seither ruhelos auf dem Plateau umhergehen, fragt Wanderer nach dem Weg, kommt aber nie

* Dafür spricht auch der gegenüber von Schäftlarn auf einer Nagelfluhkante des Isarsteilufers gelegene ehemalige Burgplatz Beigarten, der, 1089 erstmals erwähnt, wohl ebenfalls zur Sicherung der Furt auf der anderen Flussseite und Verkehrsüberwachung zu Wasser und zu Land bestimmt war.

weit, weil sie in den Grenzen der Birg befangen bleibt. Interessanterweise wurden mehrere Tonscherben aus der Bronzezeit bei einer Quelle gefunden, die zur Versorgung der Birg diente, vielleicht sogar ein Kultheiligtum darstellte. Zufall oder hintergründige Ironie erzählter Geschichte? Ganz sicher Indiz einer Faszination, die seit mehr als dreitausend Jahren immer wieder Menschen an diesen Platz gezogen hat!

Den Rückweg treten wir ab Einmündung des Birgpfades in westlicher Richtung über die „Forststraße" an, die direkt zur „Münchner Straße" und zum S-Bahnhof Hohenschäftlarn hinausleitet. Jenseits des Schienenstrangs geht es zur „Starnberger Straße", von da bei erster Gelegenheit in die „Schmiedgasse", diese ein kurzes Stück bergan, vor dem „Kirchberg" in Sicht der ortsbeherrschenden Pfarrkirche „St. Georg", die schon 778 als Stiftung an den Bischof Arbeo von Freising genannt ist, rechts in die „Schorner Straße", die uns in etwa 20 Minuten hinüber nach **Schorn** und **Wangen** bringt. Bei Wegteilungen halten wir uns stets in gerader Richtung nach Westen/Nordwesten, Abbiegungen nach rechts ignorierend, bis der Forstweg an einer Trafostation und einem Pumpwerk vorbei, an einer beschilderten Kreuzung mitten im Wald links zum Weiler Schorn (ein mit der Schorr oder Pflug-„schar" bearbeitetes Feld) abzweigt. Zwischen Pferdekoppeln auslaufend mündet er in die geteerte Wangener Fahrstraße, der wir nach rechts, dann in großem Bogen nach links, zweimal unter der Autobahn abtauchend, nach Wangen (wanga = Haue, Schaufel: bearbeitetes Feld wie „Schorn") folgen. Dort setzen wir an der Hauptkreuzung über die „Olympiastraße" hinweg in die „Wildmoosstraße", auf der wir in knapp drei Kilometern durch eine Wiesenlandschaft von pastoraler Idylle, gesäumt von altem Baumbestand aus Buche, Eiche,

Im Leutstettener Moos

Ahorn und Kastanie und durchsetzt von lichten Mischwaldpartien, **Leutstetten** erreichen. Beim ersten Haus links angelangt, gleitet unser Blick nach Südwesten über das Leutstettener Moos, wo uns aus hinterstem Winkel von einem waldbegrenzten Wiesenhügel ein Glaspavillon entgegenglänzt, der die Ausgrabung einer **„villa rustica"** dokumentiert. Es handelt sich wohl um das kleine Landgut jenes Pintamus, dessen Grabstein in der St. Alto-Kirche in Leutstetten gefunden wurde. Vermutlich baute er sich hier im 2. Jhd. n. Chr. eine Existenz auf, nachdem er es möglicherweise als Kommandant einer nahen Militärstation zu bescheidenem Wohlstand gebracht hatte, und betrieb den Hof zusammen mit seiner Frau Popeia zur Selbstversorgung, da darüber hinausgehende Erträge in dieser Lage kaum zu erzielen waren. Der Starnberger See soll einmal bis hierher gereicht haben, wie sich überhaupt die Entstehung des Leutstettener Mooses durch allmählichen Verlandungsprozess über ehemaligem Seeboden vollzogen hat.

Schloss Leutstetten über ehem. See

Ein kleiner See gehörte ehedem auch zum Landschaftspark im Hangbereich südlich von **Schloss Leutstetten**, das in erhöhter Lage auf hufeisenförmiger Endmoräne, genannt „Leutstettener Amphitheater", über die Moossenke hinwegschaut. Die Würmeiszeit hat mit dem Isar-Loisachgletscher dafür gesorgt, dass sich aus dem Geschiebematerial die Randwälle von Schönberg, Karlsberg und Sonnenberg aufbauten, deren Riegel die Urwürm erst durchstoßen musste, um im weiteren Verlauf noch ein gut Teil der Gesteinsmassen nach Norden bis zur Altmoräne bei Buchendorf und in die „Münchner Schotterebene" zu transportieren. Das Schloss Leutstetten passieren wir auf der „Wangener Straße" kurz vor der Ortsmitte. 1565 von einem Hzgl. Rat und Kämmerer Hans Urmiller erbaut, dann mit dem Hofmarksprivileg ausgestattet, wurde es 1875 von Prinz Ludwig, dem späteren und letzten Bayernkönig Ludwig III., erworben und zum wittelsbachischen Mustergut – durch Zukauf weiterer Güter, Rationalisierung, Technisierung, Expansion der Viehwirtschaft und Begründung einer Pferdezucht – entwickelt. Nach Aussage Apians wurde das Schloss „aus den Trummern der Karlsburg", dem angeblichen Geburtsort Karls des Großen nordwestlich über Leutstetten, errichtet. Dessen Ersterwähnung als „Liucilstat" (= kleine Stätte) taucht in einer Schenkung der fränkischen Prinzessin Kysila (Gisela), Schwester oder Tochter Karls des Großen, an Kloster Benediktbeuern um 800 auf. Damit stünde immerhin fest, dass die Karolinger hier begütert waren. Dorf, Schloss und Hofmark hätten sich demnach auf ehemals königlichem Grund und Boden herausgebildet.

Beim Besuch der **St. Alto-Kirche** fallen nicht nur die ausdrucksstarken gotischen Schnitzfiguren des Hauptaltars und eines feingeschnittenen Holzreliefs mit dem „Pfingstwunder" am linken Seitenaltar ins Auge, sondern auch die „heidnischen" Interpolationen des unter der Mensa am rechten Seitenaltar eingemauerten Grabsteins des Pintamus und vor allem eine seltsame Heiligendarstellung mit den **„Drei Jungfrauen"** Gherpet, Ainpet, Firpet in der

Leutstetten, die Hl. Drei Jungfrauen

Die drei „Meranzen“: heidnisch oder christlich?

Martyrium der Hl. Margarete, St. Margarethen

rückwärtigen Nische der Südwand. Dieses 1643 gemalte Votivbild wurde von der im 19. Jahrhundert abgebrochenen „Einbettl“-Kapelle am südlichen Ortsrand, wo auch ein römisches Brandgräberfeld hervorging, hierher übertragen. Im Volksmund werden die „drei Jungfrauen“ auch die „drei Schwestern“ genannt, historische Belege für ihr Leben und Wirken gibt es freilich nicht – es sei denn in der fortentwickelten Form der „heiligen drei Madln“ als Margareth, Katharina und Barbara! Unter abgewandelten Namen begegnen sie ansonsten in Süddeutschland und Österreich immer wieder einmal, etwa als Einbeth, Wolbeth und Vilbeth am „Altar der drei heiligen Jungfrauen“ in der Klosterkirche Schlehdorf (rechter Seitenaltar), in Worms am Rhein als Embede, Warbede, Willebede, in Nordtirol als Ambet, Borbet, Wilbet oder in Südtirol als Aubet, Cubet und Guere (in Meransen), letztere gar mit nacktem Oberkörper zwischen zwei Baumstämmen hängend, jene beiden im Gebet zu ihren

Füßen knieend abgebildet. Eine für Christen nicht gerade leicht verdauliche Kost! Aus der Barbara- und Margarethenlegende sind vergleichbare Darstellungen bekannt (z. B. in St. Margarethen bei Flintsbach, vgl. Nr. VII), auch St. Corona (Wanderung Nr. XI) stellt sich in dieselbe ikonographische Tradition. Als Amete, Corona, Bavere (z. B. in Plawenn/Obervinschgau) sind sie mit den genannten Dreiheiten identisch. Auch aus der Ursula-Legende scheinen Elemente hereinzuspielen, wenn die Sage von burgundischen Königstöchtern berichtet, die zu den 11.000 Gefährtinnen der Hl. Ursula gehörten und vor dem Hunnenkönig Attila fliehen mussten. Im Alpenraum wurden die heiligen Jungfrauen seit Menschengedenken mit Sonne, Mond, Erde, Quelle und Baum in Verbindung gebracht, dabei hat man Ambet als Erdfrau oder eine Art Göttermutter, Borbet als mythologische Sonnenfrau, Wilbet als Mondfrau angesehen. Noch bis in die Barockzeit hinein fanden, wie Pfarrchroniken ausweisen, zu ihren Verehrungsstätten vielbesuchte Wallfahrten statt. Dabei ging es immer um Ernte- und Kindersegen, Werden und Vergehen, Wachstum und Tod, Wiedergeburt und Fruchtbarkeit. Dieser archaische Kult hat sich offensichtlich in der erdgebundenen Religiosität bäuerlicher Frömmigkeit besonders bodenständig erhalten und ohne Aufhebens in das christliche Glaubensgut eingefügt. Auch in der Volkssage lebt die Göttinnen-Trias fort als die „drei wilden Fräulein“ oder die „drei Saligen“, bei den Germanen gab es die für die Geburt zuständigen „drei Nornen“, bei den Kelten und Römern die fruchtspendenden „drei Matronen“. In unserem Fall weisen die „drei Jungfrauen“ zu einer Quelle im Ortsteil **„Petersbrunn“** hinüber, der ab der Einmündung der „Altostrasse“ in die Würmtalstraße nach knapp zweihundert Metern erreichbar ist.

Quellheiligtum in Petersbrunn

Hierher zur heilsamen **Quelle**, über der als Ableger der Riedener Kirche „St. Peter und Paul" 1513 eine Kapelle erbaut und „Petersbrunn" genannt wurde, kamen der Sage nach einst drei Jungfrauen und errichteten eine „dreitürige Hütte". Zu ihnen, zuständig für Heilkunde und Geburtshilfe, nahmen vor allem schwangere Frauen ihre Zuflucht. Handelte es sich um ein Heiligtum der keltischen „drei Mütter", oft mit Früchten, Füllhorn und Kindern dargestellt?

Keltische Quellentrias vom Hadrianswall

Oder der dreigestaltigen Brigit mit ihren zwei Schwestern gleichen Namens, die mit der irischen Hl. Brigit des 7. Jahrhunderts verschmolz, Schutzheilige für Vieh und Ackerbau mit Festtag am 1. Februar, dem traditionellen Frühlingsbeginn („Imbolc")? Gerade aus dem keltischen Irland kennt man zahlreiche geweihte Quellen, so die berühmte Daigh Bhride (= Brigit) bei Liscannor, die bis heute mit Wunderheilungen und Krankengenesungen zusammengebracht wird. Im Hervordringen des Wassers aus dem Boden offenbart sich die fruchtbringende und heilsame Eigenschaft der Erdmutter. Ursprung und Quellgrund des Seins hat mit Wasser zu tun. Quellgottheiten, Nymphen und später oft Marienkapellen waren Hüter dieser Orte des Heils. Nicht von ungefähr entstand in Petersbrunn mit dem Bau der Kapelle auch ein Badebetrieb mit entsprechender Infrastruktur, Restauration und Beherbergung, nach zwischenzeitlichem Rückgang und erneuter Belebung in Kooperation mit dem benachbarten Schloss wurde das „Wildbad" 1875 schließlich eingestellt. Insgesamt kann Leutstetten als markantes Beispiel dafür dienen, wie unaufgeregt, maßvoll und tolerant sich die Metamorphose heidnischen Gedankenguts in christliche Geistigkeit vollzogen und zu einer Symbiose gefunden hat, die bis heute in ihren Schichtungen erkennbar bleibt.

Heilerin, Seherin oder Priesterin könnte auch jene „Grande Dame" gewesen sein, deren Grab durch einen eingehenden archäologischen Fundbericht von 1891 bekannt wurde. Es liegt unweit von Petersbrunn innerhalb eines Bestattungsareals von 28 Grabhügeln im Laubwald westlich der ehemaligen Bahnstation „Mühlthal" auf einem Plateau, das wohl zur Entstehungszeit des vorgeschichtlichen Friedhofs, wie auch bei anderen Gräber-

Die drei Mütter, Burgund, 3.Jhd.v.Chr.

feldern der Bronze- und Hallstattzeit auffällt, noch eine freie Panoramasicht bot. Wir kommen dorthin, indem wir zur Würmbrücke zurückkehren und links von ihr dem ausgeschilderten Radweg flussabwärts Richtung Gauting folgen, bis wir nach wenigen Minuten auf die Fahrstraße nach Rieden (Bhf. Mühlthal) treffen. Diese fahren wir nach links in sanfter Steigung bergan und biegen nach der Bahnunterführung rechts in einen Waldweg ein, der uns nach einer Linkskurve direkt in die **Mühlthaler Nekropole** bringt. Das fragliche Grab finden wir im nördlichen Bereich des Forstsektors rechts des Weges als 3 bis 4 m hochgewölbte, 10 m breit verflossene, in der Mitte eingesunkene runde Erdformation. Der Ausgräber Julius Naue charakterisierte den Befund als außerordentlich sorgfältige und von den sonstigen Regeln abweichende Bestattung einer weiblichen Leiche, die mit den für die ältere Bronzezeit überaus reichen Schmucksachen und einem unter die rechte Hand gelegten Würdezeichen darauf schließen lasse, dass es sich um eine „sehr hochgestellte Frau“ gehandelt haben muss. Wir hätten also davon auszugehen, dass die Region um den Starnberger See schon vor rund 4000 bis 3500 Jahren besiedelt war (Hügelgräberkultur in der Bronzezeit etwa von 1600 bis 1250 v. Chr., nach Unterbrechung durch die Urnenfelderzeit dann wieder in der Hallstattzeit von 750 bis 500 v. Chr.).

Für die Verbindung der einzelnen Siedlungen sorgte schon in der Bronzezeit ein Wegenetz, das von den Römern oft nachgebildet und ausgebaut wurde. So verlief auch hier auf dem westlichen Terrassenrand des Mühlthals die **Römerstraße** von Bregenz nach Gauting, wahrscheinlich unter Nutzung einer noch älteren Verkehrsführung. Sie zog durch den Forstbezirk oberhalb der Bahnstation an **Königswiesen** vorbei, dem alten „Chuningiwisun“, das wie

„Grab der Seherin“, Mühlthal

schon der Name sagt, als „regis prata" zum karolingischen Königsgut im Würmtal gehörte, 1507 dann zum wittelsbachischen Jagdsitz wurde, Mitte des 19. Jahrhunderts aber nach dem Bahnbau als Siedlung, mit Ausnahme der 1524 errichteten Ulrichs-Kapelle, zugunsten eines neuen Ortsteils nördlich davon aufgegeben wurde.

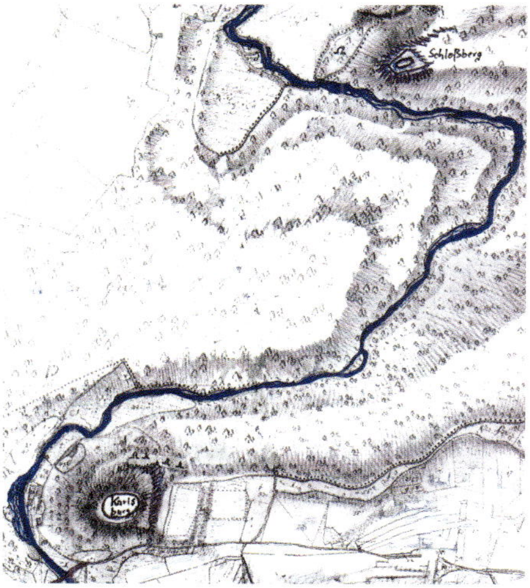

Würmabwärts von der Karlsburg zum Schloßberg

Als karolingisch, sogar als Geburtsheimat Karls des Großen, wird auch die ehemalige Burg auf dem **Karlsberg** angesehen, die wir als nächstes aufsuchen. Nach Rückkehr zum Ausgangspunkt bei der Einmündung der Riedener in die Würmtal Straße finden wir direkt gegenüber in einen breiten Wegansatz, der in fünf Minuten über die Südflanke des Berghangs zur einstigen Festung hinaufleitet. Wie durch ein Tor treten wir über eine Walllücke in ein ehedem die ganze Höhenkuppe umfassendes Bollwerk ein, das mehrere Gräben und Erdrücken, Fundamentgruben und überwucherte Mauerreste aufweist. Während das Plateau nach Süden und Westen durch Steilabfälle gesichert wird, riegeln im Osten zwei tiefe Abschnittsgräben und ein mächtiger Wall die Hochfläche zum nur leicht geneigten Hinterland ab. Laut Grabungsbefund von 1837 war die Burg mit einer nach SO ausgerichteten Wehrmauer und sieben Türmen umgeben gewesen. Auch hat man sich das Gelände als weitgehend unbewaldet vorzustellen, wie noch auf Landschaftsbildern des 19. Jahrhunderts nachvollziehbar. Auf welches Alter auch immer die Anlage zurückblicken mag, ihre strategische Bedeutung lag wohl seit jeher in der Sperrung und Kontrolle der Mühlthalpassage an der Engstelle des Würmdurchbruchs zwischen den eiszeitlichen Endmoränenrücken. Für eine angeblich keltische oder römische Vergangenheit gibt es keine Beweise, genau genommen auch für eine karolingische Herkunft nicht. Freilich darf man annehmen, dass nach der 788 erfolgten Absetzung des bairischen Herzogs Tassilo, wie auch andernorts belegbar, das Herzogsgut vom mächtigen Vetter, Karl dem Großen, eingezogen und laut Quellenberichten als Königsgut wieder ausgegeben bzw. veräußert wurde. Erstmals urkundlich erwähnt ist eine Burg an dieser Stelle erst 1171/72. Sie war von den Wittelsbachern als Vorposten gegen die rivalisierenden Dießen-Andechser Grafen errichtet worden, die das „castrum Starnperch" innehatten. Erst als es den Wittelsbachern im 13. Jahrhundert gelang, sich auch dort gegen ihre Nachbarn durchzusetzen, wurde die „Karlsburg" bedeutungslos und verfiel. Zur Legendenbildung trugen auch in Volkssagen enthaltene Karlserinnerungen bei, in deren Verwertung der Geschichtsschreiber Johannes Aventin im 16. Jahrhundert die Geburt Karls des Großen 742 auf dem Karlsberg lokalisierte, woraufhin dann auch Philipp Apian in seinem Kartenwerk 1560 die Ruine als „Carlspurg" aufführte. Im übrigen sind es nach der Sage wieder ausgerechnet **„drei Schlossfräulein"**, die, von einem Fluch gebannt, in den verfallenen Gräben der Burg drei eiserne Truhen zu bewachen hatten. Ein Mühlknecht, der um den Lohn der darin verwahrten Schätze durch neun eiserne Türen schreiten sollte, um die irrlichternden Geister vom bösen Zauber zu befreien, bekam es trotz aller Entschlossenheit schon an der ersten Türe so sehr mit der Angst, dass er Hals über Kopf die Flucht ergriff und die drei weißen Frauen unerlöst zurückließ. Sollte in dieser Geschichte nicht doch ein Fingerzeig auf das hohe Alter des Platzes enthalten sein? Immerhin ginge dieser Ringschluss mit der weiblichen Trinität einer magisch-mythischen Vorzeit noch weit über ein denkbares Interesse machtideologischer Legitimation hinaus, wonach die Wittelsbacher mit ihrer auf der Geburtsstätte des fränkischen Reichsgründers fußenden „Karlsburg" und dem aus ihren Steinen erbauten Schloss Leutstetten schon an eine erstrangige monarchische Tradition anknüpften, um diese dann auch mit dem letzten Bayernkönig gerade hier zu beenden!

Zurückgekehrt zur Talsohle, setzen wir unsere Route Richtung Gauting auf dem Radweg entlang der Würm bis zur „Unteren Mühle" (die ebenfalls mit Karls Geburt zu tun haben soll) fort und wechseln dort auf die andere Straßenseite über zum Gasthof „Forsthaus Mühlthal", neben dem einer der schönsten Flussabschnitte beginnt. Hier wird auch deutlich, dass sich der Name „Mühlthal" auf die zahlreichen **Wassermühlen** bezieht, die seit alters das natürliche Gefälle und die Fließgeschwindigkeit der Würm nutzten. Dabei handelte es sich neben Getreidemühlen meist um Sägemühlen, dann Werke zur Wasser- und Stromversorgung, auch eine ehemalige Pulvermühle. Bis zu unserer nächsten Station bei der „Holzschleif", die Vorprodukte für die Gautinger Papierfabrik fertigte, heute als kleines Elektrizitätswerk Strom liefert, führt der Weg durch eine bezaubernde **Auenlandschaft,** ohne künstliche Barrieren direkt am fließenden Wasser verlaufend und rechter Hand an buchenbestandene Prallhänge angelehnt, von besonderem Reiz im aufglimmenden Spätnachmittagslicht, das die Konturen von erlen-, eschen-, ulmen- und ahorngesäumten Flussrändern und Bauminseln zu dschungelartigen Szenerien verschleiert, immer neue atmosphärische Illusionen erzeugt mit vielgestaltigen, verwirrenden Schattenwürfen und in Tümpeln gespiegelten Figurationen. Es scheint, als habe die Natur hier eine zeitlos in sich ruhende Welt ausschließlich zum Zwecke der Meditation abgebildet. Man versteht, wie sich Maler und Poeten, Seher und Magier von ihr animiert fühlen konnten.

Nach etwa zehn Minuten erreichen wir die große Flussschlinge, die bei der „Holzschleif" mit dem Radweg nach rechts dreht, markiert durch einen erhöhten Rastplatz, der zum Wasser vorspringt. Dort stellen wir das Fahrrad ab und steigen direkt gegenüber auf deutlich ausgetretener Pfadspur etwa 100 Meter hinauf zum **Burgstall „Schlossberg"**. Von dieser zweiten ehemaligen Festung neben dem Karlsberg weiß man recht wenig, man vermutet eine Kontrollfunktion in Beziehung zur gegenüber verlaufenden einstigen römischen Hochstraße Rieden-Königswiesen, die sich danach ins Würmtal zur Reismühle absenkte, zumal von der Königswiesener Kapelle auch eine direkte Wegverbindung zur Würm und zum Schlossberg herüberführte. Überraschend die mächtigen Erdwerke vor allem des östlichen Abschnittsgrabens von zehn Metern Tiefe und 70 Metern Länge sowie des begleitenden, nicht ganz parallelen Wallzugs, beide, Wall und Graben, trennen zur niveaugleichen Angriffsseite hin ein Vorwerk ab, indem sie die Basis einer mit ihrer Kopflinie nach Westen gerichteten Trapezform bilden.

Das Aushubmaterial soll zur Erhöhung und Ansteilung der Kernburg verwendet

Altwasser an der Würm

worden sein. Eine geheimnisvolle Aura umgibt diese Wehranlage, die viele Fragen offen lässt. Ganz sicher erschöpfte sich ihre Bedeutung nicht im Schutz des gegenüber liegenden ehemaligen Wittelsbacher Terrains und Jagdsitzes in Königswiesen. Derart imposante und aufwendige Sicherungssysteme waren immer auch kennzeichnend für ein hohes Bedrohungs- und Misstrauenspotential in Zeiten enormer Gefahren für Hab und Gut, Leib und Leben.

Weiter geht es flussabwärts von der Würmschleife zur **Reismühle**, der letzten, heute allerdings vollautomatischen Getreidemühle im Würmtal. Dass Karl der Große ein gebürtiger Bayer sei, wird uns gerade an diesem Ort durch eine Sage suggeriert. Demnach habe hier König Pippin bei einem Jagdaufenthalt übernachtet und sich in die schöne Magd Bertha verliebt, in Wahrheit eine aus Britannien stammende Prinzessin, die ihm ohne sein Wissen durch eine Hofintrige entfremdet worden war, als er sieben Jahre zuvor um ihre Hand angehalten hatte. Nach Aufklärung ihres tragischen Schicksals nahm Pippin sie zur Ehefrau, sie gebar ihm Karl, den späteren König und Kaiser. In einer Blumennische des Wohnhauses wird bis heute seine angebliche Wiege verwahrt. Karlslegenden gibt es ja manchenorts in Bayern, auch solche, die des Königs Macht und Grausamkeit hervor

An der Reismühle

kehren, diese Version hier ist sicher die romantischste. Ihr kommt zugute, dass aus historischer Sicht bisher weder Geburtsort noch Geburtsjahr geklärt sind. Allesamt fußen diese Geschichten auf der Tatsache, dass Karl der Große, seit 1165 sogar heiliggesprochen, vielfältige persönliche und verwandtschaftliche Beziehungen nach Bayern unterhielt. Unter den nicht wenigen Orten und Regionen, die sich auf ihn berufen, wird also gerade das Würmtal mit nicht weniger als drei namhaft gemachten Geburtsstätten als besonders karolingisch gelten dürfen.

Ab der Reismühle, wo sich ein Altarm der Würm um eine grüne Insel von urwüchsiger, verträumter Bukolik windet, öffnet sich der Talboden, eingefasst von Altmoränenrücken, breit nach Gauting hin. An Sportplätzen und Tennisclub vorbei, stoßen wir am Auslauf unseres Fahrwegs („Leutstettener Straße") auf die „Buchendorfer Straße", in die wir nach rechts einschwenken und in kurzem Anstieg den von der Urwürm vor 10000 Jahren hinterlassenen Terrassenrand erklimmen. Den Ort **Gauting**, das römische Bratananium, wo einst zwei wichtige Fernverbindungen zusammentrafen und einen Straßenknotenpunkt bildeten, der auch die bajuwarische Gefolgschaft des Adeligen „Godo" im 6. Jahrhundert zur Ansiedlung lockte, lassen wir links liegen. Von der römischen Hinterlassenschaft ist eigentlich kaum etwas zu sehen, lediglich Funddokumentationen und Schautafeln liefern einige Informationen. Im frühen Mittelalter existierte ein karolingischer Siedlungsplatz als Fronhofverband rings um die Pfarrkirche auf sicherer Geländestufe über der Würm. Schloss Fußberg, ursprünglich wasserburgartige Wehranlage in der Gautinger Würmschleife, war von 1560 bis 1803 Zentrum eines Hofmarkbezirks mit eigener Gerichtsbarkeit und Verwaltung und wurde im 19. Jahrhundert zu einem vornehmen Wohnsitz mit Landschaftspark umgestaltet. Heute verrät der Münchner Vorort Gauting mit seinen Wohnparks und Villenkolonien kaum noch etwas von seiner Entstehungsgeschichte.

Am Scheitelpunkt der „Buchendorfer Straße" angelangt, biegen wir nach links, dann gleich wieder rechts in den beschilderten Radweg nach **Buchendorf** ein. Mit der „Römerschanzenstraße" befahren wir nun den Originaldamm der „Via Julia" von Augsburg (Augusta Vindelicum) nach Salzburg (Iuvavum). Sie führt schnurstracks in östlicher Richtung an die **Keltenschanze** von Buchendorf heran. Bei der Wegteilung halten wir, unter Querung der Neurieder Fahrstraße, geradeaus auf ein Waldstück zu, hinter dem auf leicht erhöhtem Geländesockel die viereckige Wallanlage auftaucht. Derlei Erdformationen gelten als latènezeitliche Kultplätze des 2./1. Jahrhunderts v. Chr., als heilige Haine der Kelten, von denen in Bayern an die 250 Fundstellen bekannt sind, mit besonderer Konzentration im Gebiet der mittleren Isar (vgl. Wanderung XI). Dank der an einzelnen Bauwerken intensiv durchgeführten Untersuchungen ergaben sich Aufschlüsse über unterschiedlich tiefe Opfergruben mit Resten organischer Substanzen, Kultpfählen und Kultbildern, über einfache hölzerne Umgangstempel und über Brunnenschächte, anhand derer die frühere Wehranlagen- und Gutshoftheorie widerlegt werden konnte. Auch in Buchendorf, mit 110 bis 120 Meter langen und 2,5 Meter hohen Wällen ein vergleichsweise stattlicher Bezirk, fanden sich Indizien eines sakralen Holzbaus und von Opferschächten. Die Toröffnung lag im Westen auf Linie der jahreszeitlich variierenden Sonnenauf- und -untergangspunkte. Niemals weisen die Zugänge nach Norden, sehr im Unterschied zu den Zweckbauten. Dass die Römerstraßen häufig nach diesen

Keltenschanze bei Buchendorf

spätkeltischen Heiligtümern ausgerichtet sind, könnte auch damit zu tun haben, dass ihre Trassen über schon vorhandenen Verkehrsverbindungen errichtet wurden, zudem die Kultbezirke als willkommene Orientierungspunkte dienten.

Über das Geschehen innerhalb dieser „Temene" (griech.) oder „Nemeta" (kelt.) gibt es eine Fülle von Spekulationen, mit Sicherheit darf man von Opfer- und Ritualhandlungen, wahrscheinlich auch Versammlungen und Gerichtssitzungen ausgehen. Sofern man sich auf Berichte der Ethnographie und römischer Autoren einlässt, ist große Vorsicht vor oft maßloser Übertreibung und opportunistischer Parteinahme geboten. Dennoch ist immer wieder von **Menschenopfern** die Rede. Von **Lucan** (39 bis 65 n. Chr.), der sich in seinem Bürgerkriegsepos „Pharsalia" durchaus in rhetorischen Posen gefällt, stammt folgende Schilderung: „Da stand ein Hain, seit Menschengedenken nie entweiht; mit verschränkten Ästen bildete er einen Bezirk von Dunkelheit und Schattenkühle, dessen Kuppel Sonnenstrahlen nicht durchdrangen. Hier hatten kein bäuerlicher Pan, kein Waldkönig Silvanus und keine Nymphe ihre Stätte, sondern ein Götterkult barbarischen Brauchs: die Altäre waren mit grässlichen Schlachtbänken versehen und die Bäume mit Menschenblut geweiht (structae diris altaribus arae, omnis et humanis lustrata cruoribus arbor). Sofern urtümliches Gefallen an Himmelswundern jemals Glauben verdient hat, scheuten dort sogar die Vögel einen Platz in den Zweigen und wilde Tiere ein Ruhelager. Auch legte sich kein Wind auf jene Gehölze und schlug kein Blitz aus schwarzen Wolken ein – keinem Lufthauch boten die Bäume ihr Laub, sondern raschelten von selbst. Dazu floss überall aus dunklen Quellen Wasser, und düster standen, ohne Kunst und roh aus Holz gehauen, Götterbilder da ... Diesen Ort besuchten keine Leute, um ihn aus der Nähe zu verehren, vielmehr überließ man ihn den Göttern; wenn Helios am Mittagshimmel stand, dunkle Nacht das Firmament umschloss, wagte nicht einmal der Priester einzutreten, fürchtete er doch, den Herrn des Hains zu überraschen" (Phars. III, 399 ff., Übers. Osiander-Schwab, Langenscheidt). Zwar mögen Stimmung, Macht und Magie solcher mystischen und unheimlichen Örtlichkeiten damit treffend eingefangen sein, jedoch ist mit keiner Silbe gesagt, dass es sich hierbei um Kultplätze nach Art hiesiger „Keltenschanzen" gehandelt habe. Gleichwohl wissen wir durch Ausgrabungen keltischer Heiligtümer in Frankreich (Gournay, Ribemont, Roquepertuse) von grausigen Szenarien gigantischen Ausmaßes, von ganzen Leichenfeldern und Ossuarien in und vor Kultbezirken. Das vermag immerhin den unglaublichen Zumutungsgrad damaliger Mentalität hinsichtlich der berichteten sakralen Praktiken zu verdeutlichen (vgl. Wanderung „Im Banne der Druiden").

Mancher wird wohl auch heute noch die gewaltige Kraft und Schwingung verspüren, die von diesem heiligen Platz in Buchendorf ausgeht. Über ihm, so sagt man, herrsche eine besondere Thermik, die auch am Vogelflug ablesbar sei. Wir nehmen diese Stimmung mit auf die weitere Strecke der „Via Julia", die hier nach SO abknickt und an einen unterhalb des Hanges bei einer Scheune vorbeiziehenden befestigten Feldweg anschließt, den wir über eine Wiesenspur entlang der Schanze nach Osten, dann rechts bergab erreichen. Er tritt in Sichtweite in den Waldgürtel des Forstenrieder Parks ein und bringt uns in gerader östlicher Richtung in 8,5 Kilometern hinüber nach Buchenhain (S-Bahn), in weiteren 3 Kilometern zurück nach Grünwald. Ein bronze- und hallstattzeitliches **Hügelgräberfeld** hinter dem nordöstlichen Waldsaum, auf „Forst Kasten" zu, wird ebenso wie die Nekropole von Mühlthal einem vorgeschichtlichen Siedlungsbefund in Gauting zugeordnet. Die zahlreichen **Hochäckerspuren** im Waldgebiet weisen zudem auf die Rodungstätigkeit zur Zeit der bajuwarischen Landnahme rund um Buchendorf und Gauting hin.

Die Bezeichnung **„Via Julia"**, auf deren Trasse wir uns nun bis zum Anstoß an die Autobahn A 95 bewegen, stammt aus dem 19. Jahrhundert, da man in Ermangelung eines überlieferten Namens im Bau dieser Fernstraße Augsburg – Salzburg ein Werk des Julischen Kaiserhauses sah. Sie war von Anfang an, wohl im 1. Jahrhundert n. Chr. angelegt, nach Bezwingung der Keltenstämme durch Drusus und Tiberius, die Stiefsöhne des Kaisers Augustus, als Kunst- und Heeresstraße für rasche Truppenbewegungen gedacht. Später nutzten sie die germanischen Reiterscharen ihrerseits für überfallartige Vorstöße in römisches Gebiet. Als mit der Eingliederung des Alpenvorlandes, vor allem der vier Stämme der keltischen Vindeliker in die Provinz „Raetia", einigermaßen geordnete Verhältnisse geschaffen waren, kamen im Gefolge der für den Heeresdienst eingezogenen einheimischen und stationierten fremden Soldaten auch Händler, Kaufleute, Handwerker und Siedler ins Land. Es muss sich ein reger Betrieb abgespielt haben auf diesen Straßen, die vielfach sorgsam gepflastert, zumindest mit Erdmaterial aus dem begleitenden Terrain aufgeschüttet und mit mehreren Kiesschichten abgedeckt und befestigt waren. Jedermann konnte die Reichsstraßen benutzen, zu Fuß, zu Pferd, mit Transportkarren oder Reisekutschen. Es gab eine Reichspost, eine Straßenpolizei („Benefiziarier"), Rast- und Pferdestationen, Unterkünfte und Gasthäuser. Es herrschte eine Mobilität, wie sie in dieser Form und Freizügigkeit wohl erst wieder zu Beginn der Neuzeit erreicht wurde.

Nach „Elisen-Geräumt" und „Max-Joseph-Geräumt" tangiert unsere Route rechter Hand den **„Eichelgarten"**, Zeugnis ursprünglicher Wald- und Weidebewirtschaftung in Gestalt mastfutterspendender Eichenhaine, die den Landschaftscharakter um München herum noch bis ins 20. Jahrhundert prägten, zugleich Lebensraum für seltene Tiere und Pflanzen boten. Wo die Römerstraße auf die neben der Autobahn verlaufende alte Starnberger Landstraße trifft, steht ein von König Max II. Joseph 1857 angebrachter Gedenkstein (wie auch an anderen Schnittpunkten mit Römerstraßen, etwa zwischen Buchenhain und Höllriegelskreuth an der „Wolfratshausener Straße"). Hier wenden wir uns nach links und fahren auf der Landstraße ca. 1 km nordwärts, bis uns rechts eine Unterführung unter der A 95 hindurch über das „Ludwigs-Geräumt" zum **„Gelben Haus"** bringt. Dort, an der ehemaligen „Diensthütte", erwartet uns eine umfassende und anschauliche Information mittels Schautafeln über die Geschichte dieses ehemaligen Wittelsbacher Jagdreviers. Von der Kreuzung danach geht es schließlich weiterhin in östlicher Richtung zum Ort Buchenhain, der zur Gemeinde **Baierbrunn** gehört (eine ehemalige Bajuwarensiedlung, die erstmals 776 in einer Schenkungsurkunde des Klosters Schäftlarn auftaucht; die nahe Konradshöhe, die schon von den Römern für den Flussübergang befestigt, im Mittelalter dann mit einer Burg des Ortsadels ausgebaut war, befindet sich direkt gegenüber der „Römerschanze" Grünwald). Bei der Einmündung der Forststraße fahren wir nach rechts in die „Siedlerstraße" und queren auf dieser eine Brücke über die B 11 zum S-Bahnhof Buchenhain. Auf der anderen Seite des Schienenstrangs, durch eine Unterführung erreichbar, leitet ein beschilderter Radweg zur Grünwalder Brücke. An mit Tafel bezeichneter Stelle kann man dem schräg in den Uferhang geschnittenen originalrömischen Hohlwegabschnitt folgen. Auf der Talstraße, den über dem Ostufer aufragenden Bergfried der mittelalterlichen Grünwalder Burg vor Augen, gelangen wir über die Isarbrücke sodann hangaufwärts zur Ortsmitte von Grünwald, von wo wir über die „Tölzer Straße" in wenigen Minuten zum Parkplatz und Ausgangspunkt zurückkehren.

Vieles musste unsere Erkundung im Dunkeln lassen, darin den Rätseln und Geheimnissen grauer Vorzeit Tribut zollen. Großartige, undeutbare Geschichten vergangener Epochen, unergründlich und hoffentlich nie ganz ergründbar: Darin wurzelt die Poesie der Mythen, in denen Weltverständnis, Spiritualität und Kreativität unserer Urahnen Gestalt annehmen, aber auch unsere eigenen Träume, Phantasien und Utopien reichlich Nahrung finden.

Nachweis der verwendeten Literatur

Altmann, Lothar: Mariae Geburt in Alling, Germering 2005.
Altmann, Lothar: St. Martin in Germering, München 1985.
Altmann, Lothar: St. Jakob in Unterpfaffenhofen, Germering 2003.
Ammann, Anneliese: Schliersee und sein Bauerntheater, Dachau 1992.
Avril, Mark: Kloster und Kollegiatsstift Schliersee, Miesbacher Hefte Nr. 13, hg. v. Gymnasium Miesbach, Miesbach 1991.
Bernrieder, Joseph: Chronik des Marktes Neubeuern, Neubeuern 1987.
Bernstein, Martin: Römerstraßen und Kultplätze, München 2006.
Birkhan, Helmut: Kelten, Wien 1997.
Bomhard, Peter von: Die Kunstdenkmäler der Stadt und des Landkreises Rosenheim, Bd. II. 1, Rosenheim 1954.
Bosl, Karl (Hg.): Handbuch der historischen Stätten Deutschlands, 7. Bd. Bayern, Stuttgart 1965.
Brunhuber, Josef: Chronik des oberen Leitzachtales, Birkenstein 1928.
Brunhuber, Josef: Hofmark Holzolling, Wörnsmühl 1910, neu bearb. von Josef Hatzl u. Katja Klee, Weyarn 2003.
Cramer, Peter: Geschichte des Tegernseer Tales, Bad Wiessee 1991.
Cunliffe, Barry: Die Kelten und ihre Geschichte, Maidenhead 1979, dt. Ausgabe Bergisch-Gladbach 1980.
Dannheimer, Hermann und Gebhard, Rupert (Hg.): Das keltische Jahrtausend, Ausstellungskatalog zur bayerischen Landesausstellung 1993 in Rosenheim, Mainz 1993.
Dehio, Georg: Handbuch der deutschen Kunstdenkmäler, Bayern IV: München und Oberbayern, München - Berlin 1900, neu bearb. München 1990.
Demmel, Fritz: Birkenstein, Passau 2005.
Fenzl, Fritz: Keltenkulte in Bayern, München 2003.
Fenzl, Fritz: Magische Orte in Bayern, Rosenheim 2000.
Finsterwalder, Karl: Tiroler Ortsnamenkunde, 3 Bde., Innsbruck 1990.
Fischer, Karin: Das Bergwerk in Miesbach, Miesbacher Hefte Nr. 3, hg. v. Gymnasium Miesbach, Miesbach 1986.
Franz, Heinrich Gerhard: Dientzenhofer und Hausstätter, München - Zürich 1985.
Fuidl, Werner: Miesbacher Stuck, Miesbacher Hefte Nr. 9, hg. v. Gymnasium Miesbach, Miesbach 1989.
Gebhard, Rupert und Lorentzen, Andrea: Die Kelten in Bayern, Hefte zur bayerischen Geschichte und Kultur, Bd. 15, München 1993.
Gloetzl, Fritz: Miesbach - ein historischer Streifzug in Wort und Bild, Hausham 1983.
Götz, Roland und Schimeta, Edmund: Das königliche Tal, Miesbach - Tegernsee 2005.
Grabmaier, Martin: Höfe und Häuser der Gemeinde Weyarn und Umgebung, 2 Bde., Weyarn 2005.
Grosse, Rudolf: Der Silberkessel von Gundestrup, Dornach 1983.
Grüner, Veronika: Die Pienzenauer - ein bayerisches Adelsgeschlecht, Miesbacher Hefte Nr. 23, hg. v. Gymnasium Miesbach, Miesbach 1998.
Haffner, Alfred (Hg.): Heiligtümer und Opferkulte der Kelten, in: Archäologie in Deutschland, Sonderheft 1995, Stuttgart 1995.
Haid, Hans: Mythos und Kult in den Alpen, Rosenheim 2002.
Haid, Gerlinde und Hans: Brauchtum in den Alpen, Rosenheim 1995.
Hausmann, Wilhelm und Silbernagel, Franz Xaver: Chronik Haushams, 2 Bde., Hausham

1970, neu bearb. v. Franz Veicht, Hausham 2002.
Heim, Michael und Lampl, Sixtus: Tegernsee (St. Quirin), Wangen i. Allgäu 1993.
Hinterseer, Martin: Die Gunetzrhainer, Miesbacher Hefte Nr. 21, hg. v. Gymnasium Miesbach, Miesbach 1997.
Hofmann, Peter: Wege im Inntal, Norderstedt 2005.
Hohenstatter, Ernst: S' Schlierseer Büchl, München 1918.
Hofmiller, Josef: Ausgewählte Werke, hg. v. Hildegard Till-Hofmiller, Rosenheim 1975.
Hösch, Karin: Lippertskirchen, Maria Morgenstern, Passau 2004.
Hüfner, Helmut: Poesie und Bilder, Alpenländische Wandmalerei, Husum 2005.
Kratzsch, Klaus: Denkmäler in Bayern, Bd. I. 15, Lkr. Miesbach, München - Zürich 1986.
Lampl, Sixtus: Birkenstein, Valley 2000.
Lampl, Sixtus: Eine Werkstatt der geistlichen Kunst (Tegernsee), in: Charivari, Sonderheft Landkreis Miesbach 1979, hg. v. Dieter Bergemann, S. 17 - 23.
Lampl, Sixtus: Johann Baptist Zimmermanns Schlierseer Anfänge, Schliersee 1979.
Lampl, Sixtus: Kirchen in Schliersee, Valley 1994.
Langheiter, Alexander: Miesbach, ein Kulturführer, Miesbach 2006.
Lechner, Ludwig: Das Leizachtal, ein Heimatbuch, Wörnsmühl 1913.
Lengyel, Lancelot: Das geheime Wissen der Kelten, Freiburg i. Br. 1994.
Liedke, Volker und Weinzierl, Peter: Denkmäler in Bayern, Bd. I. 12, Fürstenfeldbruck, München 1996.
Löffelmann, Monika, Erdställe und ihre Bedeutung, in: Kult, Religionsgeschichte und Überlieferung, Heft Nr. 23, Arbeitskreis für Erdstallforschung, Roding 1997.
Maier, Gerhard: Miesbachs Stadtgeschichte, Miesbach 1993.
Maier, Gerhard (Hg.): Miesbach, Porträt einer Stadt und ihrer Geschichte, Miesbach 1968.
Marbach, Jan: Die Augustiner Chorherren an der Mangfall, Geschichte des Klosters Weyarn, Bad Feilnbach 2002.
Mayr, Sr. M. Eresta: Mein Birkenstein, Passau 2004.
Metzger, Eva: Das Schlierseer Bauerntheater, Miesbacher Hefte Nr. 4, hg. v. Gymnasium Miesbach, Miesbach 1986.
Miesbach, Stadt: Miesbacher Chroniken des 19. Jahrhunderts, Miesbach 1993.
Niedersteiner, Christoph: Johann Zuccalli und seine Verwandten, Dillingen 1997.
Oberberger, Emmeram: Stiftskirche Weyarn, Regensburg 1987.
Ongyerth, Gerhard: Die Würm, München 1995.
Ossenbrink, Wilhelm: Heimat vor dem Wendelstein, 2 Bde., Bad Feilnbach 1995 / 1998.
Paula, Georg und Wegener-Hüssen, Angelika: Denkmäler in Bayern, Bd. I. 5, Landkreis Bad Tölz - Wolfratshausen, München 1994.
Paula, Georg und Weski, Timm: Denkmäler in Bayern, Bd. I. 17, Landkreis München, München 1997.
Pfister, Max: Baumeister aus Graubünden, Chur 1993.
Rattelmüller, Paul Ernst: Ich zier' mein Haus nach meinem Will, Lüftlmalerei in Oberbayern, München 1969.
Reh, Katharina: Die Reichsgrafschaft Hohenwaldeck, Miesbacher Hefte Nr. 17, hg. v. Gymnasium Miesbach, Miesbach 1995.
Reiser, Rudolf: Die Kelten in Bayern und Österreich, Rosenheim 1984.
Reitzenstein, Wolf Arnim Frh. von: Lexikon bayerischer Ortsnamen, München 1986.
Rieder, Josef: Rossoltesberg - Samerberg, Samerberg 1988.
Rieder, Josef: Die Kirchen der Pfarrei Törwang, Oberaudorf 1993.
Rigam, Rupert (Hg.): Der wiedergewonnene Himmel, Tegernsee 2004.

Rochow, Evelin von: Hl. Kreuz in Berbling, Lindenberg 2004.
Rochow, Evelin von: Die Kirchen St. Andreas und Heilig Blut in Elbach, Lindenberg 2002.
Römisch-Germanisches Zentralmuseum Mainz (Hg.): Miesbach, Tegernsee, Bad Tölz, Wolfratshausen, Bad Aibling, Führer zu vor- und frühgeschichtlichen Denkmälern, Mainz 1978.
Römisch-Germanisches Zentralmuseum Mainz (Hg.): Rosenheim, Chiemsee, Traunstein, Bad Reichenhall, Berchtesgaden, Führer zu vor- und frühgeschichtlichen Denkmälern, Mainz 1978.
Rosenegger, Josef: Flintsbach am Inn, Regensburg 1996.
Rosenegger, Josef: St. Margarethen, Regensburg 1999.
Rosenheim, Kulturamt (Hg.), in Zusammenarbeit mit der Nationalgalerie Prag: Die Dientzenhofer, Ausstellungskatalog, Rosenheim 1991.
Schindler, Herbert (Hg.): Bayerische Symphonie, 2 Bde., München 1968.
Schinzel-Penth, Gisela: Sagen und Legenden aus Miesbach und Holzkirchen, Andechs-Frieding 2004.
Schliersee, Markt (Hg.): Chronik von Schliersee, Hausham 1978.
Schmid, Karl: Bauen in Harmonie mit der Landschaft, in: Sonderheft Landkreis Miesbach 1989, S. 65 - 71.
Schönmetzler, Christine und Klaus u.a.: Herrliches Rosenheimer Land, Rosenheim 2002.
Setzwein, Bernhard: An den Ufern der Isar, München - Berlin 1993.
Silbernagel, Helmut: Almsommer, Miesbach 2002.
Spindler, Konrad: Die frühen Kelten, Stuttgart 1991.
Stadler, Lorenz: Wallfahrtskirche Schwarzlack, Brannenburg 1989.
Stankiewitz, Karl: Sieben Wochen meines Lebens war ich reich, 20 literarische Wanderungen in Oberbayern, München 1999.
Stelzle, Walter: Maler und Poeten, hg. v. Tourismusverband München/Oberbayern, München o.J.
Streit, Jakob: Sonne und Kreuz, Stuttgart 1993.
Tworek, Elisabeth: Spaziergänge durch das Alpenvorland der Literaten und Künstler, Zürich - Hamburg 2004.
Vilimkova, Milada und Brucker, Johannes: Dientzenhofer, Rosenheim 1989.
Wagner, Ludwig: In heimatlicher Flur, Fischbachau - Leitzachtal, Bozen 1991.
Wagner-Jüde, Adelheid (Hg.): Das Land ist gut, lieblich anzusehen, Eine Reise durch die Vielfalt Bayerns, München 1992.
Weithmann, Michael: Burgen in München und im Münchner Umland, München 2006.
Weithmann, Michael: Inventar der Burgen Oberbayerns, München 1995.
Wieland, Günther: Keltische Viereckschanzen, Stuttgart 1999.
Wiesner, Bärbel: Das Bergwerk in Hausham, Miesbacher Hefte Nr. 28, hg. v. Gymnasium Miesbach, Miesbach 1995.
Wimmer, Otto und Melzer, Hartmann: Lexikon der Namen und Heiligen, Innsbruck 1982.
Winhard, Wolfgang: Klosterkirche Schäftlarn, Passau 2000.
Wittmann, Reinhard: Literarische Streifzüge, in: Sonderheft Landkreis Miesbach 1989, S. 47 - 54.
Wolfratshausen, Stadt (Hg.): Heimatbuch, Wolfratshausen 2002.
Zimmer, Hans: Die Hausstätter, Bad Aibling 1979.

Bildnachweis

Seite 35: Foto von Heinrich Mittermüller, Hausham. Seite 56 (o), 145(o), 194 (3), 195 (o), 195 (u), 196, 225(2): Von privaten Leihgebern. Seite 223 (rechts oben): Aus Arunda Nr. 6 von Karl Gruber (Depot, Diözesanmuseum Brixen, Hofburg).
Alle übrigen Bilder vom Autor bzw. vom Verlag.
Der Verlag dankt den Leihgebern für die erteilten Reproduktionsgenehmigungen.
Sollte bei irgendeiner Reproduktion unwissentlich das Copyright verletzt worden sein, so bittet der Verlag, dieses Versäumnis zu entschuldigen und zur Richtigstellung beizutragen.

Register

Orte

Personen